LA
MEDITACIÓN
INVERSA

Este libro no pretende sustituir las recomendaciones de los médicos, profesionales de la salud mental u otros proveedores de atención sanitaria. Más bien, pretende ofrecer información para ayudar al lector a cooperar con dichos profesionales en una búsqueda mutua de un bienestar óptimo. Aconsejamos a los lectores que comprendan y revisen cuidadosamente las ideas presentadas y que busquen el consejo de un profesional cualificado antes de intentar ponerlas en práctica.

Título original: Reverse Meditation
Traducido del inglés por Alicia Sánchez Millet
Diseño de portada: Editorial Sirio, S.A.
Maquetación: Toñi F. Castellón

© de la edición original
2023 Andrew Holecek

Edición publicada con autorización exclusiva de Sounds True, Inc.

Extractos de *Spiritual Bypassing: When Spirituality Disconnects Us from What Really Matters* de Robert Augustus Masters, publicado por North Atlantic Books, © 2010 de Robert Augustus Masters. Traducido y reimpreso con autorización de North Atlantic Books.

© fotografía del autor
2016 de Bob Carmichael

© de la presente edición
EDITORIAL SIRIO, S.A.
C/ Rosa de los Vientos, 64
Pol. Ind. El Viso
29006-Málaga
España

www.editorialsirio.com
sirio@editorialsirio.com

I.S.B.N.: 978-84-19685-62-9
Depósito Legal: MA-1884-2024

Impreso en Imagraf Impresores, S. A.
c/ Nabucco, 14 D - Pol. Alameda
29006 - Málaga

Impreso en España

Puedes seguirnos en Facebook, Twitter, YouTube e Instagram.

 El papel utilizado para la impresión de este libro está **libre de cloro** elemental (ECF) y su procedencia está certificada por una entidad independiente, no gubernamental, que promueve la sostenibilidad de los bosques.

Andrew Holecek

autor de **Dream Yoga**

LA MEDITACIÓN INVERSA

Cómo transformar tu sufrimiento y tus emociones más duras
en la puerta hacia tu libertad interior

EDITORIAL
SIRIO

En el amoroso recuerdo de
Taylor Christine Holecek-McDonald
y
Stephen Owen Mathews

Preferimos hundirnos a cambiar,
preferimos morir en nuestro pavor
a escalar a la cruz del momento
y dejar morir nuestras ilusiones.

W. H. Auden

–El frío y el calor descienden sobre nosotros. ¿Cómo
podemos evitarlos? –le preguntó un monje a Dongshan.
–¿Por qué no vas adonde no hay frío ni calor? –respondió
Dongshan.
–¿Dónde está ese lugar en el que no existen ni el frío ni el
calor? –le preguntó el monje.
–Cuando haga frío, deja que sea tan frío que te mate;
cuando haga calor, deja que sea tan tórrido que te mate
–le respondió Dongshan.

Crónicas del Acantilado Azul, koan caso 43

ÍNDICE

INTRODUCCIÓN

El mayor regalo ha sido la inversión completa de mi comprensión sobre el funcionamiento del universo [...] Esta inversión es motivo de gran optimismo porque este cambio fundamental en la visión del mundo nos permite desempeñar un papel mucho más importante en la evolución del universo.

Eben Alexander

Ahora entiendo el cielo y el infierno de una manera distinta. En una sorprendente inversión de perspectiva, comprendí que el infierno no era lo opuesto al cielo, como se nos ha enseñado, sino el compañero guardián de la realización divina.

Christopher Bache

La meditación se ha asentado en Occidente. Numerosos estudios científicos alaban sus beneficios y multitud de discípulos proclaman su eficacia para cambiar su vida. Yo soy uno de esos discípulos. Hace más de cuarenta y cinco años que practico este antiguo arte y continúo cosechando sus increíbles beneficios. Aunque sigo siendo seguidor de muchas tradiciones de sabiduría y creo que nadie tiene la exclusiva de la verdad, hace treinta años que me refugié en el budismo. El refrán «quien persigue dos conejos no caza ninguno» indica la necesidad del compromiso y los peligros de intentar abarcar demasiado.

Mi pasión por la meditación me condujo a realizar el tradicional retiro tibetano de tres años. Durante ese tiempo, me rapé la cabeza y vestí hábito de monje, meditaba catorce horas al día en un monasterio remoto e incluso dormía sentado en la postura de meditación y practicaba las meditaciones nocturnas del yoga de los sueños y del dormir. Un retiro de tres años es como una universidad de meditación: tienes la oportunidad de practicar docenas de meditaciones en el mejor entorno posible. Hoy en día, sigue siendo la experiencia más transformadora de mi vida.

De entre las muchas prácticas que aprendí durante mi retiro, hay una meditación que destaca del resto: la estrambótica, intensa, polifacética y revolucionaria práctica de la *meditación inversa*. Aprendí estas prácticas en el contexto de la noble tradición *Mahāmudrā* ('gran sello', en sánscrito) del budismo tibetano que explora la naturaleza de la mente.* Esto fue hace más de veinte años, y desde entonces, estas meditaciones se han convertido en el pilar de mi camino espiritual.

Se denominan meditaciones «inversas» por una serie de razones. En primer lugar, estas prácticas son lo opuesto o inverso a lo que muchos asociamos a la meditación. La mayoría de las personas creen que meditar implica sentirse bien, volvernos más «zen», o en términos más coloquiales, estar más relajados. Pero este es solo un pequeño aspecto de la meditación. La meditación completa no es para sentirnos bien, sino para *ver* realmente. Y para hacerlo hemos de lidiar con la realidad de las situaciones difíciles.

---

* N. del A.: En el budismo tibetano hay cuatro tradiciones: una es la escuela original, la Nyingma o la tradición de la «antigua traducción». Las otras tres son las escuelas Sarma o de la tradición de la «nueva traducción»: las escuelas Kagyu, Sakya y Gelug. Las técnicas *Mahāmudrā* son esenciales en la tradición Sarma. Estas cuatro escuelas también se distinguen en que la Kagyu y la Nyingma son consideradas «linajes de práctica», es decir, linajes que hacen hincapié en la meditación, mientras que la Gelug y la Sakya son «linajes escolásticos», donde se prioriza el estudio. Aunque soy discípulo de las cuatro escuelas, principalmente sigo la vía de las tradiciones Kagyu y Nyingma.

En segundo lugar, estas singulares meditaciones fueron diseñadas para invertir nuestra relación con las experiencias no deseadas, que significa afrontarlas directamente, en vez de intentar evitarlas. Haciendo esto podemos descubrir la *bondad inherente* de cualquier cosa, que es más profunda que la bondad interpretativa. La bondad inherente se refiere a la inefable «talidad, eseidad, esoidad» de todo lo que acontece, ya sea bueno o malo.

Si cedemos ante nuestras estrategias habituales de evitación, conseguiremos que el malestar psicológico de evitación consciente y agudo se transforme en un espasmo mental inconsciente y crónico. Ese malestar sigue allí, pero ahora está enterrado en las profundidades de la matriz cuerpo-mente, donde nos dicta entre bambalinas gran parte de nuestra vida sobre el escenario. La experiencia rechazada se manifiesta a través de síntomas (se convierte en un reflejo no diagnosticado de una discordia subyacente que se manifiesta en casi todo lo que hacemos). Nuestras acciones se convierten en mecanismos de evitación (reactividad, coacción psicológica, enfermedad física y todo tipo de respuestas torpes a los retos de la vida), mientras intentamos esquivar estos desagradables sentimientos enterrados.

Las meditaciones inversas nos brindan la oportunidad de relacionarnos *con* nuestra mente, en lugar de hacerlo *desde* ella, así como de entablar una relación con nuestros mecanismos de evitación que, de lo contrario, se convierten en obstáculos que actúan como cicatrices cuya función es aislar de la conciencia la experiencia no deseada. Cuando nos relacionamos *desde* nuestra mente, desde nuestra reactividad, no existe relación alguna. En lugar de mantener una relación consciente, respondemos a las experiencias adversas con reflejos instintivos; esta reactividad nos aleja de nuestro cuerpo sintiente y nos conduce a nuestra mente pensante y al sufrimiento innecesario. No tratamos realmente la sensación somática a la que nos enfrentamos, sino que pasamos a una proliferación conceptual falsa (confabulando y catastrofizando) para insensibilizarnos al malestar que nos provocan nuestros sentimientos. Huimos del fuego del sufrimiento sincero y de las noticias reales que conlleva la existencia humana para caer en las brasas de los comentarios malintencionados y las noticias falsas. ¡Pero lo cierto es que muchas de las peores cosas de nuestra vida nunca llegan a «suceder» realmente!

En tercer lugar, las meditaciones inversas alteran por completo nuestro concepto sobre la meditación. Son una revolución en la práctica espiritual que pone del revés y bocabajo nuestra comprensión de la meditación; por consiguiente, estas meditaciones expanden radicalmente nuestra práctica. Situaciones que habían sido antagónicas a la meditación ahora se *convierten* en nuestra meditación. Obstáculos que anteriormente habían dificultado nuestro camino espiritual pasan a ser el camino. Esto significa que todo se convierte en nuestra meditación. No hay nada prohibido. Podemos entrar en un retiro de por vida sin renunciar a nuestra vida cotidiana.

LA CRUDA REALIDAD

Puesto que en las meditaciones inversas trabajamos con experiencias no deseadas, no son precisamente un día de campo y playa (a menos que amplíes tu definición de «campo y playa»). Muchos practicantes espirituales eligen este camino en busca de paz y felicidad. El maestro contemporáneo A. H. Almaas, creador del Enfoque Diamante[*], escribe: «Cuando la mayoría de la gente emprende

---

[*] N. de la T.: En el Enfoque Diamante, todas las experiencias se utilizan como puerta de entrada a nuestra naturaleza espiritual. En lugar de negar o buscar trascender aspectos de nuestra humanidad vistos como barreras, aprendemos a abordar cada aspecto de nuestra experiencia física, emocional y mental con aceptación abierta y curiosidad por descubrir su verdad. (Fuente: www.diamondapproach.org).

el camino espiritual, se dirige al cielo sin saberlo».[1] Una de las limitaciones de los conceptos convencionales que la gente tiene sobre la meditación es la motivación de «sentirse bien». Entonces, la meditación entra en el típico plan para el bienestar. Si no me va a ayudar a sentirme mejor, ¿por qué preocuparme? ¿Qué sentido tiene? Esta motivación es viable, pero incompleta. A todos nos gusta sentirnos bien, pero ¿qué pasa con tu meditación cuando las cosas se tuercen? ¿Dónde está tu espiritualidad cuando «la roca encuentra el hueso», como se dice en el Tíbet?

Las meditaciones inversas te ayudan a sentirte mejor, incluso cuando la mierda choca contra el ventilador y las cosas se ponen feas. Lo hacen expandiendo tu sentido de lo «bueno» y lo «malo». En realidad, puedes estar bien en *cualquier* circunstancia; basta con que amplíes tu sentido del bien y depures tu comprensión del «mal». Tu plan de bienestar puede evolucionar y abarcar incluso las experiencias desagradables. El maestro de meditación Milarepa, que pasó doce años de retiro y se enfrentó a unas durísimas pruebas que se convirtieron en leyenda, cantó:

Cuando me suceden muchas cosas, me siento sumamente bien.
Cuando las cimas se convierten en simas, me siento aún mejor.
Cuando la confusión se complica, me siento sumamente bien.
Las visiones terroríficas empeoran y lo peor hace que me sienta aún mejor.
El gozo del sufrimiento es tan bueno que sentirme mal me sienta bien.[2]

¿Estar mal sienta bien? ¿El sufrimiento se transforma en dicha? ¿Es esto alguna retorcida forma de masoquismo espiritual? ¿Cómo es posible relacionarse con la adversidad de esta manera? Invirtiendo tu relación. Descubriendo la paz que existe en el sufrimiento.

Las meditaciones «inversas» son antinaturales, ilógicas y contradicen todas nuestras versiones convencionales de la felicidad condicional. Van en contra de la esencia de nuestro plan de bienestar. Pero estas meditaciones atípicas nos conducen al descubrimiento de la felicidad incondicional: la playa tranquila subyacente a todas las situaciones más turbulentas. Aunque tu vida se vea afectada por un tsunami, estarás equipado* para surfear las olas. Podrás encontrar el camino hasta esa playa tranquila dondequiera que estés y por difícil que sea tu situación.

En otras palabras, invirtiendo tu meditación conseguirás avanzar. Adentrarte en tu dolor te ayuda a ascender en tu evolución. Estas inusuales prácticas aceleran tu camino atrayéndolo todo hacia él. Los meditadores serios suelen hacer retiros, aunque sean convencionales, para avanzar. Pero este libro te demostrará que para meditar no es necesario que te sientes en un lugar tranquilo sobre un cojín de meditación o que te escapes a una cabaña de retiro. Basta con que inviertas tu interpretación de la meditación y te des cuenta de que ya posees los medios necesarios para enfriarte aunque te estés cociendo en un alto horno.

Mi maestro Khenpo Tsültrim Gyamtso Rinpoche aconsejó a sus discípulos: «Alimentad vuestra meditación destruyéndola». Lo que quería decir era que tenían que destruir su comprensión contraída de la meditación. No te limites. Si sigues separando la meditación de las pruebas que te pone la vida, acabarás limitando la meditación y tu vida.

Estas meditaciones son terrenales, crudas y muy reales. A veces estampan tus versiones celestiales de la espiritualidad contra la tierra y casi te obligan a mezclar la inmundicia con la divinidad.

---

* N. de la T.: Por razones prácticas, se ha utilizado el masculino genérico en la traducción del libro. Dada la cantidad de información y datos que contiene, la prioridad al traducir ha sido que la lectora y el lector la reciban de la manera más clara y directa posible.

Estas prácticas dan un giro de ciento ochenta grados al concepto de espiritualidad. En lugar de «despertar arriba», más bien se trata de «despertar abajo». En lugar de «transcendencia», más bien se trata de «subscendencia». En lugar de «salir corriendo», más bien se trata de «regresar corriendo».

Esta visión revolucionaria a menudo crea un efecto latigazo debido a su impacto. Es un cambio radical respecto a las nociones tradicionales de meditación y espiritualidad. Y las prácticas que conducen a la incorporación de este singular camino pueden llegar a ser igualmente desconcertantes. Pero también lo es la vida. Has de ser intrépido para recorrer este camino. Vale la pena el precio de admisión porque estas prácticas son tu entrada a la realidad. Te permitirán hallar la espiritualidad en lo material (en lo bueno, lo malo, lo bello y lo feo) y aniquilarán el concepto de «camino». Al final, no irás a ninguna parte. Este sendero opuesto te devolverá al mundo real, a las dificultades de las que intentabas huir. Te ayudará a encontrar la libertad justo en aquello que pretendías evitar.

LA CONTRACCIÓN

Durante los cuarenta y cinco años que llevo estudiando las grandes tradiciones de sabiduría, he buscado los factores irreductibles que hay detrás del sufrimiento. ¿Cuáles son los denominadores comunes subyacentes al samsara (término sánscrito para la realidad condicional) y todas sus miserias? ¿Pueden estos denominadores comunes ser reducidos a un principio fundamental? Henry David Thoreau plasma este anhelo de comprensión profunda del mundo:

> Fui al bosque porque deseaba vivir deliberadamente, y enfrentar solo los hechos esenciales de la vida y ver si podía aprender lo que esta tenía que enseñar, y no descubrir al morir que no había vivido.

No deseaba vivir lo que no era vida, pues vivir es algo muy preciado; tampoco quería practicar la resignación, a menos que fuese absolutamente necesario. Quería vivir a fondo y extraer la savia de la vida, vivir con tanta tenacidad y austeridad como para prescindir de todo lo que no fuera vida, segar el campo y afeitarme bien la barba,* acabar con todo lo superfluo y quedarme con la esencia, arrinconar la vida y reducirla a lo básico.[3]

Todos mis retiros de meditación han tratado sobre el tema de «arrinconar la vida y reducirla a lo básico». Un denominador común ha aflorado lenta, pero sistemáticamente, como el protagonista principal de todo mi sufrimiento. La *contracción*.

El principio de la *contracción* lo utilizaré para describir los mecanismos de evitación, la reactividad, los obstáculos autogenerados que se interponen entre nosotros y la libertad interior. En capítulos posteriores hablaré más sobre este principio, pero por el momento diré que la contracción es retirarse de la realidad, lo cual suele suceder cuando las cosas empiezan a doler.

En la tradición cabalística, se utiliza el término *tzimtzum* para este principio de contracción, que se traduce como 'retirada'. Cada vez que nos contraemos nos retiramos de lo que está sucediendo, del contacto auténtico con la realidad, y nos acercamos a falsos argumentos respecto a ella. Pero la verdadera espiritualidad es un deporte de contacto. Has de estar dispuesto a recibir golpes. Si te relacionas bien con ese contacto, será la verdad lo que te golpee, y al final, será la realidad. El erudito judío Zvi Ish-Shalom nos habla de la profundidad del principio de la contracción:

---

* N. de la T.: El autor usa las metáforas de «segar el campo» en el sentido de cortar con lo superfluo y «afeitarse bien la barba» en el de acercarse a la esencia de la vida.

La contracción también representa el movimiento de la luz infinita, la luz de *Ein Sof* ['sin fin', 'infinito'], en la manifestación de la forma, hasta su presentación final como la experiencia dualista humana de la separación.

Cuando entendemos este proceso podemos rastrearlo hasta su origen, podemos seguir la experiencia de la forma encarnada [...] pasando por todas las dimensiones de luz; este proceso de contracción y expansión repetida da vida a la existencia, desde lo más burdo y material hasta lo más sutil y etéreo.

[...] Toda vida individual, con todo su sufrimiento y todas sus contracciones, es el potencial de lo infinito expresándose a sí mismo.*

Esta es una afirmación muy compleja que desarrollaré en capítulos posteriores. En términos más simples: como en el cuento de Hansel y Gretel, podemos seguir las miguitas (de la contracción) hasta encontrar de nuevo nuestro hogar. Al rastrear este proceso repetitivo de contracción hasta nuestra verdadera naturaleza, encontramos nuestro camino hacia las cosas tal como realmente son antes de que nos retiremos. Ish-Shalom prosigue: «El sufrimiento o la contracción es simplemente la percepción errónea de que somos una entidad aparte, definida por nuestro concepto del yo [...] Cuando se contrae esta propiedad de la luz en nuestra experiencia humana, se esfuma el conocimiento de qué y quiénes somos».[4] Y nos olvidamos. Las meditaciones inversas de recordar o

---

* N. del A.: Zvi Ish-Shalom, *The Kedumah Experience: The Primordial Torah* [La experiencia kedumah: la Torá primordial] (Boulder, Albion-Andalus Books, 2017), 21. Esta descripción de la génesis de la forma recuerda a las enseñanzas del bardo ['hueco', 'proceso de transición', 'entremedio'] del budismo tibetano. Desde la claridad del *luminoso bardo de dharmata* nos contraemos hasta llegar al *bardo kármico de devenir* y, al final, hasta el *bardo de esta vida*, que tiene lugar cuando las contracciones de nuestra madre reproducen físicamente este principio cosmológico y, literalmente, nos expulsan al mundo de la forma estrujándonos. Entonces, nosotros reproducimos este proceso a lo largo de nuestra vida, cada vez que nos aferramos a algo.

re-memorar nos conducen de nuevo a casa. Partiendo desde donde nos encontramos, con nuestra reactividad y resistencia a las emociones y experiencias no deseadas, mediante la meditación inversa podemos recuperar nuestro camino hacia el origen de nuestro malestar e insatisfacción, hasta la extraordinariamente sutil contracción primigenia que genera nuestro sentido del yo.

Las meditaciones inversas nos permiten transformar el obstáculo (contracción) en una oportunidad (apertura). Expansión y contracción juntas son un ciclo de combustión que conduce el camino hacia delante o, en el caso de nuestro viaje, «hacia atrás». Entender esto nos demostrará cómo hemos de valorar nuestras contracciones porque son el combustible que necesitamos para nuestro camino. Como el latido de nuestro corazón, necesitamos la contracción para que se produzca la expansión.

Las meditaciones inversas y la contracción están relacionadas del siguiente modo: si cedemos ante nuestros hábitos de evitar el malestar, transformaremos nuestro dolor consciente (principalmente emocional y psicológico) en espasmos inconscientes. Nunca nos contraemos con tanta rapidez y ferocidad como cuando sentimos dolor. Nos contraemos instintivamente para huir de la experiencia no deseada, reactividad que, de manera temporal, puede alejarnos del dolor agudo, pero que irónicamente nos garantiza el sufrimiento crónico. El dolor y el sufrimiento no son lo mismo. El sufrimiento es una relación inadecuada con el dolor. Y al invertir esta relación, podemos aliviar nuestro sufrimiento. Las meditaciones inversas nos equipan con las herramientas que necesitamos para reordenar nuestra relación con la contracción abriéndonos a ella, transformando la contracción en relajación, lo cerrado en abierto y la agonía en una nueva comprensión del éxtasis.

Al hacer esto, las meditaciones inversas también curan la fractura de la dualidad (que veremos en el capítulo trece): el nacimiento de la ilusión del yo y el otro que surge a raíz de contracciones reiteradas y que es el origen de nuestro sufrimiento. Por consiguiente, nuestro viaje nos conducirá a una relación no dualista, sincera y abierta, en la cual está incluido el dolor. Las meditaciones inversas facilitan que devengas uno con tu dolor y que lo aceptes en lugar de luchar contra él, lo cual os liberará a ambos, al dolor y a ti, como por arte de magia. El dolor desaparece. Y «tú» también. ¿Qué queda? ¿Qué queda después de esta aceptación no dual? Incluso el uno se reduce a ninguno. No queda nada. Solo hay vacuidad, que es el equivalente de la plenitud radiante, y una nueva experiencia resplandeciente de la vida. En las páginas siguientes revelaré qué es.

Por lo tanto, este libro no es solo un manual práctico, sino un manual de reparación: una guía del usuario para las dificultades de la vida. Las ideas que vas a encontrar aquí presentan una forma profunda de reparar nuestra relación con las experiencias indeseadas, invirtiendo nuestra manera de relacionarnos con ellas. *La meditación inversa* es básicamente una forma de realizar la felicidad incondicional, al indicarte las maneras innecesarias en que nos hacemos desgraciados a nosotros mismos y a los demás.

¿POR QUÉ A MÍ?

Como cirujano dentista, he pasado muchas décadas en el negocio del dolor. Soy muy consciente de los aspectos clínicos del dolor intenso, la fisiopatología de la transmisión neurológica y la necesidad de tratar el dolor mediante protocolos estándar, incluidos los fármacos. He extendido miles de recetas de analgésicos y todavía más de ansiolíticos (que es como decir agentes anticontracción). No he escrito este libro desde una torre de marfil. Las prácticas que ofrezco provienen de las trincheras del frente.

Como autor en el campo de la tanatología (la muerte y el proceso de morir) y de las sombras de la soteriología (la doctrina de la salvación), tengo una amplia experiencia en las ramas académica y clínica del sufrimiento psicológico y emocional.[5] Pero normalmente suelo ser como tú. Vivo en un mundo que puede ser extraordinariamente doloroso. En esta era de división y polémica, parece que el dolor va de mal en peor. Cada vez que escucho las noticias, veo más angustia en el mundo. Se me rompe el corazón; y a veces siento como si me estuvieran destripando. Estas meditaciones inversas se han convertido en mis fieles amigas en las que siempre puedo confiar. Amigas que caminan a mi lado en mi viaje por la maltrecha carretera de la vida, siempre dispuesta a echarme una mano sanadora.

CÓMO USAR ESTE LIBRO

La meditación no es solo una práctica, como el deporte tampoco es meramente una actividad. Hay tantas meditaciones como deportes y exploraremos una progresión de las prácticas de meditación, que se forman y perfeccionan a raíz de sus predecesoras. Las meditaciones inversas son radicales, así que nos iremos abriendo camino hasta llegar a ellas. Si en la primera parte notas que el camino se vuelve empinado, pasa a las meditaciones de la segunda parte para empezar a atraer lo material a tu vida y hacer una pausa. La primera y la segunda parte se impulsan mutuamente, así que no temas alternar entre ellas. Las numerosas notas son para reforzar el viaje de los que deseen profundizar, pero te las puedes saltar o dejarlas para una segunda lectura.

Hay tres meditaciones principales que conforman el eje de este libro: la práctica básica de mindfulness (más específicamente, la meditación referencial, capítulo siete), que se transforma en la práctica de la conciencia abierta (las meditaciones no referenciales, capítulos ocho y nueve), que te preparará para las meditaciones inversas (capítulos diez, once y doce). Intercalados con estas meditaciones básicas hay una serie de contemplaciones y «aperitivos de meditación», prácticas diseñadas para ser utilizadas en el momento en que se produce una situación difícil. Vamos a generar estabilidad con las tres prácticas básicas y aplicabilidad con las contemplaciones y los aperitivos de meditación.

Las contemplaciones y meditaciones de este libro te ayudarán a deshacer los numerosos nudos con los que tú mismo te has atado y a liberar las contracciones que sientes en la forma de tensión subyacente en tu vida, lo cual culminará con un profundo sentimiento de bienestar, aunque la vida esté llena de mal-estar. Te indicaré las capas de la contracción una a una; después se irán abriendo con meditaciones correlativas y liberarán los inmensos almacenes de energía que hay atrapada en tu interior. El resultado es revitalizador, liberador y, en última instancia, iluminador.

Pero el proceso que conduce a esta libertad, el despertar fundamental y el retorno a la vida, no siempre es agradable. Como cuando se te ha dormido el pie y al despertarse notas pinchazos. Si se te congela la mano en un día de invierno, cuando se descongela puede quemar como un infierno. Sin embargo, con la visión correcta, estarás dispuesto a aguantar el malestar que sea necesario para el despertar, porque sabes que la energía y la libertad liberadas al dejar de oponer resistencia y recorrer el sereno sendero del desarme interior vale la pena.

PRIMERA PARTE

LOS ASPECTOS BÁSICOS

CAPÍTULO 1

LA VISIÓN CORRECTA

Cuando nada funciona, todo se confabula en tu contra.
No intentes encontrar la manera de cambiarlo.
Aquí, el secreto para realizar tu práctica es invertir tu forma de verla.
No trates de detenerla o mejorarla.
Las situaciones adversas suceden, y cuando suceden es un verdadero deleite,
¡componen una cancioncilla de puro gozo!

GOTSANGPA (Maestro de meditación)

A aquellos que están dispuestos a explorar el camino de las meditaciones inversas y a trabajar con los obstáculos autogenerados, o «contracciones», que tienen lugar para evitar los sentimientos dolorosos o incómodos, les esperan dos retos importantes. El primero es el malestar consciente inherente a este camino. El segundo son las dimensiones sutiles, ubicuas e inconscientes de la contracción, idea principal que veremos en el capítulo tres. La contracción se originó y sigue originándose para evitar los sentimientos desagradables. Pero ese malestar no desaparece solo porque tú te alejes de la experiencia. Se encarna en la propia contracción, que lanza la discordancia al subconsciente y, en última instancia, al cuerpo. Una vez allí, se encona, y como si fuera un quiste psíquico, segrega toxinas en tu existencia. El quiste se ha de extraer y drenar quirúrgicamente, y eso no siempre es agradable.

La meditación inversa es una especie de operación psíquica que puede extirpar los obstáculos que tú mismo has generado y drenar la resistencia que opones, pero para ello es necesario estar dispuesto a afrontar sentimientos dolorosos o incómodos. La idea de tolerar situaciones difíciles e insatisfacción para poner fin al sufrimiento puede parecer paradójica y de difícil aplicación. Pero la meditación inversa está en armonía con las enseñanzas budistas de la *visión correcta,* el primer factor y el más importante del *noble camino óctuple* que pone fin al sufrimiento.* En este contexto, «visión» equivale a filosofía o perspectiva. Nos indica la dirección correcta y evita que nos desviemos de nuestro camino.

Desde una perspectiva convencional, la visión correcta que nos acompaña en nuestro viaje es tan contraria a los conceptos tradicionales que *la visión en sí misma es una visión inversa.* Es lo opuesto a cómo se nos ha enseñado a relacionarnos con la realidad, por no hablar de las experiencias no deseadas. Esta visión es fácil de proclamar, pero no de poner en práctica: todo lo que surge en la mente o en la realidad es sagrado. Tal vez no se manifieste como tu versión de la perfección o de la santidad, pero la naturaleza de cualquier fenómeno es sumamente divina. Y eso te incluye a ti y a tu dolor.

Para muchas personas, la visión correcta es directamente incorrecta. Pero tanto el transcurso del tiempo como las diferentes tradiciones han dado la razón a los buscadores de la sabiduría, que han descubierto que la extraordinaria reivindicación de la visión correcta (que todo es perfecto tal como es) es básicamente

---

* N. del A.: El camino óctuple consta de la visión correcta, la intención correcta, la palabra correcta, la conducta correcta, el medio de vida correcto, el esfuerzo correcto, la atención correcta y la concentración correcta.

liberadora para los que están dispuestos a aceptar esta increíble evidencia. En terminología actual, la neuroanatomista Jill Bolte Taylor describe la visión correcta cuando narra la experiencia de «cambio de percepción» que le provocó un ictus: «No podía percibir pérdida física o emocional porque no era capaz de experimentar separación o individualidad [...] En la ausencia de los juicios negativos de mi hemisferio izquierdo, me percibía como un ser perfecto, completo y hermoso tal como era».[1] La visión de la pureza perfecta también es un elemento básico en las antiguas enseñanzas de la Gran Perfección o *Dzogchen* del budismo tibetano: «Todo es perfecto por naturaleza tal como es, totalmente puro e inmaculado —dijeron los maestros del siglo XX Chögyam Trungpa Rinpoche y Rigdzin Shikpo—. Uno jamás debe considerarse "pecador" o menospreciarse, sino puro y perfecto por naturaleza, sin carencia alguna».[2]

Esta misma visión también la encontramos en la doctrina de la «bondad inherente» de la tradición *Shambhala* (fundada por Trungpa Rinpoche):

En el nivel más básico de nuestra existencia, tenemos todo lo que necesitamos para celebrar nuestra vida en este planeta [...] La bondad inherente a nuestro mundo no es el aspecto «bueno» de un mundo dividido entre el bien y el mal. Cuando dividimos el mundo de este modo (aunque solo sea en nuestra mente), automáticamente condicionamos a todo lo que nos rodea a que sea bueno si satisface nuestras condiciones, y malo si no lo hace. La bondad inherente es incondicional [...] no tiene nada que ver con «sentirse bien».[3]

Las antiguas tradiciones de sabiduría asiáticas proclaman sus versiones de la bondad inherente y sus voces son totalmente contrarias a las limitadas versiones occidentales. Gurumayi

Chidvilasananda describe la visión correcta en un poema cuya terminología pertenece a la tradición hinduista no dualista del tantra shivaíta:

¿Adónde me ha conducido el éxtasis?
Me ha llevado a un lugar donde no queda nada salvo el «yo» puro,
Pūrṇāham-vimarśa, la conciencia perfecta del «yo».
Ahora que ya sé lo que es mi existencia:
no queda nada más que el éxtasis de mi verdadero Yo.[4]

El antiguo filósofo taoísta Chuang Tzu enseñó: «En el estado de la experiencia pura, se alcanza lo que se conoce como la unión del individuo con el todo», un estado experiencial que refleja el conocimiento perfecto de los antiguos, donde «solo existe la unidad, el todo», a lo cual «no se le puede añadir nada».[5] Y en la doctrina *Spanda* del shivaísmo de Cachemira, el erudito Mark Dyczkowski escribe: «Nada es impuro, todo es perfecto, incluido *māyā* [el mundo ilusorio] y la diversidad que genera».[6]

El teólogo y filósofo cristiano del siglo XVIII Emanuel Swedenborg dijo que si nuestros «interiores» están abiertos, estamos en el cielo aquí y ahora. Pero este enfoque cristiano de la visión correcta ya se había expresado mucho antes a través de enseñanzas como las del Evangelio gnóstico de Tomás, donde los discípulos de Jesús le preguntan cuándo llegará el nuevo mundo y él les responde: «Lo que estáis buscando ya está aquí, pero no lo reconocéis». Los discípulos insistieron: «¿Cuándo llegará el Reino?». Y Jesús respondió: «No llegará esperando su llegada. No será como decir: "Está aquí" o "Está allí". El Reino del Padre está por toda la tierra, pero los seres humanos no lo ven».[7] La historiadora religiosa Elaine Pagels escribe que en dichos evangelios: «Esta convicción (que quienquiera que explore la experiencia humana descubre simultáneamente la realidad divina) es uno de los elementos que hacen que el gnosticismo se pueda considerar claramente un movimiento religioso [...] El *Alógenes*** enseña que, en primer lugar, uno puede conocer "el bien que hay en su interior"».[8]

La tradición islámica tiene muchas similitudes con la narrativa cristiana de la bondad inherente. El erudito Yūsuf al-Hurr lo explica con más detalle: «El islam no solo acepta la idea de que todos tenemos una naturaleza celestial fundamental, sino también que esa esencia es *ramah* ('compasión') y *nur* ('luz'). La mayor parte del islamismo se centra en la eliminación de las capas del falso yo para recentrar nuestra conciencia nuevamente en nuestra verdadera naturaleza» (un retorno a estar en sintonía con el orden divino que se logra a través del recuerdo), «curando nuestra amnesia espiritual».[9]

El principio de remembrar o recordar es uno de los pilares de la tradición budista y de la meditación en general. De hecho, la palabra tibetana para mindfulness es *drenpa*, que significa 'recordar'. La distracción (separar) es un tipo de contracción y lo opuesto a «remembrar». Conlleva un alejamiento del momento presente, que implica que la falta de atención y el olvido son las manifestaciones constantes de nuestra amnesia espiritual. El maestro tibetano Lakar Rinpoche nos enseña que «el final de la distracción es el final del samsara». Básicamente, lo que nos está diciendo es que cuando conquistamos nuestro olvido, autoentrenándonos a volver una y otra vez al momento presente (como haremos en las meditaciones siguientes) también estamos trabajando en un orden más profundo de recuerdo: el que no solo nos devuelve al presente, sino el que al final nos devolverá a nuestra naturaleza pura primordial.

Recuerda que contracción también significa retirada, y una de sus expresiones más inmediatas es cada vez que nos dis-traemos

---

* N. de la T.: *Alógenes* es un tratado que forma parte de los evangelios apócrifos; es la copia principal de las que han sobrevivido a los siglos, pero faltan muchas líneas.

del momento presente. Por consiguiente, poner fin a la *contracción-distracción* es poner fin al samsara. Puesto que la manifestación de la contracción es tan ubicua y corriente, empezaremos nuestras meditaciones formales de la segunda parte con la práctica más asequible del mindfulness. Después avanzaremos hacia una práctica curativa más refinada, antes de aventurarnos finalmente en la compleción de las meditaciones inversas. A lo largo de este viaje de sanación descubrirás o recordarás la visión correcta por ti mismo.

Hasta la palabra *religión* transmite este retorno fundamental: el prefijo *re* ('volver') y *ligare* ('unir') –'volver a unir' la totalidad– que también nos recuerdan a nuestro relato de la inversión. Es decir, remembrar es invertir, encarado (*versus*) hacia atrás (*re*). Regresando y dirigiéndonos directamente hacia aquello de lo que normalmente huiríamos (todas las experiencias no deseadas), volveremos a esta totalidad fundamental que tan rápidamente olvidamos cuando las cosas empiezan a hacernos daño.

El Regente Vajra, un maestro moderno, dijo: «La esencia de la práctica espiritual es el recuerdo». En nuestro nuevo lenguaje, la esencia de la práctica espiritual es la *inversión*. El autor Deepak Chopra, como interlocutor de la tradición vedantina, dijo algo que se ha hecho popular: «Tanto esfuerzo por aprender, cuando lo único que hemos de hacer es recordar». Somos inmaculadamente puros por naturaleza. Solo que lo hemos olvidado. El objetivo del camino espiritual es refrescar nuestra memoria. El maestro espiritual A. H. Almaas, en su libro *Facets of Unity* [Facetas de la unidad], hace hincapié en que la naturaleza divina del «mundo real» simplemente está esperando a ser reconocida:

La naturaleza intrínseca de todas las cosas es una cualidad amorosa consciente, tanto si hablamos de los objetos físicos como de los seres humanos, de las acciones de un ser humano o de los fenómenos

físicos [...] Si realmente vemos esto, ya estamos en el cielo. Dondequiera que mires, verás armonía, belleza y amor.[10]

Almaas da a entender que no importa qué cualidades externas observemos en el mundo que nos rodea, a lo que yo añadiría:
«Tanto si nuestra experiencia es dolorosa o gozosa, la realidad tiene
una naturaleza interna amorosa, gozosa y de abundancia que «trasciende todas las apariencias». Si prestamos atención: «Vemos que
todo lo que existe es la manifestación de Dios, el Ser Divino [...]
es perfecto».[11]

Este reconocimiento y esta atención son la esencia de la visión
correcta. El misticismo judío, en boca de Zvi Ish-Shalom, nos ofrece palabras que son especialmente relevantes para el camino de la
meditación inversa:

¿Confiamos en que la realidad es inherentemente buena y be-
nevolente y que nos sostendrá cuando experimentemos el dolor
de nuestras contracciones? Tener esta confianza no es nada fácil.
Cuanto más profunda sea nuestra contracción, más difícil nos re-
sultará confiar en que está bien sentirla, abrazarla y darle la bienvenida.[12]

«Bajo nuestra perspectiva habitual nos desagrada la contracción porque nos parece profana e impía, y duele», dice Ish-Shalom.

Pero bajo esta nueva visión de la totalidad, aceptamos la experiencia de contracción y de la experiencia humana del esfuerzo con más
aprecio porque conocemos su naturaleza divina. A este aprecio se
une una gran curiosidad sobre su significado, su sentido y el propósito que tiene para nosotros personalmente. Sentimos que hay algo
que está esperando, deseando revelarse ante nosotros. En lugar de

ver la contracción y su sufrimiento como un problema del que nos hemos de deshacer, la contemplamos como una oportunidad y una ayuda de Dios, como un regalo que hemos de desenvolver.[13]

EL DOLOR ESENCIALMENTE BUENO

A pesar de que innumerables maestros de numerosas tradiciones han enseñado que hasta los acontecimientos más infames, dolorosos y difíciles deben contemplarse como esencialmente buenos y totalmente puros, esta enseñanza suele encontrar resistencia y es rechazada: «¿Me estás diciendo que mi corazón destrozado y mi dolor son totalmente puros? ¡Tonterías!». La misión de este libro es invertir este tipo de resistencia.

Ish-Shalom concluye: «Mediante la comprensión de nuestras contracciones podemos desenvolver estos regalos (de desafíos, dolor y sufrimiento)». El libro que estás leyendo pretende guiarte hacia la visión correcta y las prácticas que te ayudan a alcanzarla, para «desenvolver estos regalos», pero también para desenvolver todas las visiones incorrectas con las cuales se han envuelto dichos regalos. Antes de contraernos, que es cuando empieza el proceso de envolver, todo lo que surge es esencialmente puro. Chögyam Trungpa escribió: «Todos los fenómenos son completamente nuevos y frescos, absolutamente únicos en el instante de su aparición y libres de cualquier concepto del pasado, presente y futuro, como si se experimentaran en otra dimensión del tiempo».[14] Por lo tanto, lo que embrutece los fenómenos es la mancha de la conceptualidad (una forma de contracción en sí misma), que corrompe lo que surge en el presente con los conceptos del pasado. «¿Qué tipo de cosa es la realidad directa antes de que nosotros le añadamos las complejidades del pensamiento? —pregunta el filósofo japonés Kitarō Nishida, en su libro *Indagación del bien*—. Es decir, ¿qué tipo de cosa es un acontecimiento de experiencia pura? En esa fase, todavía no existe la oposición entre sujeto y objeto, no se ha producido la separación entre intelecto, emoción y voluntad, solo existe actividad pura independiente dentro de sí misma».[15]

Gran parte del camino espiritual en general, y del viaje de la meditación inversa en particular, se basa en la negación: negar, eliminar, desenvolver o *invertir* todas las visiones y conceptos incorrectos para revelar lo que siempre ha estado presente.* La negación es ese despojar del que hablaba Yūsuf al-Hurr. Vamos a abrir los regalos de Dios quitando los tediosos envoltorios de papel (las diabólicas obscuraciones, concepciones y contracciones) que los envuelven.

Cuando por fin es revelada, la visión correcta no es una creación nueva. La visión correcta se revela espontáneamente cuando todas las visiones incorrectas son eliminadas. De hecho, la visión correcta es la única real. Todas las demás son parciales o incorrectas. El sabio tibetano Milarepa cantó: «La visión es la sabiduría original que es vacuidad». Aquí «vacuidad» se refiere a que esta visión original de la sabiduría y la bondad está vacía de visiones engañosas.

Nuestra incapacidad para reconocer esta verdad de la bondad inherente y la pureza perfecta, y vivir de acuerdo a ella, es la razón por la que siempre intentamos manipular nuestra experiencia y el propio mundo, a favor de *nuestra* versión de la pureza perfecta, de nuestras ideas sobre el «bien». El psicoanalista austriaco Otto Rank creía que una gran parte del sufrimiento humano surgía de nuestros intentos de perfeccionar el mundo. Durante cientos de años, la Inquisición quemó a miles de personas en la hoguera para

---

* N. del A.: El idioma sánscrito está repleto de términos negativos como *nirvāṇa, nirodha, nirguna, nirvikalpa* o *niṣprapañca*. En Occidente se habla de la vía apofática (teología negativa) y en Oriente de la vía negativa (el camino de la negación). Tal como dijo el Maestro Eckhart: «El alma no crece sumando, sino restando».

terminar con la herejía en el cristianismo. La «Solución Final» de Hitler para el «problema judío» fue su intento de purificar la tierra acabando con todo un pueblo. Stalin, Pol Pot e innumerables tiranos también tuvieron su visión de la perfección que generó un sufrimiento incalculable.

Nuestras propias manipulaciones tal vez sean más personales y a pequeña escala, pero seguimos tratando de dictar la experiencia (de depurarla para que se adapte a nuestra versión de la perfección) que no hace más que complicar las cosas. Estos impulsos de limpieza transforman el dolor simple en sufrimiento complejo. En las meditaciones siguientes, podremos experimentar estas desafortunadas manipulaciones de la realidad cada vez que tropecemos.

LAS DOS VERDADES

Para abordar la noble visión de la pureza perfecta, hemos de comprender las «dos verdades»: la verdad absoluta y la relativa. De lo contrario, la escalada hasta la cima podría ser muy precipitada y la visión correcta acabar en la papelera de la retórica de la Nueva Era. ¿Cómo podemos reconciliar una visión que afirma la pureza perfecta de todo fenómeno con nuestro conocimiento sobre el sufrimiento emocional y horrores como el Holocausto y otros genocidios, las malformaciones congénitas, la devastación ecológica y otras innumerables e innegables verdades? ¿Cómo explica la pureza perfecta la tragedia humana?

La visión de la pureza perfecta procede de la perspectiva de la verdad última o absoluta, que es la proclamación incondicional y no convencional de *cómo son realmente las cosas*. Pero solemos ver las cosas desde la perspectiva de la verdad relativa o condicionada: la verdad convencional de *cómo parece que son las cosas*. En la visión correcta, no negamos la apariencia, pero ponemos en tela de juicio su estatus. En la meditación inversa intentaremos que la apariencia esté en armonía con la realidad, para transformar nuestra relación con la experiencia no deseada. ¿Cómo son realmente las cosas cuando las observamos detenidamente? ¿Qué es realmente el dolor? ¿Qué convierte una experiencia en no deseada? ¿Qué es lo que sucede realmente cuando sufrimos?

En terminología budista, la verdad relativa se refiere al mundo de la forma, mientras que la verdad absoluta es para designar el mundo de la vacuidad. Todos sabemos lo que es la forma porque vivimos en el mundo de la forma o de la apariencia. La vacuidad no es tan obvia. Para comprender la vacuidad, o *śūnyāta* en sánscrito, hemos de invertir nuestra visión convencional de las cosas, y esto representa un desafío a la propia idea de «cosidad». Incluye elementos como el dolor, las dificultades, la ansiedad, el miedo o cualquier otra experiencia no deseada. Comprender la vacuidad altera nuestra relación con algunas cosas muy prácticas, y cuando lo conseguimos, elimina nuestro sufrimiento. La vacuidad es la esencia silenciosa de este libro, así que hemos de empezar a envolver nuestra mente a su alrededor.

En primer lugar, *vacuidad* no significa 'nadidad' o 'inexistencia', ni tampoco un vacío tenebroso. Una traducción más comprensible sería 'apertura', 'transparencia' o 'infinitud'. La vacuidad se refiere a la ausencia de una proyección falsa de un tipo de existencia: la falacia de que las cosas tienen una existencia inherente. *Vacuidad* significa 'no-cosidad'. Es decir, si observas detenidamente cualquier objeto, descubrirás que en esencia no hay nada sólido, duradero e independiente en él. Los objetos están desprovistos de existencia intrínseca o naturaleza propia. Si los examinas de cerca, lo que hallarás es un vasto núcleo interconectado de causas y condiciones: una ecología profunda que lo conecta todo con todo lo demás.

Vacuidad en realidad significa plenitud. Estar vacío del «yo» significa estar lleno del «otro». Así que cuando hablamos de un retorno reparador a la compleción, estamos hablando de un retorno al vacío-plenitud. La vacuidad nos enseña que lo único que de verdad existe es la relación. ¿La relación con qué? Con otras relaciones. El maestro zen Thich Nhat Hanh lo resume bellamente:

> Si eres poeta, verás claramente que hay una nube flotando en esta hoja de papel. Sin nube no habrá agua; sin agua los árboles no pueden crecer; y sin árboles, no puedes fabricar papel. Así que la nube está aquí. La existencia de esta página depende de la existencia de una nube. El papel y la nube están muy cerca. Veamos otras relaciones, como la luz solar. La luz solar es muy importante porque los bosques no pueden crecer sin ella, ni tampoco los seres humanos. El leñador necesita sol para cortar el árbol, y este necesita sol para convertirse en árbol. Por consiguiente, también puedes ver luz solar en esta hoja de papel. Y si observas más profundo, con los ojos de un *bodhisattva*, con los ojos de aquellos que están despiertos, no verás solo la nube y el sol en la hoja, sino todo lo que existe, el trigo que se convirtió en el pan que alimentó al leñador, el padre del leñador: en esta hoja de papel está todo [...] este papel está vacío de identidad independiente. Aquí, vacío significa que el papel está lleno de todo, de la totalidad del cosmos. La presencia de esta diminuta hoja de papel prueba la presencia de todo un cosmos.[16]

Cualquier visión de la realidad basada en sistemas, integral u holística, se hace eco de los mismos preceptos. La ecología, la ecopsicología, la teoría general de sistemas, la teoría del caos y la teoría de la complejidad son algunos ejemplos de los principios de la vacuidad en terminología moderna. La mecánica cuántica, la teoría con más éxito de la historia de la ciencia, proclama cosas similares. El físico Carlo Rovelli describe la mecánica cuántica como «el descubrimiento de que las propiedades de cualquier entidad no son más que la forma en que dicha entidad influye en otras. Solo existe a través de sus interacciones». Él cree que «para entender la naturaleza, hemos de enfocarnos en estas interacciones en lugar de hacerlo en los objetos aislados», y hace hincapié en que «*no existen propiedades fuera de esas interacciones*». Por último, reconoce: «Esto es un salto radical. Es como decir que todos los objetos existen *solo* en función de la forma en que afectan a otro».[17]

Esta comprensión de la naturaleza, que incluye un entendimiento más profundo sobre la esencia del dolor y del sufrimiento, nos exige una inversión de nuestra perspectiva habitual aristotélica de «objeto-pensamiento», o lógica binaria booleana de negro/blanco, verdadero/falso, sí/no. Entender la vacuidad conlleva el descubrimiento de la naturaleza de «no-cosidad» de las «cosas». ¿Qué tiene esto que ver con mi dolor y mi sufrimiento?, te estarás preguntando. Todo.

La principal razón de nuestro sufrimiento es que *cosificamos*. Cosificar es hacer que los objetos se vuelvan reales, es transformar una no-cosa en cosa, es reducir-envolver las relaciones hasta convertirlas en objetos, congelar procesos para convertirlos en productos. Cosificar también es imbuir a los fenómenos de un poder que no es inherente a ellos. El dolor no puede herirte inherentemente, salvo que le des poder para hacerlo mediante la cosificación. Y lo cosificas contrayéndote al sentirlo. La cosificación es el resultado de la contracción. Como veremos, la cosificación es el proyecto de construcción inconsciente e incesante (contracción) que constituye la esencia de toda adversidad. Entender y *practicar* la visión de la vacuidad supone comprometerse a un tranquilo traspaso de poder hasta llegar a su verdadero origen. Despojar de poder a las cosas que aparentan tenerlo, invertirlo y devolverlo a su origen.

Esto nos conduce al descorazonador descubrimiento de que la vacuidad no puede perjudicar a la vacuidad.

En nuestro viaje, analizaremos experiencias, como el dolor y el sufrimiento, separándolas en sus partes componentes. Es un enfoque de «divide y conquista», con una sólida base científica, que devuelve los «objetos» a su naturaleza vacía y el poder a su lugar de origen. Es un proceso de decosificación inverso. Si la contracción es la esencia de la cosificación, la apertura (es decir, la vacuidad) es la esencia de la decosificación. El físico Anthony Aguirre nos ayuda a comprender esta relación entre la decosificación y la vacuidad:

> Descomponemos las cosas en pedazos cada vez más pequeños, pero cuando se examinan los pedazos las cosas ya no están. Solo están sus partes. ¿Qué son entonces las *cosas*, como un barco, sus velas o tus uñas? ¿Qué *son*? Si las cosas son formas de las formas de las formas de las formas, y si las formas son orden, y el orden lo definimos nosotros [...] existen, según parece, solo como una creación nuestra, y *en relación a* nosotros y el universo. Como diría el Buda, son vacuidad.[18]

Para lo que aquí nos ocupa, la vacuidad se refiere al hecho de que cosas como el dolor, el sufrimiento y otras experiencias no deseadas no cabe duda de que aparecen, pero, en esencia, no son reales. Esto es una gran noticia. Significa que no tienes que sufrir como sufres. Implica que puedes responsabilizarte de tu propia felicidad y sufrimiento, porque eres consciente de que ambos son tu propia creación. Si construyes tu sufrimiento, también puedes deconstruirlo. En lugar de contraerte puedes abrirte. Esa es la inversión. Vamos a demoler esta cosa a la que llamamos sufrimiento y a volver al lugar de construcción original, a la zona cero de la vacuidad. Pero no te fíes de mi palabra. Comprueba estas enseñanzas con tu propia experiencia. Practica las meditaciones que encontrarás más adelante y descúbrelo tú mismo.

La visión de la vacuidad, que es una manera más técnica de hablar de la bondad inherente, nos resulta ajena. No estamos familiarizados con ella. Sencillamente, no hemos experimentado el mundo a través del prisma (o, en este caso, no-prisma) de la vacuidad y la bondad. En tibetano, a la meditación se la llama *gom*, que significa 'familiarizarse con'. Este término tiene una serie de implicaciones, pero aquí se refiere al viaje de meditar sobre, y familiarizarse con, esta visión inversa. Al ir al revés, al abrirnos en vez de cerrarnos, al final, conseguimos ver el mundo correctamente.

LA VISIÓN INCORRECTA

La visión de la vacuidad y de la pureza original va en contra de las nociones occidentales de cosificación de los objetos y del pecado original, que suponen el meollo de la *visión incorrecta*. La bondad inherente choca con la maldad inherente, y la vacuidad es lo opuesto a la cosificación. El concepto de pecado original ni siquiera es verdad relativa. Es directamente falso. Esta visión incorrecta nos incita a sentir que la realidad es deficiente en algún grado, que le falta algo, que no somos lo bastante buenos. En nuestro interior nos acecha un trastorno de déficit fundamental. Así que consumimos para satisfacer nuestra hambre. Según el polifacético Peter Kingsley:

> Y hay un gran secreto: todos tenemos esa inmensa añoranza en lo más profundo de nuestro ser. La única diferencia entre nosotros y los místicos es que estos aprenden a afrontar aquello para lo que los demás buscamos maneras de huir. Esta es la razón por la que el misticismo ha sido relegado a la periferia de nuestra cultura: porque

cuanto más sentimos esa nadidad interior, más sentimos la necesidad de llenar ese vacío [...] Se nos ha enseñado de muchas formas distintas a huir de nosotros mismos.[19]

Esta visión incorrecta engendra todas las patologías del materialismo, incluido el subproducto del consumismo, al que nunca logramos satisfacer porque nos comemos el menú, no la comida.[*] Entonces, nos perdemos en todo tipo de restaurantes, lo que da lugar a todo tipo de obesidades. La obesidad física, intelectual, psicológica e incluso espiritual (es decir, el materialismo espiritual) empieza aquí mismo. Barrigas y estanterías de libros hinchadas, buhardillas y garajes abarrotados, intelectos e ideologías sobrecargados; la epidemia de «obesidad», en sus formas infinitas, está creando un sinfín de trastornos alimentarios personales, colectivos y medioambientales que están acabando con nuestro planeta.

En vez de llenarnos, nos engordamos. Porque no conseguimos lo que buscamos. Hacemos lo contrario de lo que hemos de hacer. Puesto que tenemos la visión incorrecta, buscamos en el lugar incorrecto y consumimos las cosas incorrectas. Lo que realmente estamos buscando (consumo auténtico de la experiencia) requiere que invirtamos la dirección de nuestra búsqueda y nos dirijamos hacia nuestro *interior*. Ahora, por fin, estamos dirigiendo nuestra mirada hacia el objetivo correcto. En griego, «pecado» es *hamartia*, 'fallar el objetivo'. Si tenemos una visión incorrecta, no es de extrañar que fallemos nuestro objetivo. El verdadero pecado original es dirigir nuestra visión en la dirección incorrecta que, como es natural, ocasiona todo lo «incorrecto» que vemos hoy en día.

---

* N. de la T.: Referencia a la celebre frase del filósofo Alan Watts, «el menú no es la comida», en alusión a nuestra tendencia a confundir los conceptos con la experiencia directa.

La visión correcta proclama que no hay deficiencia, carencia, que nunca ha faltado nada «ahí fuera». *Somos nosotros* los que nos hemos ausentado sin permiso de la realidad. Lo que estamos buscando, lo que deseamos realmente, ya lo tenemos, incluso cuando lo que experimentamos es doloroso. Basta con que cambiemos nuestro enfoque hacia la dirección correcta y allí está. *Aquí* está, ocultándose a plena vista.

Para invertir la epidemia de «obesidad» en todas sus manifestaciones, necesitamos una estricta dieta de veracidad. Entonces, el falso consumismo se transforma en consumismo genuino y en la idea liberadora de que lo que realmente queremos devorar es la experiencia en sí misma, por desagradable o hermosa que sea. Joseph Campbell dijo:

> La gente dice que todos buscamos el sentido de la vida. No creo que sea eso lo que realmente buscamos. Creo que lo que buscamos es la experiencia de estar vivos, para que nuestras experiencias en el plano puramente físico resuenen en lo más profundo de nuestro ser y de nuestra realidad, de modo que podamos sentir el éxtasis de estar vivos.[20]

El consumismo correcto, el que nace de la visión correcta, es el éxtasis de estar plenamente vivos, un éxtasis que paradójicamente descubriremos siendo intrépidos y dirigiéndonos hacia nuestra agonía.

CAPÍTULO 2

DESCUBRIR LO SAGRADO
EN LO PROFANO

En última instancia, Kedumah, sostiene una visión radicalmente inclusiva, donde todas las cosas son consideradas una parte sagrada del todo unificado, incluidas las experiencias de contracción más mundanas, ordinarias e incluso inquietantes. [...] Con un poco de guía y de práctica, es totalmente posible que nuestro sufrimiento se transforme en liberación.

Zvi Ish-Shalom

En *Ethics for a Small Planet* [Ética para un planeta pequeño], el teólogo estadounidense Daniel Maguire nos anima a revisar nuestras ideas sobre la distinción entre lo sagrado y lo profano, ya que «proyectar la experiencia de lo sagrado en un Dios inmaterial es menospreciar lo sagrado como dimensión de la vida material y convertirlo en un objeto de culto, que está más allá de nuestro mundo y, por tanto, es ajeno a la vida».[1] Sin embargo, proclamar que la realidad es sagrada por naturaleza no suele ser suficiente para que aceptemos la visión correcta. Para adoptar esta visión santificada hemos de expandir nuestros conceptos del bien, de la perfección y de la divinidad: un cambio mental que altera inmediatamente nuestra comprensión del mal, de la imperfección y de lo profano. Los antiguos *corpus* de conocimiento conocidos colectivamente como tradiciones de sabiduría y las meditaciones que los sustentan nos invitan a descubrir por nosotros mismos que si dejamos que las cosas fluyan (y con dejar que las cosas fluyan correctamente me refiero al arte de la meditación), no nos faltará nada, aunque la vida se ponga difícil. Como solía decir Trungpa Rinpoche: «No existe el momento subdesarrollado». El ego (palabra que usaré solo para referirme al «sentido del yo»), como gran desarrollador, podría querer mejorar cualquier momento dado, pero al intentarlo, irónicamente, lo echa a perder.

La tradición de la Gran Perfección (*Dzogchen*), que también se suele traducir como 'Gran Compleción', alude al hecho de que cada momento, por difícil que sea, es completo. Debido a nuestra visión incorrecta, somos *nosotros* los que manchamos la realidad con nuestras versiones de cómo debería ser esta, consiguiendo de este modo que sea incompleta. Somos nosotros los que proyectamos nuestras esperanzas, miedos, ideologías y expectativas sobre la realidad, y la corrompemos en la imagen que nos formamos de ella. Somos nosotros los que atribuimos escasez a un mundo de abundancia. Esta visión empobrecida de la realidad es el resultado de *nuestra* mentalidad de pobreza, un trastorno de déficit interno que proyectamos en un mundo generoso. El místico cristiano Maestro Eckhart dijo: «En el momento en que tienes ideas, Dios se desvanece y también la divinidad. Cuando la idea se va, entra Dios [...] Si quieres conocer la divinidad de Dios, tu conocimiento se ha de convertir en ignorancia pura, donde te olvidas de ti mismo y del resto de las criaturas».[2]

La predisposición hacia lo sagrado tiene un papel fundamental en este libro. Por una parte, es la visión *prerrequerida* ideal que nos permitirá confiar en las meditaciones inversas. Si tenemos la convicción absoluta de que hasta las experiencias más abominables son sagradas en su esencia, estaremos dispuestos a entrar directamente en esos delicados estados porque seremos conscientes de que no tenemos nada que temer y todo que ganar.[*] La libertad se obtiene dirigiéndonos directamente hacia las experiencias no deseadas, no huyendo continuamente de ellas. No hay nada que pueda encarcelarnos si nos damos cuenta de que las paredes las hemos puesto nosotros. La predisposición hacia lo sagrado es la «visión inversa» que nos ayuda a darle la vuelta a nuestra relación con las dificultades y a atrevernos a ir adonde nunca habíamos estado antes.

Por otra parte, esa predisposición es también el *resultado* de las meditaciones inversas. Al profundizar en nuestras contracciones y experiencias no deseadas, y transformar nuestra relación con ellas, descubrimos la pureza oculta en lo profano. Con la visión correcta, nos decimos a nosotros mismos: «¡Nunca hubiera llegado a imaginar que había tanta luz en toda esta oscuridad!», «¡Hay una inmensidad de vida y energía aquí!», «¡No tenía ni idea de que hubiera tanta libertad en toda esta contracción!». Trungpa Rinpoche escribió:

> La práctica diaria es simplemente desarrollar aceptación y apertura completas a todas las situaciones y emociones, y hacia todas las personas, experimentarlo todo sin reserva ni bloqueo mental alguno, para que uno nunca se retire [contraiga] o centralice en sí mismo.

---

[*] N. del A.: En el budismo tibetano, en las enseñanzas del bardo de la muerte y del morir, se dice que hay tres niveles de practicantes superiores: 1) los que esperan la muerte porque saben que este gran obstáculo es realmente una oportunidad que se produce una sola vez en la vida, 2) los que no temen la muerte porque entienden lo que esta es realmente y 3) los que no lamentan nada porque han vivido plenamente y sin miedo. El maestro de meditación Gotsangpa cantó: «Cuando sea el momento de dejar este cuerpo, esta maraña ilusoria / No te ocasiones ansiedad y pesar / [...] / Cuando la mente abandona el cuerpo, ¡placer puro!». Traducido al inglés por Jim Scott y Anne Buchardi, ktgrinpoche.org/songs/seven-delights.

Esto genera una energía tremenda, la misma que reprimimos en los procesos de evitación mental y, en general, en las situaciones en las que huimos de las experiencias de la vida. La claridad de conciencia puede que en sus fases iniciales sea desagradable o inquietante. En ese caso, debemos abrirnos completamente al dolor o al miedo y darles la bienvenida.[3]

Luego la visión de la pureza perfecta del *Dzogchen* es la visión de «fingir hasta conseguirlo». Al principio no es fácil ver la pureza del mundo, mucho menos la de todas las experiencias no deseadas que surgen en él. En un plano relativo y sin examinar, la vida es muy dura. Pero eso es solo porque no lo hemos examinado a fondo.

Sócrates dijo: «Una vida sin examen no merece vivirse», y se atrevió a desafiar las visiones incorrectas que prevalecían en su época. Sus intentos de invalidarlas le costaron la vida. Desafiar las visiones incorrectas de nuestros tiempos no te costará la vida, sino tu ego, porque el ego es el filtro limitado de tu identidad que percibe las cosas mal. El ego es esa parte de ti que solo quiere sentirse bien, que nace de la propia contracción y sale huyendo de todo lo que le haga sentirse mal. Al invertir tu relación con las experiencias no deseadas, también estás trascendiendo al ego, que no es más que una forma atrofiada de desarrollo. El ego se desintegra cuando te liberas de las contracciones que lo han creado.

En un plano absoluto y sujeto a examen, la vida es divina y una celebración. Solo se vuelve tortuosa cuando no sabes cómo encontrar el bien. Hacia el final de este libro, te darás cuenta de que tus mayores temores son básicamente buenos, tu corazón roto es perfectamente puro, tu dolor y tu sufrimiento son inviolables, si tú no los violas con una relación inadecuada. Pero, por el momento, solo te pido que confíes en las tradiciones de sabiduría que proclaman la verdad radical de la bondad inherente. Confía en aquellos que hablan desde la experiencia directa. En los siguientes capítulos seguiremos sus pasos y probaremos sus descubrimientos. Entretanto, imagina cómo cambiaría tu vida si descubrieras esta verdad por ti mismo. (Pista: no descubrirías cómo liberarte *del* mundo, sino cómo liberarte *en* el mundo).

LA VISIÓN SECULAR

Dado que nos hemos educado en un mundo que presume de la primacía de la materia, una visión materialista del mundo, adoptamos esta visión como un axioma, algo que damos por hecho. Esta visión proclama que todo procede de la materia, y por consiguiente, todo se puede reducir a ella. También solemos dar por sentado que la visión secular del mundo es una evaluación neutral, una comprensión básica y exacta de «lo que es el mundo en realidad», teñida de una ideología espiritual o religiosa. «Pero la secularidad no es simplemente el mundo cotidiano en el que realmente vivimos —escribe el filósofo David Loy—. Nuestra visión de dónde estamos y qué somos es una visión históricamente condicionada». Prosigue así:

> El mundo secular en el que ahora estamos viviendo fue originalmente la mitad de una dualidad y sigue obsesionado por la pérdida de su otra mitad. La modernidad se desarrolló a raíz de una escisión entre la trascendencia de Dios y un mundo material desespiritualizado. Hasta la Edad Moderna, se creía que Dios era la fuente de sentido y de valor, así que cuando Dios finalmente desapareció entre las nubes, tuvimos que arreglárnoslas lo mejor que pudimos con lo que nos había quedado: un universo mecanicista desacralizado.[4]

La visión secular del mundo, que podría considerarse un subconjunto del materialismo, no es más que una mera interpretación de la realidad, no la base o la verdadera realidad. ¿Cómo sabemos que una predisposición hacia lo sagrado es la visión correcta? ¿Podemos estar seguros de que no es solo una interpretación más? Al margen de la autoridad de los textos sagrados y de la validez empírica de sintonizar con un mundo sacro (es como volver a casa), observemos los resultados de la visión desacralizada. El mundo se está yendo al traste ecológica, política, social y económicamente porque hemos perdido de vista la visión correcta. Nuestra visión clásica no está en armonía con la realidad, y esa intensa disonancia es evidente adondequiera que vayamos. ¿Cuánto más ha de alzar su voz antes de que despertemos a la incómoda realidad de que nuestra visión materialista está fuera de lugar? Según Loy:

> Lo que puede ser engañoso respecto a esta discusión sobre una dimensión sagrada debilitada es que sigue pareciendo sugerir la superposición de algo (por ejemplo, alguna visión religiosa en particular sobre el sentido de nuestra vida) en el mundo secular (es decir, el mundo «tal como es»). Mi perspectiva es la opuesta [inversa]: nuestra comprensión habitual de lo secular es una visión deficiente del mundo (en terminología budista, una ilusión), distorsionada por el hecho de que una mitad de la dualidad original ha desaparecido, aunque ahora lleva ausente tanto tiempo que casi la hemos olvidado.[5]

En el capítulo uno hemos visto que el recuerdo se puede contemplar como la esencia de la práctica espiritual. En este capítulo, veremos que esto incluye recordar la visión sagrada, especialmente cuando sufrimos.

ABRIRNOS A LO SAGRADO

Puesto que la visión sagrada del mundo es tan opuesta a la secular, tendremos que abrir más la puerta para ver la profundidad en lo profano y examinar nuestra relación con los espacios sagrados tradicionales. ¿Qué es lo que genera la experiencia de lo sagrado en las vías convencionales? ¿Hay algo externo que lo desencadene, como quedarte sin respiración al contemplar la majestuosidad de la catedral de San Pedro en Roma? ¿O es más bien una receptividad interna que nos abre a la dimensión sacra? ¿O es una combinación de ambas cosas? La primera es una evocación más relativa y condicional que surge de algo externo; la segunda es más absoluta e incondicional que surge desde nuestro interior. El destino de nuestro viaje es conectar con lo incondicional, que nos permite descubrir el cielo incluso cuando estamos sufriendo. Pero podemos usar expresiones condicionales para que nos ayuden a rememorar lo incondicional.

El erudito de las religiones Mircea Eliade, en su clásico *Lo sagrado y lo profano*, explora los ingredientes de la experiencia religiosa examinando el término *hierofanía* o la «manifestación de lo sagrado». Esta palabra procede del término griego *hieros* ('sagrado', 'santo') y *faneia* ('iluminar', 'revelar'). Cuando elevamos nuestra relación con el mundo fenoménico, descubrimos lo sagrado en lo profano. Y es posible cultivar esa relación superior. Eliade escribió: «Para los que tienen una experiencia religiosa, la naturaleza al completo es capaz de revelarse como una sacralidad cósmica. El cosmos en su totalidad puede convertirse en una hierofanía».[6]

La experiencia de hierofanía también es una epifanía cuando lo sagrado se revela en los lugares más deleznables. Con la visión correcta, hasta el dolor se convierte en un sacramento, «es decir, una comunión con lo sagrado».[7] Desenvolver los regalos de Dios envueltos con el papel más horrible y descubrir lo sagrado en lo que anteriormente nos parecía sacrílego es realmente asombroso.

Debido a la gran influencia de la ciencia y la secularidad, la mayoría de las visiones occidentales son muy profanas. La ciencia intenta reducirlo todo a los componentes fundamentales de la materia, y con ello degrada la vida y la luz de las cosas. Es una visión «oscurecida», muy alejada de la iluminada. En las irónicas palabras del filósofo Ken Wilber, todo lo que percibimos, incluidas todas las formas de vida, solo es el complejo juego de la inmundicia juguetona. Con la visión occidental del pecado original se produce una envoltura retráctil similar, es una visión tan degradada como el reduccionismo científico. La triple fuerza de ciencia, secularidad y religión occidental degrada la realidad.

Mi intención con este libro es sustituir el reduccionismo por el elevacionismo, el descenso por el ascenso, la degradación por la renovación. En vez de reducirlo todo a la materia impura, vamos a elevarlo todo al espíritu puro. «Espíritu puro» es una forma burda de describir lo inefable. La palabra japonesa *kokoro*, 'corazón-mente-espíritu', se acerca más, pero ninguna palabra finita puede abarcar lo infinito. Y aunque utilicemos el término *elevacionismo* para referirnos a lo opuesto a la visión reduccionista, esta nueva visión es elevada solo porque está en clara oposición a nuestras visiones enturbiadas. Básicamente, la «elevación» a la visión sagrada, en realidad, es muy corriente. Es el estado natural. Reducirlo todo a la profanidad de la materia inerte es lo antinatural. De modo que el mundo sagrado parece elevado solo desde nuestra mancillada postura reduccionista.

EL ESPACIO SAGRADO

La percepción siempre se genera en el contraste. Vemos las letras oscuras porque tienen como fondo una hoja de papel blanca. Del mismo modo, podemos aprender sobre lo sagrado comparándolo con lo que no lo es. La comprensión tradicional de lo sagrado es que representa algo separado de lo secular, de lo profano. Con frecuencia distinguimos el espacio sagrado mediante umbrales, vallas y perímetros para excluir lo profano. Incluso podemos cerrar físicamente un espacio construyendo un templo, una catedral o un santuario como escudo protector para dejar fuera lo sacrílego.

Eliade explica que el umbral hacia lo sagrado suele estar custodiado por feroces guardianes, que se encuentran en las entradas, para ahuyentar a los espíritus del mal: «El umbral tiene sus guardianes, dioses y espíritus que prohíben la entrada tanto a los enemigos humanos como a los demonios y los poderes de la peste».[8] En mi práctica espiritual, suelo participar como integrante de un grupo, en una *sādhanā* (conlleva elaborados rituales litúrgicos) que empieza «estableciendo límites» y sirve para la función que describe Eliade. Colocamos a los guardianes en las entradas del mandala sagrado que estamos a punto de crear. En estas prácticas recitamos mantras de furia, tocamos instrumentos de percusión, realizamos mudras (gestos) agresivos, ofrecemos *tormas* (figuritas rituales hechas de cereal), recorremos el perímetro de la sala con humo purificador para exorcizar las energías demoníacas y echamos semillas de mostaza para disuadir a cualquier espíritu maligno que pudiera destruir el mandala. Aunque los rituales son externos, los demonios a los que van dirigidos esos exorcismos suelen ser internos: «los poderes de la peste» que constituyen nuestras visiones incorrectas y conceptos degradados. No tenemos que añadir nada (salvo la visión correcta) para percibir el mundo como sagrado. Basta con que mantengamos alejadas las visiones incorrectas y el mundo nos revelará su divinidad.

Cuando entramos en un espacio sagrado, nos conmovemos, nos emocionamos, sentimos algo diferente. En este aspecto, lo sagrado y la estética están íntimamente relacionados. Lo sagrado *es* estético en cuanto a que nos despierta y nos devuelve a los sentidos, hace que estemos más presentes. Nuestros sentidos actúan solo en el presente; literalmente, no podemos ver el pasado ni oír el futuro. De modo que al volver a los sentidos, volvemos al ahora. Nos adentramos en la realidad, que solo tiene lugar en el momento presente.

Los marcos físicos que utilizamos para evocar el sentido de lo sagrado pueden compararse con los que usamos para enmarcar arte. En ambos casos, los marcos sirven para realzar el efecto estético al concentrar sucesivamente, y por tanto consagrar, nuestra conciencia. El arte que hay en un museo tiene como marco principal el propio museo, y en segundo lugar, el marco que realza la obra de arte. Tanto el arte como lo sagrado son evocados no solo por lo que hay dentro de ese marco, sino por lo que queda fuera. David Loy dice que los marcos con los que realzamos el arte (como los que ponemos alrededor de lo sagrado) nos sirven de protección «para nuestras preocupaciones funcionales habituales»; los marcos son un medio de «mantener *a raya* ciertas tendencias de pensamiento».[9]

Lo sacro es un portal hacia la realidad. Como dice Eliade, «lo sagrado es *real* por excelencia».[10] Lo sagrado, en su realidad fundamental, es simultáneamente una experiencia mágica y muy corriente, tan corriente que se convierte en extraordinaria. De hecho, en el budismo tibetano, a la mente que tiene la experiencia de la iluminación (a lo cual nos podríamos referir como la sacralidad máxima) se la llama «mente ordinaria» (*thamal gyi shepa*). Se la denomina «ordinaria» porque es la mente básica, una mente simple sin grandes elaboraciones o florituras, nuestra mente más pura antes de ser contaminada por las impurezas de la proliferación conceptual. Simplificando, sacar a la luz esa mente ordinaria *es* lo que llamamos iluminación.

Esta conexión con lo ordinario es otro ejemplo de inversión. Solemos imaginar la iluminación como una experiencia extática: fuegos artificiales constantes o alguna otra extravagancia alucinante. Pero es justamente todo lo contrario. Es fantásticamente ordinaria, tanto que no la percibimos. Esperamos una experiencia de película de Hollywood, cuando en realidad se parece más a Kansas (me encanta Kansas). Así que nos la pasamos de largo en nuestro camino hacia mejores producciones. Como veremos más adelante, la visión fugaz inicial de la iluminación puede ser orgásmica, una liberación cósmica de proporciones épicas. Pero eso se debe solo a la intensidad de la contracción anterior.

En otras palabras, si estamos verdaderamente contraídos, el desbloqueo inicial puede ser espectacular. Pero si ya estamos abiertos, la experiencia de iluminación es sumamente ordinaria. Como dijo el maestro zen Suzuki Roshi: «La iluminación fue mi mayor decepción». De hecho, desde el punto de vista (erróneo) del ego, la iluminación es la última desilusión.

Si lo sagrado es estético y nos despierta a la realidad, lo profano es anestésico. Nos adormece, nos insensibiliza a la realidad, en el sentido espiritual. Experimentamos lo profano (*generamos* el sin-sentido profano) cada vez que perdemos contacto con nuestros sentidos y somos atraídos hacia la distracción. Dis-traer es «separar». La distracción es, por consiguiente, un tipo de anestesia sutil, una forma de intentar protegernos de la intensidad del momento. Especialmente cuando estamos afrontando experiencias no deseadas, intentamos anestesiarnos saliendo de nuestro cuerpo sensorial y entrando en nuestra insensata cabeza. En las siguientes meditaciones, invertiremos esa trayectoria y volveremos a descender a la sabiduría de nuestro cuerpo sensual.

Decir que lo sagrado es la puerta hacia la realidad es otra forma de decir que es un portal hacia el momento presente, puesto que el momento presente es la única realidad posible, lo único que *es*. La autora zen Vanessa Zuisei Goddard escribe: «En los lugares sagrados nos resulta más fácil ver la *eseidad* o talidad de un lugar u objeto, lo que a su vez nos conduce a una visión más básica: valorar algo simplemente porque *es*. Entonces, el espacio sagrado se revela hasta en las cosas más ordinarias tal como son realmente: *sagradas y completas*.* [11]

Lo sagrado como la experiencia de la compleción (la Gran Compleción o *Dzogchen*) significa que cuando estamos totalmente presentes, cuando nuestra atención y nuestra presencia son totales, realizamos la sacralidad que siempre está presente. Esto implica que no tenemos que esperar para entrar en un espacio sagrado para sentir la presencia de la divinidad. El propio cuerpo puede ser un templo, y *la sacralidad es algo que realmente podemos practicar en nuestro interior*. Al crear un espacio propicio en nuestro interior, podemos contemplar lo sagrado en el exterior. Entramos en la esencia de la catedral de San Pedro cuando estamos totalmente presentes en lo que está sucediendo, aunque sea doloroso.

EL TIEMPO SAGRADO

Lo sagrado no solo se puede crear mediante una relación elevada con el espacio, sino también a través de una relación más depurada con el tiempo. El rabino Abraham Joshua Heschel veía el *Sabbat* como «un santuario que nosotros mismos construimos, *un*

---

* N. de la T.: La autora juega con la etimología de las palabras inglesas *holy* ('sagrado') y *whole* ('completo'); *holy* procede de *whole*.

santuario en el tiempo». Del mismo modo que una catedral, mezquita, santuario o cualquier otro lugar de culto puede servirnos de marco físico para delimitar un espacio sagrado, los marcos temporales, como Navidad, Ramadán, Rosh Hashanah o Losar pueden servirnos de templos en el tiempo. Ritos más breves, como la comunión durante la misa de Navidad o el momento de la transmisión en una iniciación de *Kalachakra*, ofrecen marcos temporales que convierten un momento en el tiempo en sagrado.

Durante un día a la semana (*Sabbat*) o un mes al año (Ramadán), por ejemplo, los miembros de algunas religiones santifican el tiempo al elegir relacionarse con él de otro modo. Se los invita a estar más presentes, atentos y conscientes, lo cual bendice su experiencia ese día o mes. Por consiguiente, la percepción de lo sagrado es actitudinal, y más concretamente atencional. Pero todos podemos cambiar nuestras actitudes y descubrir el *Sabbat* en cada segundo. Podemos refinar nuestra atención con la meditación y hacer que cada día sea sagrado.

El momento profano, por el contrario, es un momento de distracción. Lo profano tiene lugar cuando la mente revolotea de un lado a otro entre el pasado y el futuro, sabotea el presente diluyéndolo. Cuando el momento presente se vive con conciencia plena, la propia presencia se convierte en la catedral. En el espíritu de la Gran Compleción o Gran Perfección, hacer la colada o lavar los platos en un estado de presencia absoluta es tan sagrado como entrar en la catedral de San Pedro.

EL PUNTO SAGRADO

Estos principios santificadores son de suma importancia en lo que respecta a trabajar con el dolor y con las meditaciones inversas, porque nuestra relación automática con cualquier experiencia no deseada es diluirla huyendo de ella. Cuando sufrimos, queremos salir corriendo. Lo primero que hacemos es anestesiarnos, para dis-traernos de la crudeza de la experiencia que, irónicamente, transforma el dolor en sufrimiento. Al intentar eyectar el dolor, nos inyectamos anestesia, desalojamos la conciencia de nuestro cuerpo sensual para trasladarla a nuestra insensata cabeza.* Si el dolor es mental, como cuando estamos de duelo, tenemos preocupaciones o somos catastrofistas, intentamos escapar a través de innumerables formas de «terapia de distracción», como el abuso de sustancias, el entretenimiento o la actividad incesante.

¿Quiere alguien que esté en su sano juicio estar presente en su dolor, vivirlo *plenamente*? En realidad, sí: los guerreros espirituales. Los que llevan la armadura de la visión correcta. Cuando un guerrero espiritual sufre, se *mete de lleno* en el conflicto. Protegido con la visión correcta, marcha audaz hacia la batalla, no para acabar con el dolor que está sintiendo, sino para sumergirse en él, para hacerse su amigo y transformarlo.

En el islam, esta transformación es la meta de la gran yihad, el tipo más profundo de «guerra santa», que significa hacer el trabajo interior difícil, batallar contra el karma o las fuerzas internas habituales, a fin de descubrir la compleción (santidad) de cualquier cosa.** Llevar a cabo una verdadera guerra santa es estar dispuesto a inmolarte, a acabar con tu ego, con tus visiones incorrectas, con tu identidad, a terminar con cualquier cosa que te separe de tus dolorosas realidades. Este sacrificio es por el sumo bien, que es la bondad inherente o la propia compleción. Su santidad el dalái lama

---

* N. del A.: El trastorno de la personalidad múltiple o trastorno de identidad disociativo es un ejemplo extremo de este intento de huir. Cuando una persona experimenta un acontecimiento altamente estresante, la mente puede disociar hasta el extremo de generar otras personalidades.

** N. del A.: La yihad inferior es lo que conocemos como formas más tradicionales de «guerra santa», en la que el enemigo se proyecta en algo externo.

es uno de estos guerreros. Su nombre tibetano es Kunden, que significa 'presencia' o en nuestro contexto, 'compleción'. Trungpa Rinpoche, en una de las citas cruciales para nuestro viaje, escribe:

> Podríamos decir que el mundo real es aquel en el que experimentamos placer y dolor, el bien y el mal [...] *Pero si estamos totalmente compenetrados con estos sentimientos dualistas, esa experiencia dualista absoluta es en sí misma la experiencia de no-dualidad.* Entonces, ya no hay problema, porque la dualidad se contempla desde un punto de vista totalmente abierto y claro, donde no hay conflicto; solo existe una visión de unidad sumamente inclusiva. El conflicto surge porque no vemos la dualidad tal como es. Solo la vemos sesgada, de una manera muy torpe. De hecho, [debido a nuestras visiones incorrectas] no percibimos nada adecuadamente [...] De modo que cuando nos referimos al mundo dualista como confusión, esa confusión no implica al mundo dualista en su totalidad, sino solo a medias.[12]

Cuando las cosas duelen, no nos apetece estar demasiado en contacto con nuestro dolor. Queremos estar deliberadamente desconectados. No queremos sentir nada. Nos contraemos para alejarnos de nuestro dolor, para anestesiarnos, y estas contracciones son el origen de la dualidad, lo máximo en cuanto a profano se refiere. Si tenemos el valor de invertir nuestra estrategia habitual y adentrarnos plenamente en nuestros pensamientos dualistas, la dualidad se transforma en no-dualidad. El problema está en nuestra relación a medio gas con el dolor, no en el dolor en sí mismo. Una relación auténtica nos revela que el dolor es sagrado. La visión correcta, junto con las meditaciones que le dan vida, nos proporcionará esta nueva relación.

CAPÍTULO 3

LA VISIÓN QUE ENCIERRAN LAS MEDITACIONES

Aprender a meditar es el mayor regalo que puedes hacerte en esta vida.

Lakar Rinpoche

Cuando descubrí que podía entrar en el cielo abrazando el infierno, abrazar el infierno se convirtió en mi práctica habitual.

Christopher M. Bache

Para facilitar nuestro camino hacia una relación adecuada con la experiencia no deseada, las meditaciones formales de la segunda parte comenzarán con ejercicios básicos. Iremos estirando poco a poco nuestra mente hasta posiciones expansivas, como el yoga mental, que nos permitan albergar experiencias cada vez más difíciles. Estirarse no siempre resulta agradable, pero es bueno para el crecimiento.

En la segunda parte empezaremos con la práctica de mindfulness, o más específicamente con la meditación referencial, es decir, *samatha*. *Samatha* significa 'paz' o 'tranquilidad', y el aspecto referencial del capítulo siete se vuelve importante en el capítulo ocho, cuando realizamos la transición a la práctica de la conciencia abierta o meditación no referencial. Estas clasificaciones nos ayudan a entender la evolución de una práctica hasta la otra. En pocas palabras, la meditación *referencial* es hacer que la mente regrese a un punto de referencia (puede ser tu cuerpo, tu respiración, un mantra o una vela) cada vez que esta se disperse durante la meditación. La meditación no referencial se refiere a la eliminación de ese punto de referencia y a aprender a mantener la atención sin ayuda. Hablaré más sobre todo esto en los siguientes capítulos.

La práctica inicial de mindfulness es imprescindible porque nos aporta la estabilidad que necesitamos para pasar a meditaciones más avanzadas. Sin ella, el resto de las prácticas no tendrán una base sólida. Todas las prácticas de la segunda parte siguen los principios de «trascender e incluir», lo que significa que a pesar de que vayamos trascendiendo el mindfulness para adentrarnos en la práctica de la conciencia abierta, y posteriormente en las meditaciones inversas, nunca dejaremos del todo el mindfulness (o la conciencia abierta). La paradoja es que a medida que trascendemos la fase mindfulness y pasamos a meditaciones más avanzadas, reforzamos nuestro mindfulness y lo valoramos todavía más.

Por fantásticas que sean las prácticas del mindfulness y de la conciencia abierta, tienen sus limitaciones. Una de ellas es que para ambas meditaciones lo ideal es practicarlas en un entorno tranquilo y controlado, pero no vivimos en un mundo tranquilo y controlado. Por ejemplo, si solo practicamos la meditación en silencio, cuando nos movamos o haya ruido, lo más probable es que perdamos nuestro estado meditativo. Con una visión aislada y limitada de la meditación, nuestra práctica se vuelve demasiado costosa y frágil. Cuando nos iniciamos en la práctica, la mente meditativa está en el periodo neonatal, y una incubadora ayuda. Pero no podemos vivir en una incubadora. Llega un momento en que necesitamos salir de ella para poder crecer. Si no lo hacemos, la propia meditación puede llegar a convertirse en una forma insidiosa de distracción, que nos aleja de la estridente realidad. Nuestro objetivo es llegar a cultivar la meditación con un poderío a nivel industrial; es decir, se trata de cultivar una mente que pueda con todo.

Si no tenemos cuidado, la meditación acabará convirtiéndose en una forma de huida, y el camino meditativo pasará a ser otra versión más de nuestro plan de confort. No hay nada de malo en refugiarnos en el silencio y la quietud de la meditación sedente o en sentirnos bien cuando meditamos. Pero si solo asociamos la mente meditativa con el silencio, la paz y el confort, nos estaremos perdiendo la esencia de la auténtica práctica espiritual. Cuando Joseph Campbell proclamó: «Sigue tu dicha», pronunció una verdad a medias. Si solo sigues tu dicha, solo conseguirás alucinar. ¿Qué le ocurre a tu dicha cuando atraviesas experiencias que levantan ampollas? ¿Eres capaz de encontrar esa dicha cuando te estás abrasando en un alto horno emocional?

Volveremos a la explicación completa de mindfulness, la conciencia abierta y las meditaciones inversas después de haber estabilizado un poco más la visión correcta.

HAZ LAS PACES CON LA CONTRACCIÓN

Las meditaciones de este libro son para ayudarte a desarrollar una relación más matizada con las múltiples manifestaciones de la contracción. Como norma general, cuando más profundizamos, más potente y crónica es la contracción. Y el grado de contracción es directamente proporcional al malestar que intentamos evitar. En otras palabras, a más profundidad, mayor es el reto. Las contracciones más profundas nos acompañan desde hace mucho. No es fácil acceder a ellas ni librarse de ellas. Hemos invertido mucho en ellas. Alcanzar y lograr relajar estos espasmos fundamentales supone desafiar nuestro sentido de la realidad, nuestro propio sentido del yo. En estos niveles profundos, nos contraemos como si nuestra vida dependiera de ello.

Vamos a desafiar los axiomas de la vida (aquellas cosas que damos por hechas) y a señalar que no son verdades absolutas, sino meras construcciones incesantes que surgen a raíz de estas contracciones constantes. Estos presuntos tópicos (que mi dolor es real; que existo realmente; que el mundo es sólido, duradero e independiente; que tú eres una forma separada de mí; que la dualidad es real) son falsos. Esta inquietante exposición a ellos es como tener una serie de alfombras debajo de nuestros pies, las cuales nos van siendo arrebatadas, una a una, por alguien que tira de ellas y pueden provocarnos esas reacciones que justamente intentamos evitar. Es decir, lo que vamos a explorar puede parecernos tan insostenible, y representa una inversión tan radical de nuestra visión convencional, que puede provocar contracciones en forma de resistencia, escepticismo o rechazo absoluto. Estas contracciones restablecen inconscientemente nuestro sentido de lo familiar y sostenible. Entonces, conviene recordar la definición de meditación (*gom*, 'familiarizarse con'). Necesitamos tiempo para familiarizarnos con una nueva base, con un material que nos es ajeno y totalmente opuesto a lo que estamos acostumbrados.

Si nos relacionamos bien con la experiencia de que tiren de las alfombras que tenemos bajo nuestros pies, el resultado será la libertad y, en última instancia, la iluminación. Pero si no es así, el espacio abierto que queda lo experimentaremos como una caída libre y seremos presa del pánico. Este pánico es revelador porque nos muestra precisamente la razón por la que nos contraemos. En realidad, la contracción es una forma de autodefensa. Es lo que genera el sentido del yo y es fundamental en la construcción de nuestro mundo dualista.

Pero afortunadamente la energía que ha quedado atrapada en estas contracciones es directamente proporcional a la profundidad y duración de la contracción. Esto significa que la energía atómica está esperando a que llegues a ella y la liberes, lo cual inundará tu vida de energía de un modo que jamás hubieras podido llegar a imaginar. Y una vez liberadas las contracciones, la energía que fluirá a través de ti será completamente renovable.

Imagina que todos tus músculos sufrieran un espasmo. Piensa en toda la energía que habría atrapada en esa aterradora situación. Ahora imagina que ese espasmo físico se produjo hace tanto tiempo que ya te has acostumbrado a él. Sí, la vida es dura, estás rígido como una tabla, pero lo aguantas. Aunque hayas aprendido a vivir con ello, toda esa energía está siendo utilizada para mantener ese agarrotamiento. Ahora imagínate cómo te sentirías si pudieras aflojar ese espasmo. Se liberarían grandes reservorios de energía y te sentirías como si estuvieras vivo por primera vez en tu vida. La experiencia sería liberadora y extática, merecería la pena cualquier esfuerzo para conseguirla.

Equipado con las herramientas que te ofrezco en este libro, cuanto más profundices y más relajes los espasmos primordiales, más liberador será el viaje. Para llegar hasta estos espasmos profundos, tienes que acceder gradualmente desde los niveles más externos hasta el núcleo de la estación nuclear.

LA CONSTANCIA

El primer reto al explorar la contracción (como hemos visto en el capítulo uno) es el inevitable malestar del viaje. El segundo, al cual volveremos en este capítulo y en los tres siguientes, es trabajar con las dimensiones sutiles, ubicuas e inconscientes de la contracción. Al centrarnos en nuestras meditaciones de inicio en las contracciones más conscientes y abiertas, podemos hacernos a la idea de lo que nos espera en la profundidad. Una vez hayamos sentido su presencia, nos daremos cuenta de que hay contracciones por todas partes. Nos estamos contrayendo constantemente, en muchos niveles. También descubriremos hasta qué extremo nos hemos desensibilizado a los niveles más profundos de la contracción: un tipo de anestesia que se manifiesta como falta de sensitividad y de sensibilidad. Otra regla general es que cuanto más profundizas más constante e inconsciente es el espasmo.

La constancia es lo que hace que las contracciones más profundas sean más difíciles de identificar y descargar. Es como la fábula del pez que desconoce el entorno en el que nada, hasta que sale del agua y experimenta el contraste; solo entonces es capaz de detectar que se encontraba en un entorno líquido. Sin contraste, no hay percepción. A veces, el inicio de la contracción se produce tan lentamente que no la detectamos. El resultado es lo que el etnobotánico Terence McKenna denomina «adaptación cultural letal». Te adaptas al espasmo y ya no lo distingues como tal. La contracción se convierte en el pilar de tu existencia, en «así son las cosas».

Algunas de las meditaciones siguientes nos servirán para crear nuevos medios de contraste que nos permitan dar el salto liberador y ver o sentir cosas que no habíamos visto o sentido antes. Por ejemplo, en la primera práctica, cuando estamos sentados en silencio practicando mindfulness (*samatha* referencial, del capítulo siete), esa inmovilidad facilita la percepción de los pensamientos o contenido mental. El fluir incesante de pensamientos suele estar enmascarado por las actividades constantes de nuestra vida. Cuando nos detenemos y nos sentamos, eliminamos el camuflaje del movimiento y nuestros pensamientos pueden destacar. Este fenómeno es la razón por la que los meditadores principiantes suelen quejarse de que la meditación empeora las cosas: «¡Nunca había tenido tantos pensamientos antes!». Sí, los tenías, solo que nunca te habías dado cuenta. Sencillamente, te habías adaptado a su persistente ataque (una manifestación individual de la adaptación cultural letal).

Nuestra segunda práctica de la conciencia abierta (en el capítulo ocho) cumple una función similar, es un segundo medio para crear contraste. Al invitar a la mente a abrirse y a expandirse, es más fácil reconocer su tendencia a cerrarse y a contraerse. Aquí, al descubrimiento de «¡nunca había tenido tantos pensamientos antes!» se suma «¡nunca me había dado cuenta de lo contraído que estoy!». Ambos descubrimientos pueden resultar espinosos y, al principio, empeorar las cosas. Es como cuando hice yoga por primera vez: hasta entonces no me había dado cuenta de lo rígido que estaba. Pero igual que cuando vamos al médico y nos da su diagnóstico, las revelaciones desagradables son curativas. No puedes resolver un problema que no sabes que tienes.

SIEMPRE PRACTICANDO, SIEMPRE CONTRAYÉNDOTE

La meditación nos permite familiarizarnos con quienes somos realmente. Al aportarnos sucesivos medios de contraste, nos facilita la visión de dimensiones de nuestro ser que jamás habíamos visto. Identifica procesos inconscientes y los ilumina con la luz de la conciencia, lo que nos permite liberarnos de ellos. La mayoría de nuestras contracciones son reacciones automáticas e inconscientes a experiencias no deseadas. Somos autómatas que funcionan con el piloto automático de la ignorancia, que se contraen habitualmente sin tener ni idea de por qué lo hacen. En las páginas siguientes iremos sacando, capa por capa, cada una de estas contracciones reflejas.

Seamos conscientes de ello o no, *siempre* estamos meditando. Siempre nos vamos familiarizando con cualquier experiencia o con lo que quiera que hagamos por defecto. Esto significa que siempre estamos meditando o en la contracción con sus múltiples disfraces o en las múltiples manifestaciones de la apertura. Una de las razones por las que la contracción es una jugadora tan importante es porque siempre la estamos practicando y, por consiguiente, familiarizándonos más con ella. Estamos demasiado familiarizados con ella, lo que irónicamente la enmascara. Dejamos de verla como una práctica. La contracción, la reactividad, la tensión, la retirada e innumerables repeticiones, que ya veremos más adelante, se convierten en nuestra actividad constante. De este modo, consumamos la práctica de la contracción.

Cuando hice mi retiro de tres años, me enseñaron docenas de prácticas. Probé cada una en profundidad e hice preguntas difíciles a los maestros de meditación que me las enseñaron. Quería entender qué estaba haciendo y por qué. Una pregunta que siempre hacía era: «¿Qué significa consumar esta práctica?». ¿Cómo sabes que has concluido la práctica? Una señal para reconocerlo es que empiezas a realizarla automáticamente. La práctica empieza a «realizarte a ti». Cambia tu configuración por defecto. Comienzas a vivirla.

Por ejemplo, aunque hace muchos años que practico mindfulness no estoy siempre atento. Me distraigo menos que antes, pero sigo incurriendo en la falta de atención. El surco generado por tantos años de falta de atención es tan profundo que esta falta, este acto reflejo, tardará tiempo en rellenarse. No he consumado el mindfulness, así que sigo practicándolo.

Cuando caemos en nuestros patrones habituales y hacemos cosas que luego lamentamos, solemos decir: «¡No he podido evitarlo!». Puesto que la mayoría practicamos inconsciente y continuamente el egoísmo, tendemos a adoptar una conducta egoísta por defecto. Invertir esta práctica del egoísmo, con la que llevamos toda la vida, y sustituirla por el altruismo requiere su tiempo. Sabemos que estamos empezando a consumir el altruismo cuando *eso* se convierte en lo habitual y decimos cosas como: «No pude evitar ser altruista. No pude evitar ser generoso, amable y bondadoso». El verdadero altruismo no se produce con este tipo de autocomentario, pero es para que entiendas lo que quiero decir.

Hemos practicado la contracción durante mucho tiempo, nos hemos pellizcado desde tiempo inmemorial. Es nuestra programación por defecto. Con esto, no pretendo desanimarte cuando empieces a contrarrestar este hábito de toda tu vida, sino solo señalarte su magnitud. Saber apreciar la sofisticación, la omnipresencia y el poder de la contracción nos ayudará a maravillarnos ante ella y a relajarla gradualmente.

CONVERTIR UN OBSTÁCULO EN UNA OPORTUNIDAD

Adoptar una visión más desenfadada también nos ayuda a liberar nuestra tensión con más eficacia que una visión antagonista. Luchar contra nuestras contracciones no hace más que empeorar el espasmo. Podemos aprender a sonreírle a la contracción, hacernos su amigo y, al final, utilizar su tremendo poder para que nos indique el camino para crecer. Es decir, una vez equipados con la visión correcta y con nuestra capacidad sensitiva aguzada, podemos dirigir la contracción hacia el camino y usarla para *acelerar* nuestro despertar. Como dice Zvi Ish-Shalom: «Cualquier experiencia de contracción puede ser un portal hacia estados más profundos del Ser y de expansión».[1]

Si seguimos capitulando ante la fuerza de nuestros hábitos de contracción, seguiremos practicando samsara. Pero si utilizamos estas mismas contracciones como una invitación a abrir la mente en lugar de cerrarla, a expandirla en lugar de contraerla, nuestra práctica inconsciente de samsara se transformará en la práctica consciente de nirvana. Las tradiciones tántricas orientales transforman el veneno en medicina y las tradiciones alquímicas occidentales transforman el plomo en oro. Con la visión correcta y las meditaciones correctas, transformamos el obstáculo en oportunidad y aprovechamos cada acto de contracción en una ocasión para despertar. La maldición se convierte en una bendición.

BREVE Y DULCE

Nuestro camino de la meditación inversa incluirá meditaciones tradicionales más largas, así como prácticas breves que se pueden usar en cualquier momento. Las prácticas formales estabilizan la mente, pero las breves nos ayudan a incorporar la meditación en nuestra vida. En las principales escuelas de budismo tibetano, «las sesiones cortas repetidas a menudo» son su práctica principal.

En la práctica budista, un «enemigo cercano» es el aspecto oscuro de una cualidad luminosa. Por ejemplo, el enemigo cercano de la compasión es la lástima, y el de la confianza en sí mismo es el orgullo. Un enemigo cercano de las sesiones formales es que los meditadores suelen olvidarse de su mente meditativa cuando regresan al mundo. El objetivo de toda práctica es combinar la meditación con la posmeditación, es decir, adoptar la mente meditativa en cualquier circunstancia. Muchas de las meditaciones que descubrirás más adelante han sido diseñadas para su uso inmediato en la vida, que equivale a ponerte el cojín de meditación en el bolsillo. Las meditaciones tan breves como una respiración, o incluso un destello de apertura, hacen que la mente meditativa participe de la vida. Como gotas de agua que se unen para llenar un estanque, estas gotas de meditación se unen para llenar tu vida. La brevedad no resta profundidad.

CAPÍTULO 4

LOS HIPERCONTRACTORES FORZOSOS

El dolor es inevitable, el sufrimiento es opcional.

Dalái lama

Según la mitología hinduista, un gran elefante sostiene el mundo, y ese elefante a su vez se encuentra sobre una enorme tortuga. Cuando alguien le preguntó a un sabio hindú sobre qué se encontraba la tortuga, este contestó: «Sobre otra tortuga». «¿Y qué soporta a esa tortuga?». «Ah, Sahib, a partir de ahí hasta abajo todo son tortugas», respondió el sabio. Y lo mismo sucede con la contracción. La contracción es como tener un elefante en el salón de casa, y cuando somos conscientes de su omnipresencia, nos damos cuenta de que a partir de ahí todo es contracción.

Las contracciones se manifiestan en un amplio abanico de posibilidades: pueden ser temporales o constantes, agudas o crónicas, cubiertas o abiertas, y conscientes o inconscientes. Hay contracciones individuales y colectivas, microcósmicas y macrocósmicas, literales y metafóricas, epistemológicas y ontológicas, y cognitivas y somáticas. Son subyacentes a todo, incluido nuestro sentido de «cosidad». Y por supuesto, también están detrás de nuestro dolor.

Puesto que la contracción es un principio físico, primero se manifiesta en los planos espirituales, luego se cristaliza en los psicológicos, mentales, emocionales y, por último, en los físicos. Estas gradaciones son grados de constricciones energéticas. Por ejemplo, en los planos psicoespirituales la contracción se manifiesta como nuestro sentido del yo. En los planos mentales, sucede cada vez que nos identificamos con un pensamiento o nos aferramos a un contenido mental. Cada vez que reducimos algo a objeto o lo cosificamos, nos estamos contrayendo. Los planos emocionales se manifiestan a raíz de estados que pueden ser altamente contractivos, como la ira y el miedo; medianamente contractivos, como el orgullo, los celos o la pasión, y sutilmente contractivos, que incluso incluyen sentimientos como la empatía y la compasión. Los planos físicos incluyen capas de tensión que llegan hasta el plano celular.

Una vez que nos hemos sensibilizado a las maneras en que nos pellizcamos, atamos, estrujamos, retiramos, confinamos, constreñimos, condensamos, tensamos, reducimos, estrechamos, aislamos, disminuimos, desconectamos, encogemos y otras formas de cerrarnos, empezaremos a ver contracciones por todas partes. Pero verlo no nos transformará. Hemos de *sentir* lo enfermizamente contraídos que estamos. La transformación se produce cuando podemos sentir las cosas. Nuestro viaje nos permitirá sentir lo contraídos que estamos, y este sentimiento será una oportunidad para abrirnos. Entonces, la naturaleza ubicua de las contracciones se volverá a nuestro favor. Lo que antes obstruía nuestro camino ahora lo acelera.

Hemos de reconocer los aspectos buenos y malos de la contracción; de lo contrario, empezaremos a contraernos en contra de nuestras contracciones. No todas sus manifestaciones son negativas. Sin las expresiones positivas de la contracción, no podríamos vivir o actuar en el mundo. En el aspecto biológico, nuestro corazón se contrae antes de expandirse. Inspirar es el resultado de la contracción del diafragma. El movimiento físico es el resultado de la contracción muscular. Contraernos para alejarnos del fuego evita una quemadura dolorosa. Nuestras pupilas se contraen para proteger la retina de un exceso de luz. El filósofo e ingeniero informático Bernardo Kastrup dice:

> Existe un nivel de contracción básico que es nuestra herencia congénita. No deberíamos castigarnos por ese grado de contracción, porque eso es lo que caracteriza la condición humana. Hemos evolucionado para estar psicológicamente dotados de un nivel básico de contracción. El problema es que lo hemos empeorado mucho, debido a nuestra cultura [...] que nos ha llevado a tomarnos a nosotros mismos demasiado en serio.[1]

En el aspecto individual y social, la contracción crea límites seguros y genera las estrategias de defensa necesarias para la supervivencia. Hemos de retirarnos de las situaciones peligrosas y aislarnos de los entornos perjudiciales. La contracción saludable también incluye la habilidad de enfocarnos y concentrarnos. Decir «no» en circunstancias apropiadas evita la manipulación, afirma la autoridad correcta, es una expresión beneficiosa de la limitación y la esencia de la disciplina. Las formas meditativas de la contracción (recogimiento y concentración mental) conducen al *samādhi* (estados de absorción) y al *sampten* (*samatha*, 'mente tranquila'). Los ejemplos de contracción saludable en el aspecto físico, psicológico y espiritual son innumerables.

¿POR QUÉ EL *ESTRUJÓN*?

En el ámbito filosófico y espiritual, la razón básica por la que nos contraemos de tantas maneras nocivas es porque como seres sintientes vivimos en una dimensión de conciencia contraída. Permíteme que te guíe en un breve recorrido por la cosmología espiritual, para ayudarte a entender los orígenes de tu experiencia de contracción como ser humano, de modo que puedas apreciar por qué casi todo lo que haces resume esta narración de la contracción. (Y entretanto, ten presente que todos estos comentarios preparatorios están diseñados para respaldar las irreverentes meditaciones inversas. Sin esta preparación, no las practicarías).

Las tradiciones de sabiduría describen tres estados principales de conciencia: vigilia, sueño y sueño profundo (sin sueños). Los puntos de vista sobre la mente y la realidad de la filosofía occidental se basan exclusivamente en el estado de vigilia, mientras que las escuelas orientales (más inclusivas, integrales y, por consiguiente, completas) se basan en los tres estados. En el contexto de la meditación inversa, nuestra forma de relacionarnos con el dolor y las penurias es de espíritu oriental, porque abarca todos los estados de conciencia: tiene una mentalidad más abierta que su contraída homóloga occidental.

A veces, al estado de sueño profundo sin ensoñación se le denomina *conciencia causal*; es el más abierto (y «vacío» o *śūnyā*) de los tres estados. Es el estado irreducible del cual surgen los otros dos, de ahí el término *causal*. También revela la dimensión más auténtica de nuestro ser y de la propia realidad.[*] Esta interpretación del

---

[*] N. del A.: En el budismo, estos tres estados se asocian al *dharmakāya* (cuerpo de veracidad) que no tiene forma, al parcialmente formado *sambhogakāya* (cuerpo de gozo) y al plenamente formado *nirmānakāya* (cuerpo de emanación). Entre las prácticas diurnas que nos introducen, y nos ayudan a familiarizarnos con las dimensiones informes, se encuentran las prácticas *Dzogchen* y *Mahāmudrā* de la tradición tibetana y las prácticas del Advaita Vedanta y el tantra shivaíta no-dualista del hinduismo. La

estado de sueño profundo es *opuesta* a la visión occidental, donde se considera que el estado de vigilia es el principal. Esto implica que Occidente lo entiende justamente al revés. Si conseguimos tener algo de lucidez en él, el estado de sueño profundo, sin sueños –el estado de máxima apertura– es cuando realmente estamos *más* en contacto con la realidad. El sabio hinduista Rāmana Maharshi dio en el clavo: «Aquello que no existe en el estado de sueño profundo sin ensoñación no es real». En señal de respeto a los pensadores occidentales de mentalidad abierta, el neurocientífico Matthew Walker plantea una valiente hipótesis:

> Muchas de las explicaciones sobre por qué dormimos giran en torno a una idea común y, tal vez, errónea: el sueño es el estado en el que debemos entrar para resolver lo que se ha alterado en el estado de vigilia. Pero ¿y si le diéramos la vuelta a este argumento? ¿Y si el sueño es tan útil –tan beneficioso fisiológicamente para todos los aspectos de nuestro ser– que la verdadera pregunta fuera: «¿Por qué se molestó la vida en despertarse?»? Teniendo en cuenta lo biológicamente dañino que con frecuencia puede ser el estado de vigilia, este es el verdadero enigma evolutivo. Si adoptamos esta perspectiva, podríamos plantear una teoría muy diferente: el sueño fue el primer estado de la vida en este planeta, y el estado de vigilia surgió del primero.[2]

---

meditación nocturna del yoga del sueño (o yoga de la luminosidad) también cultiva este reconocimiento de la conciencia sin forma y la habilidad de lograr cierta lucidez, o conciencia, en el sueño profundo. Clark Strand escribe: «Apaga las luces –y déjalas apagadas– y experimentarás un estado de conciencia que tu mente no ha conocido, pero que tu cuerpo todavía recuerda... No podemos encontrar nuestra alma a plena luz del día, puesto que la perdimos durante la noche... Apaga las luces y déjalas apagadas, y pronto, recordarás quién eres». Clark Strand, *Waking up to the Dark: Ancient Wisdom for a Sleepless Age* [Despertar a la oscuridad: Sabiduría ancestral para una era de insomnio], Nueva York, Spiegel & Grau, 2015, 53-54.

En otras palabras, el sueño profundo no es la ausencia de conciencia, sino la conciencia de la ausencia. Pero nuestra tendencia es identificarnos con las formas que surgen en la conciencia (pensamientos sutiles y objetos burdos), no con la conciencia informe (ausencia de forma) en sí misma. No reconocemos el estado de sueño profundo como un estado de conciencia, sino como un apagón total. Puesto que nos identificamos con la contracción en vez de hacerlo con la apertura; con la forma, no con la vacuidad; con el ego, no con la ausencia de ego, estamos cerrados al significado del estado de sueño profundo.

Un buda, por el contrario, es alguien que ha abierto su mente para albergar todas las dimensiones del ser, no únicamente el estado de vigilia. *Buda* es un epíteto derivado de la raíz sánscrita *budh*, que significa 'despertar' o 'abrirse'. Los budas son «los que están abiertos», mientras que los seres sintientes, como nosotros, somos «los que están contraídos».* Desde nuestro estado altamente contraído, la apertura (ausencia de forma, vacuidad, ausencia de ego)

---

* N. del A.: El psicobiólogo Thomas Wehr, en su estudio de referencia, sugiere que incluso nuestros patrones de sueño se han contraído. Antes del descubrimiento de la luz artificial, el sueño estaba segmentado, es decir, era bifásico, lo que significa que nuestros antepasados dormían el «primer sueño», durante unas cuatro horas, se despertaban transcurrido ese tiempo y permanecían despiertos otras dos horas (la «Hora de Dios»), y luego se volvían a dormir el «segundo sueño». Wehr dice: «Es tentador especular con la idea de que en la prehistoria este modelo proporcionaba un canal de comunicación entre los sueños y el estado de vigilia, que se ha ido cerrando paulatinamente, a medida que los humanos han comprimido y consolidado sus patrones de sueño. De ser así, esta alteración [y alienación] podría aportar una explicación fisiológica a la observación de que los humanos modernos parecen haber perdido el contacto con la fuente de los mitos y de las fantasías». Thomas A. Wehr, «In short photoperiods, human sleep is biphasic», *Journal of Sleep Research*, volumen 1, número 2 (junio, 1992), 103-107. onlinelibrary.wiley.com/doi/10.1111/j.1365-2869.1992.tb00019.x. Véase también: A. Roger Ekirch, *At Day's Close: Night in Times Past* [Al caer el día: la noche en tiempos pasados]; Jane Brox, *Brilliant: The Evolution of Artificial Light* [Brillante: la evolución de la luz artificial] y Christopher Dewdney, *Acquainted with the Night: Excursions Through the World After Dark* [Conocer la noche: excursiones por el mundo después de oscurecer].

es demasiado, porque es *demasiado* poco. No hay objeto que ver, así que el ego no ve nada.

Otra razón por la que no reconocemos el sueño profundo como un estado de conciencia es porque estamos cegados por la luz del día. La conciencia de vigilia es un estado de constricción, como si hubiéramos experimentado el efecto cegador temporal de la luz de un *flash*. Somos víctimas del poder de la *vigilia-centralidad*, el estado más ruidoso y burdo, que prácticamente ahoga a los otros dos. En el estado de vigilia, el escandaloso ego está totalmente operativo y desprecia con tiranía otros estados que no puede experimentar plenamente. El estado de sueño profundo es demasiado silencioso y sutil. El experto en budismo Reginald Ray describe nuestra lucha para hacer frente a los ataques de impacto sensorial que soportamos durante la conciencia de vigilia:

> Según el budismo tibetano, el ego humano es una respuesta al trauma. Es decir, que la experiencia en sí misma, por su propia naturaleza, cuando se recibe sin filtros [contractivos] y es conocida directamente por nuestro *Soma*, es tan intensa e ilimitada que supera la capacidad de nuestro ego para gestionarla, y por eso nos cerramos. Esto nos sucede a todos ininterrumpidamente, solo por ser humanos [...] Cuando afrontamos cualquier experiencia nueva —y esto sucede continuamente— nos retraemos, retiramos y congelamos, de modo que solo asimilamos una diminuta fracción del conocimiento insondable que alberga nuestro *Soma*; el resto es exiliado de nuestra conciencia, empujado hacia la inconsciencia. [Esto es un] proceso universal mediante el cual todos los seres humanos conservamos nuestro pequeño sentido del yo, nuestro ego, ante la extraordinaria magnitud e inmensidad de la experiencia sin filtros.[3]

Pero con meditaciones como la práctica de la conciencia abierta, podemos reducir nuestro ritmo y guardar silencio hasta llegar a familiarizarnos con estos estados sutiles durante el día y reconocerlos por lo que realmente son, cuando se manifiestan espontáneamente mientras dormimos. Como dijo el poeta Kabir: «Lo que se encuentra ahora se encuentra entonces». O para la mente no entrenada, lo que *no* se encuentra ahora no se encuentra entonces.

El siguiente estado general de conciencia se manifiesta cuando la dimensión totalmente abierta, informe y vacía del estado de sueño profundo se contrae y se condensa en el estado de sueño. Las formas sutiles primero se manifiestan en este estado, pero la contracción todavía no se ha completado, de modo que las formas que aparecen en los sueños no son tan sólidas como las del estado de vigilia. Las cosas son efímeras, fluidas e insustanciales. Puesto que la mayoría no estamos familiarizados con esta frecuencia de sutileza intermedia, tampoco reconocemos este estado de conciencia cuando se manifiesta, lo que deriva en la experiencia de sueño normal (no-lúcido). Pero con meditaciones que se correlacionan con este estado, como el yoga del sueño, podemos llegar a ser soñadores lúcidos y reconocer que estamos soñando mientras soñamos. Entonces, abrimos nuestra mente a las maravillas del mundo de los sueños.

Por último, desde la dimensión parcialmente abierta del estado de sueño, la conciencia vuelve a contraerse y se reduce aún más en el estado de cosificación plena o de vigilia.* (Los meditadores

---

* N. del A.: Todo este viaje de contracción hasta llegar a la forma es descrito como involución por escritores como Sri Aurobindo, Gurdjieff y Ken Wilber. Entonces, la involución se invierte en el viaje de evolución o el retorno de la forma hasta lo sin forma, un proceso cíclico que no solo se produce cuando nos dormimos y nos despertamos, sino en todos los planos del universo. Plotino, en *Enéadas*, trató este tema pero utilizando el término *emanación* (o *eflujo*, que está claramente conectado con el «cuerpo de emanación» o *nirmāṇakāya* del budismo). Aquí, también, el proceso se invierte mediante *epostrophē* o 'reversión' (reflujo). Los filósofos judíos y árabes también utilizaron estos principios.

adeptos al yoga del sueño y del dormir pueden contemplar esta condensación cada mañana, cuando están regresando a su forma física y al estado de vigilia. Y los adeptos al sueño liminal* pueden observar el proceso de la inversión cuando se relajan y disuelven en el sueño cada noche). El estado de vigilia es el de mayor contracción. Es el estado de conciencia que mejor conocemos porque todos *practicamos* involuntaria e incesantemente la contracción. Es el único estado con el que nos identificamos en exclusiva, el que es más sólido que una roca. El ego, que se identifica exclusivamente con este estado de contracción, le cierra la puerta a nuestro ser más profundo, excluyendo dimensiones inmensas de la mente abierta y las realidades des-enterradas por esta apertura.

El ego es el estado de mentalidad más cerrada y conservadora de todos los estados de conciencia. Es esa parte de nosotros que se resiste a las ideas nuevas: ideas como la meditación inversa. Si observas que te estás contrayendo ante el propio concepto de las provocadoras meditaciones que tendrás que afrontar en la segunda parte de este libro, es tu ego el que está hablando. No escucha los aspectos más profundos de tu ser, así que no lo escuches. De tanto en tanto, la puerta se abre espontáneamente, lo cual da lugar a experiencias paranormales (para-contracción), como la clarividencia, la telepatía, la sincronicidad, la intuición y otros fenómenos psíquicos o de mente abierta, incluidos los sueños lúcidos y el dormir lúcido.**

---

* N. del A.: Sueño liminal es un neologismo para hacer referencia al estado hipnagógico, el plasma de la mente cuando haces la transición del estado de vigilia al sueño. Véanse mis libros *Dream Yoga: cómo iluminar tu vida con el yoga de los sueños lúcidos* (Málaga, Sirio, 2017), *Dreams of Light* [Sueños de luz] y *The Lucid Dreaming Workbook* [Ejercicios para el sueño lúcido]. O *Liminal Dreaming: Exploring Consciousness at the Edges of Sleep* [Sueño liminal: explorar el estado de conciencia de las fronteras del sueño], de Jennifer Dumpert (Berkeley, North Atlantic Books, 2019).

** N. del A.: El dormir lúcido es mantener la conciencia durante el sueño profundo sin sueños. En la comunidad científica se conoce como *experiencia fenoménica mínima* (EFM) y actualmente está siendo estudiada en varios laboratorios de todo el mundo.

Puesto que vivimos en el estado de mayor contracción, seguimos contrayéndonos en todo lo que hacemos. En la cosmología budista, se considera que vivimos en el *reino del deseo*, que básicamente es el reino de la contracción.* Llegamos a este mundo expulsados por las contracciones de nuestra madre y estamos extraordinariamente predispuestos a contraernos a lo largo de toda nuestra vida. El mismísimo Gran Colapso** se contrae en pedacitos, toda y cada una de las veces que nos aferramos, nos distraemos o nos sentimos heridos.

La contracción requiere energía, una energía que está parcialmente agotada al final de cada día, completamente agotada al final de cada vida y que se restaura cuando nos relajamos de esas contracciones al volver a la apertura que denominamos sueño y muerte. La contracción también genera una tensión subliminal en nuestra vida que, encubiertamente, denominamos ansiedad existencial y, abiertamente, infelicidad (tema al que volveré en el capítulo nueve). Nos genera el sentimiento de carencia. Nos falta algo: ¡nos han arrebatado dos tercios de nuestra existencia (dormir y la conciencia de los sueños)! Nuestro afán de disolver esta tensión y aliviar nuestra ansiedad se manifiesta como nuestro deseo de ser felices, que ahora podríamos contemplar como nuestro anhelo de regresar a la naturaleza: la naturaleza de lo abierto y de nuestra existencia.

Este principio de la contracción, nacido de la autodefensa última, es de suma importancia para entender la necesidad de aplicar

---

El filósofo Thomas Metzinger afirma que cuando se demuestre la EFM, supondrá toda una revolución en las ciencias de la mente.

* N. del A.: Los otros reinos son *el reino de la forma* y *los reinos sin forma*. A estos reinos se accede psicológica y ontológicamente (son tan reales o irreales como el reino de la forma), a través de la absorción meditativa profunda.

** N. de la T.: La teoría del Gran Colapso, o *Big Crunch* en inglés, es la otra cara de la teoría del *Big Bang* o la Gran Explosión; postula que el universo, aún en fase de expansión, llegará un momento en que vuelva a contraerse y todas sus partes formen de nuevo una unidad.

un enfoque integral a nuestras contracciones. La contracción tiene su lugar. No podríamos sobrevivir sin ella. Solo hemos de encontrar ese lugar y dejarla allí. De lo contrario, seguiremos ocasionándonos mucho sufrimiento a nosotros mismos y a los demás.

LAS TORTUGAS SUPERIORES

Vamos a empezar a explorar lo que yo llamo los «hipercontractores»,[*] que destaco con el prefijo *hiper*, bien por la intensidad de su capacidad de contracción o por su cualidad de ser omnipresentes (capítulo cinco). Cuando te haya presentado un «contractor general» (y a sus «subcontractores»), la exposición irá seguida de algunas contemplaciones y meditaciones diseñadas para que seamos conscientes de las expresiones universales de la contracción. Podrás recorrer tu camino descendente, tortuga a tortuga, hasta que alcances la contracción primordial. Estas tortugas están suspendidas en el espacio abierto, una verdad inquietante que, de hecho, da paso al proyecto de construcción de la tortuga. Para llegar a este suelo suspendido, hemos de recorrer nuestro camino hasta abajo y atravesar todas las iteraciones secundarias, terciarias y cuaternarias de la contracción que enmascaran el calambre original. Estas iteraciones subordinadas son ecos del *Big Bang* primordial que, en este caso, es en realidad un *Big Crunch*, una opresión que se encuentra en el mismísimo núcleo de nuestro sentido del yo.

¿Cómo se relacionan estos hipercontractores con las meditaciones inversas? Al identificar los contractores, podremos tomar conciencia de los procesos inconscientes e invertir nuestra relación

---

[*] N. de la T.: En inglés *contract* significa 'contraer' y 'contratar'; un *contractor* es un contratista. El autor juega con este doble significado de la palabra, y he tenido que usar el término *contractor*, con el sentido de algo que tiene la capacidad de contraer. Así que cuando el autor usa la analogía del contratista de obras «contractor general» y «subcontractores», entiéndase que es «contratista general» y «subcontratas».

con ellos. Al abrirnos a todas las formas en las que nos cerramos, podremos estar abiertos a un mayor número de cosas y centrarnos mucho más en ellas.

El mito de la tortuga es adecuado para nosotros, porque si no miramos a esas criaturas con sensibilidad, se retraen y se esconden dentro de su caparazón para protegerse. Y la autodefensa es justamente la finalidad de estas contracciones inconscientes. Todas ellas están al servicio del sentido del yo y lo protegen. Pero nos estamos adelantando. Vamos a llegar hasta esta verdad fundamental tortuga a tortuga.

LA VERGÜENZA

Algunos de los ejemplos de hipercontracción más reveladores son los momentos en que nos avergonzamos de nosotros mismos, que también tienen lugar dentro del espectro que abarca desde lo material hasta lo sutil. La vergüenza se puede considerar un «contractor general», que trabaja en la empresa de construcción del ego, junto con una serie de «subcontractores», como la incomodidad, el bochorno, la inseguridad, la timidez, la duda, la reticencia, la aprensión y otros similares. Si quieres hacerte a la idea de lo que es la contracción, solo unos pocos ejemplos más (que veremos más adelante) pueden rivalizar con el poder que tiene avergonzarte de ti mismo para hacer que pases a formar parte del gran nudo. La vergüenza es la madre de todas las contracciones. Volveremos a ella frecuentemente, a medida que exploremos las múltiples formas en que nos ponemos trabas a nosotros mismos. Vamos a ver algunos ejemplos de este espasmo arquetípico y también utilizaremos meditaciones para explorar algunas de sus áreas más sutiles.

CONTEMPLACIÓN

Cierra los ojos y haz unas cuantas respiraciones lentas y profundas; relájate. Observa tu estado mental y físico en este mismo instante, no cambies nada, no juzgues. Observa y *siente*, como si estuvieras observando qué tiempo hace. Ahora recuerda algún momento en que te avergonzaras mucho de ti mismo. Tal vez fuera una charla en público, una pregunta que hiciste delante de una gran audiencia, una llamada de atención por parte de tu jefe o algún tipo de miedo escénico. Quizás fue una situación sumamente embarazosa. Visualízala todo lo vívidamente que puedas. ¿Recuerdas si el corazón te latía con fuerza, si te sonrojaste o te pusiste a sudar? Imagínala, huélela, escúchala, saboréala. Las revelaciones que puedes obtener de estos ejercicios son directamente proporcionales al esfuerzo que emplees en realizarlos.

Para los exploradores más intrépidos, el sociólogo Bernard McGrane ofrece este atrevido ejercicio. Ve a un espacio público, como un centro comercial, y quédate de pie sin moverte, como una estatua. Observa la vergüenza que sientes a medida que la gente se te queda mirando o se te acercan niños y niñas curiosos. Yo lo probé quedándome de pie como si estuviera en estado catatónico en la puerta de un supermercado, rodeado de personas que entraban y salían. Fue muy difícil mantener una actitud abierta y sin complejos ante todas las miradas de extrañeza. Al final, se me acercó un guardia de seguridad y tuve que explicarle mi inofensiva, aunque peculiar, conducta.

¿Qué *sientes* cuando conectas con esta vergüenza intensa? ¿Se te encoge el estómago? ¿Una implosión de conciencia? ¿Una cascada de contracciones? Con esta contemplación y las muchas otras que vendrán, estarás cultivando un estado ensalzado en tu paisaje interior o, lo que es lo mismo, la *interocepción*. Conectarás gradualmente con cosas con las que nunca habías conectado antes, infundirás conciencia a lo que antes estaba oculto bajo el velo de la inconsciencia. Has de escuchar atentamente a tu cuerpo y sentirlo en profundidad. Esta es la única forma en que las tortugas aflorarán a la superficie.

Como pianista y orador, he vivido siempre con miedo escénico a lo largo de mi vida. Un poco de energía nerviosa es bueno, pero yo he experimentado momentos de contracción intensa mientras mi estado de conciencia implosionaba en el escenario y me paralizaba. También he sido un jugador de tenis muy competitivo, y recuerdo perfectamente un día en particular en que llegué a las finales de un torneo de un club de tenis, estaba a un set de la victoria. Llegué a las finales jugando en la *zona*, ese maravilloso estado de *flow* que es lo contrario a la «antizona» que acompaña a la vergüenza. Jugué en un estado en el que me encontraba fuera de mi mente, haciendo saques directos y golpes ganadores por toda la pista. «Fuera de mi mente» significa fuera de mi mente consciente, lo cual hizo que viviera plenamente el momento presente. El «yo» (autoconciencia egoica) ni siquiera estaba presente en los momentos cumbre y la energía fluía sin trabas a través de mí. La zona es una muestra fugaz de la experiencia del no-yo, una zona temporal trascendente donde la vergüenza de sí mismo no tiene cabida. Es un tipo de meditación en acción.

En el último set, con una galería creciente de espectadores, me surgió el pensamiento: «Eh, ¡realmente podría ganar el torneo!». Y la fastidié. Me atraganté. La energía, en lugar de fluir a través de mí, quedó interrumpida de repente (y eso fue mi sentencia de muerte). Me fue entrando vergüenza y hacia el final del juego apenas podía moverme. La ligereza de mis pies fue sustituida por plomo, y perdí, en todos los sentidos.

Este es un ejemplo exagerado de lo que sucede *constantemente* a niveles más profundos. La vergüenza, la antizona, nos saca por la fuerza del estado natural de *flow* y nos convertimos en los hijos de los malditos, como la canción de Iron Maiden. Se nos atraganta la energía de la fuerza vital y caemos en «agujeros de pensamiento» que solo hacen referencia al yo y que son más profundos y oscuros que cualquier agujero negro.

CONTEMPLACIÓN

¿Qué podemos hacer respecto a estos estados de contracción? En primer lugar, celebrar que has podido conectar con la contracción, lo cual te permite relacionarte con ella. Después, invertir tu relación y permanecer en ella, pero sin juzgarla. No intentes eliminarla. Haz las paces con ella. El mero hecho de estar presente empieza a transformarla.

En segundo lugar, siente curiosidad y sé inquisitivo. Siente la sensación de vergüenza todo lo que puedas. A veces, puedes investigar en qué parte de tu cuerpo la sientes.

Pero no analices demasiado. Mantén a raya tu mente conceptual.

En tercer lugar, respírala, ábrete a ella. Deja que se ventile el sentimiento de contracción. Esto no siempre la disolverá, pero creará un nuevo contexto de apertura. Reformula la experiencia situándola en un contexto más amplio.

Por último, cuando la trama retome sus inevitables comentarios, deja que siga el relato y vuelve a la sensación subjetiva. Permanece en tu cuerpo. Este sabe lo que tiene que hacer con esta sensación. Si estás en tu cuerpo, la sensación se autoliberará espontáneamente. Cuando veamos las meditaciones inversas formales, revelaré cada uno de estos pasos con detalle, pero esto es para que vayas preparándote.

LA IRA Y LA AGRESIVIDAD

La ira, la agresividad y sus subcontractores (rabia, cólera, furia, indignación, amargura, resentimiento, enemistad y animadversión) están en los primeros puestos de la lista de los hipercontractores. No hay nada que me haga sentir más sólido y real que la ira. Mi cuerpo se tensa, cierro los puños y se me aceleran las pulsaciones. La ira y la agresividad se encuentran entre las emociones más reconstituyentes de todas. Su capacidad para consolidar al yo me ayuda a entender los arrebatos que se producen cuando las cosas se tuercen, y me infunde un sentido de empatía cuando los demás lo pierden. He pasado mucho tiempo con personas moribundas y con sus cuidadores. Es habitual que en situaciones de desintegración la gente dé rienda suelta a su ira, incluso con sus cuidadores. Cuando todo se está descomponiendo, la ira asoma su cabeza para volver a unir. Si entendemos lo que está sucediendo, no nos lo tomaremos como algo personal.

La ira y la agresividad son territoriales y desencadenan reacciones defensivas u ofensivas para proteger nuestro territorio. El territorio más íntimo que defendemos a cualquier precio es el del yo y todo lo que está incluido en el campo del yo, del mí y mío. Cuando algo se acerca demasiado a ese hogar (y el hogar último es mi cuerpo y el sentido del yo que este alberga), me contraigo para defender esta propiedad tan personal.

CONTEMPLACIÓN

Serena tu mente con unas cuantas respiraciones profundas y siente tu cuerpo, como has hecho antes. Ahora, sintoniza algún programa de noticias que realmente te ponga nervioso o te saque de tus casillas. Si eres liberal demócrata, mira la Fox News y a personajes como Sean Hannity o Tucker Carlson. Si eres conservador republicano, mira la MSNBC y a personajes como Rachel Maddow o Chris Hayes. Te garantizo que este ejercicio inverso conseguirá enojarte.

Siente la contracción que te provoca tu ira o enfado, observa si consigues estar abierto a ella. Date cuenta de lo fácil que es estar a la defensiva y criticar o quejarte cuando te pones tenso. ¿Cómo podemos esperar que sanemos la cultura de las guerras o relacionarnos con personas con mentalidades totalmente distintas a la nuestra, si no podemos abrirnos a los demás?

Para matizar más esta práctica, puedes añadir lo que yo llamo «meditación muda». Di con ella por casualidad, durante las audiencias de Brett Kavanaugh* en la Corte Suprema de Estados Unidos, cuando los histriónicos cautivaron a la nación. Un día, mientras estaba mirando la tele, me fui identificando cada vez más con el drama, hasta que espontáneamente apreté el botón de silencio. Todo cambió en un segundo. Kavanaugh seguía estando presente, sonrojándose y gesticulando con vehemencia, pero ver la escena sin sonido le arrebató su poder. Me di cuenta de que yo ya no estaba tan contraído y me entró la risa al contemplar todo aquel teatro.

La práctica consiste en observar a alguien que te saque de quicio, como Maddow o Hannity, y poner tu reactividad en modo silencio. Observa cómo se relaja tu contracción. A continuación, usa el mismo método de «silenciamiento» en tu meditación. Resumiendo, cuando una historia reactiva corre por tu mente y hace que todo tú te alteres, tanto si estás sentado sobre tu cojín de meditación como si estás en tus ocupaciones cotidianas, pon el modo silencio de tu mente. No escuches el relato. La historia sigue estando, pero es como tener la tele en silencio, ya no te implicas con lo que está sucediendo.

---

* N. de la T.: Jurista estadounidense que ejerce como juez en la Corte Suprema. En 2018, fue acusado de abusos sexuales, en sus tiempos de estudiante, por varias mujeres. Al final, no se pudo demostrar que fuera cierto, y sigue ejerciendo.

EL MIEDO Y EL PÁNICO

El miedo y el pánico (junto con sus primos ansiedad, preocupación, inquietud, alarma, sospecha, desconfianza, intranquilidad, agitación, temor y estado de *shock*) se unen a la breve lista de los hipercontractores. Cuando conecto con los momentos de miedo de mi vida, estoy conectando con algo muy sólido. Hasta en los momentos de inocua sorpresa, mi conciencia implosiona para generar un sentimiento altamente centralizado. El miedo protege a la forma y crea un nivel de contracción saludable para garantizar la supervivencia física. Cuando tu cuerpo se ve amenazado, la contracción del miedo puede salvarte la vida.

Pero la evolución continúa más allá de la forma física; como proclamaron filósofos como Teilhard de Chardin, el mismo miedo que se generó para salvaguardar la evolución ahora se presenta para retrasarla. Según ellos, el ego es un estadio en la evolución humana, que se caracteriza por su identificación exclusiva con la forma. En el camino del desarrollo psicológico y espiritual, aspiramos a superar el ego, a trascender nuestra identificación exclusiva con la forma. En el camino espiritual, concretamente, experimentamos un proceso evolutivo del ego al no-ego, de la forma a la no-forma, y el ego completamente formado puede interpretar esta evolución como una amenaza de muerte. El miedo es el estado de ánimo de la contracción del yo y un jugador esencial en el terreno de la evolución. Se precisa un enfoque integral: darle su lugar al miedo en el sendero evolutivo y mantenerlo en su sitio.

La ira y el miedo son dos de las formas principales en que solidificamos nuestra experiencia. La ira cosifica el pasado y el miedo cosifica el futuro. Si entendemos esto, podremos decosificar nuestra ira y nuestro miedo, lo que a su vez decosificará el pasado y el futuro, y nos llevará al único lugar que verdaderamente existe: el presente.

CONTEMPLACIÓN

Recuerda una experiencia que te asuste. Tal vez fuera un día que estabas solo en casa por la noche y que de repente se fue la luz o un día que oíste un ruido en la oscuridad. Percibe la autocontracción y la correspondiente solidificación de su emoción. La próxima vez que te sobresaltes o te asustes, observa cómo te contraes al momento, como cuando alguien te corta el paso con un vehículo cuando conduces o cuando de pronto pierdes el equilibrio andando.

El maestro de meditación tibetana Khenpo Tsültrim Gyamtso Rinpoche condujo extensos retiros de meditación en los lugares donde se realizan los funerales celestes[*] en el Tíbet y la India, para practicar la meditación inversa a fin de superar el miedo. Tradicionalmente, los vertederos de cadáveres son los lugares más terroríficos que puedas imaginar: son espacios donde se abandonan los cuerpos para su descomposición y donde buitres y hienas acuden a alimentarse. Actualmente, sus equivalentes serían una sala de urgencias de un hospital de una gran ciudad, un lugar que ha sufrido una devastación ecológica, una zona de guerra o un lugar donde ha habido un desastre natural. Rinpoche, para simular el sabor de la meditación que se puede practicar en estos lugares terroríficos, recomendaba a sus discípulos que vieran películas de terror. Yo he hecho esta práctica, y al principio, me parecía absurda.

---

[*] N. de la T.: En el Tíbet y en algunos lugares de la India, los cadáveres no se incineran ni se entierran porque el suelo es demasiado duro. Los cadáveres son llevados a lugares en alto donde son descuartizados y entregados a los buitres para que se alimenten. Los altares donde esto se realiza se denominan «torres del silencio».

Las películas de terror son repulsivas, estúpidas y... sumamente contractivas. Para darle algún sentido a esos visionados, muchas veces, no solo tenía que apretar el botón de silencio, sino también el de pausa. Por artificial que pueda parecer este sistema, me dio la oportunidad de trabajar con una serie de sentimientos indeseados. Pruébalo y observa en qué partes de tu cuerpo sientes tus reacciones. Entonces, permanece conectado con tu cuerpo. Siente las contracciones, pero no las alimentes.

CAPÍTULO 5

LOS HIPERCONTRACTORES OMNIPRESENTES

La conciencia se contrae dentro de sí misma para manifestarse como el mundo [...] A fin de que la conciencia pueda reclamar su felicidad innata, se produce este proceso de inversión.

Rupert Spira

Vivimos dentro de un capullo conceptual tejido por nosotros mismos que nos aísla de la cruda realidad.

Bernardo Kastrup

Un nivel justo por debajo de la vergüenza, la ira y la agresividad, y el miedo y el pánico (los evidentes y efectivos hipercontractores), nos encontramos con constricciones, que aunque puedan parecernos menos poderosas son más omnipresentes. Entre ellas se encuentran la crítica y la queja, con sus múltiples subcontractores: ser quisquilloso, lamentarse, lloriquear, quejarse, regañar, arengar, desaprobar, protestar, disputar, culpabilizar o censurar. Muy allegadas a estas se encuentran las múltiples formas de cotilleo y calumnias (difamación, denigración, denuncia, menosprecio y humillación) que expresan estas contracciones. La crítica y la queja no son solo abiertas y externas, ni siempre van dirigidas hacia los demás. También son internas y, a menudo, van dirigidas hacia nosotros mismos. Observa tu mente y te darás cuenta de lo duro que puedes ser contigo mismo.

Cuanto más sutil es la contracción, más omnipresente suele ser. Las contracciones más sutiles son las más constantes. Según la psicología budista, se producen incluso mientras dormimos. Mi descubrimiento de la naturaleza ubicua de estas contracciones de grado medio no deja de asombrarme. Saco a mi perro a pasear, observo las heces del perro de un vecino poco cívico y me contraigo en la aversión de creerme mejor que otro. Al cabo de un minuto pasa alguien que no me ha saludado y me contraigo con algún pensamiento crítico. Al momento siguiente, comienza a lloviznar y vuelvo a quejarme. Luego, llego a casa y empiezo a encolerizarme por el abusivo precio de la reparación del fontanero, por el desagradable sonido del soplador de hojas o por desaprobar el veredicto del Tribunal Supremo.

CONTEMPLACIÓN

Haz un descanso y sal a pasear. Observa, sin juzgarte, si eres capaz de ser consciente de todas las veces que te contraes criticando o quejándote sobre lo que experimentas durante el paseo: sé sincero contigo mismo. O sal a dar una vuelta en coche y observa tus contracciones. ¿Ese conductor desconsiderado consigue que te contraigas? ¿O esa valla publicitaria con un mensaje político? ¿O la basura que ves al borde de la carretera?

La siguiente «meditación antiquejas» es una práctica que hago a diario: la próxima vez que sientas la necesidad de quejarte, haz una pausa y pregúntate: «¿Qué estoy sintiendo en este momento que no quiero sentir?». Cada vez que hago esto descubro algún sentimiento no deseado en mi cuerpo, junto con la contracción inmediata que intenta evitar que lo sienta. La contracción evita al instante que sienta mi cuerpo y me lleva a mi cabeza, que me hace sentir menos y pensar más.

La siguiente parte de esta práctica antiquejas es boicotear las películas que nos montamos en nuestra cabeza y hacernos regresar a nuestro cuerpo. Quejarse es una especie de experiencia extracorporal. Has dejado la sensación no deseada en tu cuerpo y te has ido con tus conceptos. Has perdido el contacto con lo que está sucediendo. Si el sentimiento es verdaderamente indeseable, puede que te enloquezcas temporalmente durante esa verborrea mental. La práctica consiste en observar el impulso de rechazar el sentimiento e *invertir* ese impulso sin ausentarte de tu cuerpo.

Esta práctica es un ejemplo de «despertar abajo» (no de despertar arriba) y estar con la contracción. Te permite conectar con el sentimiento subyacente, lo cual facilita que este se autolibere y se convierta en energía pura (y a menudo, intensa). La práctica de la conciencia abierta de la segunda parte de este libro, y las meditaciones inversas que hay a continuación, te enseñarán a tolerar experiencias cada vez más intensas sin contraerte. Como dijo Rumi: «Fluye hacia abajo, hacia abajo y hacia abajo, expandiendo continuamente anillos de existencia». La mente se «ensancha» a medida que *desciende* y se abre, hasta que se expande para acomodar todas las cosas.

LA REACTIVIDAD Y EL JUICIO

La lista de hipercontractores omnipresentes incluye necesariamente la reactividad y el juicio. Basta con que te fijes en cuántas veces reaccionas a los acontecimientos o te juzgas a ti mismo y a los demás. En el plano biológico, puedes sintonizar una reactividad o contracción sana cuando bajas el bordillo y el coche que viene toca la bocina para que te apartes de su camino. Si la llamada de atención ha sido realmente próxima y tu reacción correspondientemente intensa, puede que la fuerza de la contracción te haga temblar durante horas. Toda situación de *shock* genera un impacto contractivo que puede estar reverberando durante años, como sucede en el trastorno de estrés postraumático. Cuando recibes una llamada de teléfono para comunicarte que ha fallecido algún allegado a ti, te despiden inesperadamente o el médico te comunica que los resultados de los análisis no son buenos, la experiencia te afecta con tal fuerza que todo tu ser queda aturdido por el grado de contracción que se produce.

Siempre estoy reaccionando a las cosas que me suceden en la vida, y ahora que soy más consciente de la equivalencia entre contracción y reactividad, puedo reconducir esta última y sustituirla por la respons-abilidad.* La reactividad es egocéntrica. La respons-abilidad se centra en la realidad (o en el otro). Es decir,

---

* N. de la T.: El término «responsable» (y su derivado «responsabilidad») proviene del latín medieval: *responsabilis* ('que requiere respuesta').

las respuestas son más abiertas y están más receptivas a lo que está sucediendo. La respons-abilidad no se basa en cómo se relacionan las cosas conmigo. Sigo necesitando actuar y relacionarme con las cosas, pero lo hago con responsabilidad. Una relación con capacidad de respuesta me permite estar en contacto con lo que está sucediendo y con los demás, sin la habitual «mentalidad de beneficio» de mis reacciones: «¿Cómo puedo beneficiar*me* de lo que está sucediendo?», «¿Qué repercusión tiene esta situación para *mí*?», «¿Qué *puedo* conseguir de esta persona?».

El egocentrismo es una de las razones por las que seguimos reaccionando. El egocentrismo favorece el proyecto de construcción del ego. De modo que reaccionamos, biológica y psíquicamente, como si nuestra vida dependiera de ello, porque así es. La contracción no solo crea, sino que conserva nuestra concepción corporal y psicológica del yo. Según Bernardo Kastrup, confiamos en las contracciones para que «nos ayuden a evitar aumentos ilimitados de entropía en nuestros estados interiores»:

Si viéramos el mundo tal como es, si nuestra percepción reflejara el mundo como es realmente, nuestros estados internos estarían tan libres como los del mundo. Esto significa que el mero hecho de ver podría matarnos. Podría aumentar la dispersión de nuestros estados interiores hasta el extremo de que nos fundiríamos en la sopa caliente (esto se refiere a las leyes de la termodinámica). Se ha demostrado matemáticamente que la percepción *no* puede reflejar el mundo; si lo hiciéramos moriríamos rápidamente. La percepción es una revisión, a simple vista, codificada, de lo que es sobresaliente e importante sobre el mundo [para nuestra supervivencia].[1]

Nuestro enfoque integral, que respeta la saludable función de la contracción en nuestra vida, nos permite incluirla cuando esta es necesaria para nuestra supervivencia, aunque también nos permite trascenderla cuando empieza a bloquearnos.

CONTEMPLACIÓN

Volvamos a nuestro ejercicio con Sean Hannity y Rachel Maddow. Si los comentaristas políticos no te inmutan, prueba con algún líder religioso, como un fundamentalista, con una visión del mundo totalmente ajena a la tuya. ¿Sientes que reaccionas o juzgas? ¿Cómo afecta a tu capacidad para escuchar? ¿Estás respondiendo antes de que el personaje de la pantalla acabe la frase?

Ahora, pulsa el botón de silencio un minuto. Luego vuelve a poner el sonido y observa si puedes estar abierto a lo que estás escuchando. ¿Puedes responder a lo que se está diciendo con ecuanimidad, comprensión e incluso compasión? ¿Puedes estar abierto a lo que estás escuchando, sin creer en lo que están diciendo?

Todos los juicios incluyen cierto grado de contracción. Para los meditadores el «día del juicio» es cada día. El maestro de yoga Swami Kripalu dijo: «La forma más elevada de práctica espiritual es la autoobservación sin juicio». A lo cual podemos añadir que la forma más elevada de práctica espiritual es *cualquier* observación sin juicio. Esto no implica que perdamos nuestra capacidad para discriminar correctamente o para distinguir lo bueno de lo malo, sino que aprendemos a abrirnos a las cosas con ecuanimidad, lo cual nos permite actuar con responsabilidad.

Aprendemos a decir «sí» a cualquier cosa que surja, como parte válida de nuestra experiencia, y luego, desde esa postura receptiva, respondemos con mucha mayor habilidad. Lo cual, a veces, implica decir «no». Decir «sí» a cualquier acontecimiento también es una manera de reconocer el aspecto sagrado de ese hecho, antes de la intrusión de la blasfemia de los comentarios autorreferenciales. Entonces, nuestras acciones se centran en la realidad en lugar de hacerlo en nosotros mismos. Actuamos en beneficio inclusivo de los demás, en vez de hacerlo en beneficio exclusivo de nosotros mismos.

LA AVARICIA Y EL APEGO

Hay dos tendencias clave que son las que mejor revelan la omnipresencia de la contracción: la demostración activa de la avaricia y su expresión pasiva como apego. La contracción es más básica que la avaricia, pero esta (y sus infinitas manifestaciones, como el antojo, la pasión, la lujuria, la codicia, el acaparamiento, la posesividad, la mezquindad, el deseo, el anhelo, la impaciencia, la ambición, el hambre o la sed de algo) es una de las manifestaciones más ubicuas de la contracción. Y puesto que sabemos que el ego es el arquetipo de la contracción, de ello se deduce que la avaricia es la expresión más inexorable del *ego*, prácticamente es un sinónimo de él.

En última instancia, poner fin a la contracción es trascender el ego, que es la razón por la que en el camino espiritual se enfatiza tanto el desapego. El reto que se nos plantea al intentar dejar ir alguna cosa pone de manifiesto cuánto nos gusta acumular. Es sorprendente lo difícil que nos resulta liberar nuestra carga emocional, aunque acumular nos haga sufrir tanto. Pero como sucede con otras contracciones, la avaricia está al servicio del ego; y para este, una existencia con sufrimiento es mejor que no existir.

La visión budista de que vivimos en el reino del deseo es un reconocimiento de esta situación egoica, de que vivimos en el reino de la avaricia y el apego. Vivimos en el reino de la avidez. Pero ¿por qué deseamos? Porque sentimos que nos falta algo o que tenemos una carencia. Nos sentimos vacíos por dentro, una inefable sensación de privación. Esto es vacuidad deficiente, no es la plenitud de la vacuidad (*śūnyāta*) que he mencionado con anterioridad. No estamos seguros de por qué sentimos esta carencia, pero acaparamos para llenar ese insaciable vacío.

¿Qué es lo que acaparamos? Formas: físicas, mentales y espirituales. Nos contraemos respecto a las cosas, fenómenos que son en sí mismos el resultado de una contracción todavía más básica que crea el sentido de cosidad: la contracción primordial que se encuentra en la base donde se apoyan todas las tortugas del capítulo cuatro (un concepto del que hablaré con más detalle en el capítulo seis). Es decir, hasta el sentido de «cosa», de alguna *cosa* que acaparar, es el resultado de la propia contracción. Contracciones contrayéndose en otras contracciones: todo el camino ascendente y descendente.

CONTEMPLACIÓN

Haz unas cuantas respiraciones lentas y siente tu cuerpo. Cuanto más te relajes y te abras, más capaz serás de sentir los bloqueos sutiles. Ahora piensa en alguien o algo que desees realmente. Visualiza a esa persona u objeto lo más vívidamente posible: imagina, huele, oye, saborea, toca. Implícate en la visualización. ¿Qué sientes cuando conectas con tu fuerte deseo? ¿Sientes que se contrae tu cuerpo a medida que tu conciencia se centra tan solo en el objeto?

Las contracciones suelen ser literales, como cuando abrazamos con fuerza a la persona deseada, inhalamos el humo de ese ansiado cigarrillo o tenemos el objeto anhelado entre nuestras manos. En niveles más sutiles, saboreamos el deleite de entender una idea, dar con la solución de un problema complejo o aprovechar una oportunidad. Una de las razones por las que puede que no veamos estas contracciones, y las subsiguientes más sutiles, es debido a su persistencia. No hay contraste, porque no hay pausa. Si siempre estás haciendo una misma cosa, es fácil que te olvides de lo que estás haciendo. Eso empieza a «hacerte» a ti.

Agarrar algo con fuerza fácilmente se convierte en una fijación crónica. Es más difícil de detectar porque aún es más constante y subliminal. Estamos apegados a innumerables cosas: a nuestra visión, a nuestras ideas, opiniones, filosofía, suposiciones, creencias, esperanzas, miedos, pensamientos, emociones, sentimientos, percepciones y posesiones. La mente indómita se aferra absolutamente a todo.

Uno de los apegos más reales y básicos es lo aferrados que estamos a nosotros mismos, incluido nuestro cuerpo. Un maestro dijo que la iluminación es el acto supremo de «trascenderse a uno mismo». Según las enseñanzas tibetanas sobre la muerte y el morir, este apego es tan elemental que cuando nos quitan el cuerpo en el momento de morir, nos aferramos a otro con tal desesperación que nos precipita a nuestro siguiente cuerpo en un proceso de interminables renacimientos.* La contracción al servicio del renacimiento tiene lugar en muchos planos, desde el literal hasta el figurado, desde lo agudo hasta lo crónico, desde lo abierto hasta lo encubierto.

Las contracciones habituales se manifiestan como adicciones. El neurocientífico Judson Brewer, en su libro *La mente ansiosa: de los cigarrillos a los teléfonos móviles. Y hasta el amor. Por qué nos hacemos adictos y cómo podemos terminar con los malos hábitos*, revela nuestras adicciones a la tecnología, a la distracción, a pensar, al amor y a nosotros mismos. Somos adictos a muchas cosas, incluido el propio concepto de «cosa». Y conseguimos nuestra «dosis» rindiéndonos a todas nuestras adicciones.

Nuestro grado de apego se revela dolorosamente cuando se nos priva de algo. Entonces es cuando nuestros dedos se abren a la fuerza, soltando algo que habíamos olvidado que teníamos. Solo cuando nos roban o destruyen un objeto que apreciamos, o cuando alguien que queremos enferma o muere, nos damos cuenta de nuestra dependencia. La revelación suele ser traumática y se manifiesta en distintos grados de aflicción. Puede parecernos frío proclamar esta cruda realidad, pero nuestro nivel de aflicción es directamente proporcional a nuestro grado de apego. La aflicción es un tipo de retirada. Si no estamos apegados, podemos relacionarnos con la impermanencia con ecuanimidad. Si estamos muy apegados, la impermanencia (la expresión más común de la vacuidad) puede ser devastadora. Esto no significa que no debamos preocuparnos por los objetos que hay en nuestra vida, ni que no amemos a nuestros allegados, sino que podemos amar sin apego. Entonces, cuando se producen las pérdidas inevitables de la vida, no nos afectan tanto.

---

* N. del A.: Las enseñanzas del bardo están muy relacionadas con las de la vacuidad. Resumiendo, adoptamos la existencia porque creemos en ella, adoptamos un cuerpo después de la muerte porque creemos que somos alguien (en ingles *somebody,* que literalmente significa 'algún cuerpo').

CONTEMPLACIÓN

La siguiente contemplación forma parte del bardo —o prácticas preparatorias para la muerte— de la tradición tibetana y no es sencilla. En cinco trozos de papel separados, escribe los cinco objetos físicos más importantes de tu vida. Para mí, son mi piano de cola, mi biblioteca, todos mis álbumes y discos, mi casa y mi ordenador. Sea lo que sea, llévalos a tu mente y a tu corazón y reflexiona sobre su importancia para ti. Toma cada uno de los trozos de papel y rómpelos diciendo «muerte» al hacerlo.

A continuación, toma cinco trozos más de papel y escribe los nombres de las cinco personas (o mascotas) que más aprecias. Llévalos a tu mente y a tu corazón como antes. Haz una pausa y siente su valor infinito. Reflexiona sobre los hermosos recuerdos que tienes con ellas y cuánta dicha han aportado a tu vida. Ahora rompe estos trozos de papel diciendo «muerte» cada vez.

Cuando hago este ejercicio en los seminarios, primero suele provocar gritos ahogados y luego lágrimas. Todo aquello a lo que estamos apegados desaparecerá o morirá, y estaremos dolorosamente expuestos a cualquiera que sea la intensidad de nuestro apego. Esta práctica no es para juzgar nuestro grado de apego. Tampoco es para deshacernos de los valiosos objetos y personas que hacen que nuestra vida valga la pena, sino para poner distancia entre nosotros y los objetos y para ayudarnos a entender la razón de nuestro duelo.

EL ESTRÉS Y LA TENSIÓN

Dos manifestaciones primordiales de la contracción son el estrés agudo y la tensión crónica, junto con sus infinitas manifestaciones, como el distrés, el esfuerzo, la intranquilidad, el malestar, la inquietud, la preocupación, la carga, el estorbo y el recelo. La palabra *estrés* casi se ha convertido en sinónimo de vida en el mundo moderno, y es uno de los principales responsables de las enfermedades físicas y mentales. Como sucede con muchos estados psicológicos, el estrés acaba descargándose en nuestro cuerpo. En el aspecto más evidente, se queda congelado en nuestra armadura corporal y distorsiona nuestra postura. El estrés genera contracciones musculares crónicas, como hombros encorvados, entrecejos fruncidos, mandíbulas apretadas, cefaleas por tensión muscular y toda una extensa gama de trastornos. Cuando estaba haciendo mis prácticas clínicas como dentista, y los pacientes venían con un montón de enfermedades orales y faciales, la primera pregunta que tenía en mi lista para el diagnóstico era: «¿Está muy estresado últimamente?».

En un plano más encubierto, la tensión y el estrés se abren paso hasta el nivel celular. Hasta que no nos ponemos a practicar posturas de apertura y estiramientos, es muy probable que no tengamos idea de lo contraídos que estamos físicamente. Cuando empecé a practicar yoga, me quedé anonadado al comprobar mi incapacidad para tan solo intentar abordar las posturas. Era el hombre de hojalata de *El mago de Oz*, con una falta de flexibilidad que rozaba lo robótico.

Reginald Ray, practicante budista experto en la meditación somática, resume así esta experiencia de las múltiples manifestaciones de tensión mental y física que produce el estrés:

A medida que nos vamos volviendo más conscientes de las partes de nuestro cuerpo, llega un momento en que observamos algo más: la tensión en cada una de ellas. Cuanto más exploramos esto, más empezamos a sentir que todo nuestro cuerpo está cargado de tensión. Aquí no me refiero a la tensión natural y saludable propia de nuestra existencia humana, sino a la tensión neurótica, opcional, superpuesta; superpuesta por nuestra orientación consciente, nuestro ego. La neurobiología nos dice que este tipo de tensión patológica se extiende en sentido descendente hasta el plano celular y es uno de los factores que contribuyen a la mala salud y a la enfermedad.[2]

CONTEMPLACIÓN

Recuerda alguna fecha límite para acabar algo que te esté poniendo nervioso, el recuerdo de una preocupación o algo estresante que ya sucedió. Piensa en el estrés que te provoca esa situación que se manifiesta como contracción; intenta localizar esa contracción y sé muy específico respecto al lugar. ¿La notas en el estómago? ¿La sientes en el corazón? ¿En la cabeza? Observa adónde te conducen estas sensaciones. ¿Notas todo tu cuerpo como si fuera un gran nudo? Solo cuando seas capaz de ver lo herido que estás, podrás empezar a relajarte. Los «nudos» son en realidad «noes». Cada vez que decimos «no» a experimentar y rechazamos lo que está sucediendo se forma un nudo. Si podemos sustituir el rechazo por aceptación, iremos deshaciendo los nudos gradualmente.

Por ejemplo, estoy escribiendo este libro durante el momento álgido de la pandemia del COVID-19, con una intensa polarización política y malestar social. Como sucede con la contracción, la vida en estos momentos está cubierta por muchas capas de estrés. Normalmente, no siento todas estas capas hasta que practico mi *hatha* yoga o meditación diarios, y las reconozco a medida que van desapareciendo. A veces, el contraste es muy fuerte, de un estado de contracción cuerpo-mente al inicio de mi sesión de meditación a un estado de relajación profunda al final. A medida que continúes haciéndote a la idea de cómo son tus contracciones, empezarás a descubrirlas por ti mismo. «¡Oh, Dios! ¡Ahí va otra! No tenía ni idea de que estaba tan contraído». El diagnóstico siempre precede a la prescripción. La buena noticia es que el antídoto para todas ellas es simple. Ábrete y relájate. Pero lo simple no siempre es fácil. Teóricamente, es posible liberarse de todas ellas persiguiendo la contracción primordial (prometo que veremos esto más a fondo). Basta con relajar la contracción primordial y todas las demás colapsarán como un castillo de naipes. Pero esta vía tan directa es proporcional a su dificultad. Por eso, la mayoría de las personas prefieren ir carta por carta.

LA DISTRACCIÓN

Nuestra lista de hipercontractores no estaría completa sin la distracción. Cada vez que nos distraemos, nos estamos contrayendo y alejando del momento presente. Nos estamos distanciando de lo que está sucediendo en nuestro cuerpo sensible, que siempre sucede en el presente, y nos precipitamos hacia nuestra cabeza insensible. Basta con que pasees por un lugar público para ser testigo de la alarmante pandemia de distracción; todo el mundo está hipnotizado con sus teléfonos móviles, tropiezan con cosas y chocan con otras personas.

Tanto en el hinduismo como en el budismo predijeron Kali Yuga o la Era de la Oscuridad, que es en la que nos encontramos ahora. Lo que hace que esta era sea tan oscura es su insidiosa naturaleza y su habilidad subversiva para destruir civilizaciones enteras sin que las personas se den cuenta de lo que está sucediendo. El oscuro virus que nos está infectando es tan sutil que pocos se percatan de que lo padecen. La gente distraída no se da cuenta de nada, ni del propio hecho de que está distraída. El personaje de dibujos animados Bob Esponja, en una escena cómica de un apagón repentino, tiene la ocurrencia de decir: «Esta no es tu oscuridad habitual... ¡Es una *oscuridad avanzada*!». Lo que hace tan avanzada la oscuridad de nuestra era es que tiene lugar no cuando se apagan las luces, sino cuando se encienden y no se apagan jamás.

El descubrimiento de la luz artificial y nuestra adicción a ella marcan el inicio formal de Kali Yuga. Las imágenes del espacio exterior revelan que la contaminación lumínica se está acelerando a un ritmo alarmante, lo cual afecta negativamente a nuestro planeta.[*] Las imágenes de los que se aventuran hacia los espacios interiores

---

[*] N. del A.: «Más del 60% de los habitantes de este planeta, y el 99% de los de Estados Unidos y Europa viven bajo un cielo nocturno amarillento e iluminado. Las emisiones de luz han aumentado a un ritmo promedio del 2,2% cada año desde 2012, con algunas regiones que han sufrido un aumento de hasta el 20%. Una bombilla de 100 W, encendida cada noche durante un año, consume el equivalente a media tonelada de carbón. Los animales nocturnos suponen nada menos que el 30% de todos los vertebrados y el 60% de todos los invertebrados, y su salud corre serio peligro. En 2019, los investigadores observaron que los gorriones domésticos infectados por el virus del Nilo occidental que habitaban en zonas con contaminación lumínica estuvieron dos días más con el virus que los que vivían en zonas oscuras. Esto aumentó el riesgo de un brote de virus del Nilo occidental en un 21%». Deborah Eden Tull, *Luminous Darkness: An Engaged Buddhist Approach to Embracing the Unknown, A Path to Personal and Collective Awakening* [Oscuridad luminosa: un enfoque budista comprometido para abrazar lo desconocido, un camino hacia el despertar personal y colectivo], (Boulder, Shambhala, 2022), 35-36.

(los místicos y los contemplativos) revelan un efecto igualmente desconcertante sobre la mente humana. La luz artificial nos aleja de nosotros mismos, nos distrae de nuestra verdadera naturaleza, nos ciega a quienes somos realmente y crea cargas de ansiedad que intentamos paliar con más distracción. El filósofo del siglo XVII Blaise Pascal ni siquiera hubiera podido llegar a imaginar las diversiones electrónicas que surgirían siglos más tarde cuando escribió:

> Lo único que puede consolarnos de nuestras miserias es la diversión. Y sin embargo, es la mayor de nuestras miserias. Pues ante todo evita que pensemos sobre nosotros mismos y nos conduce hacia la destrucción sin que nos percatemos. Pero para eso deberíamos estar aburridos, y el aburrimiento nos conduciría a buscar algún medio de escape más sólido, pero la diversión engulle nuestro tiempo y nos conduce a la muerte sin darnos cuenta [...] He descubierto que toda la infelicidad de los seres humanos surge de un hecho simple, que no pueden estar en silencio en su propio dormitorio.[*]

Pascal ofreció el remedio hace siglos y nosotros aceptaremos su invitación a «estar en silencio en nuestro propio dormitorio», la cámara del momento presente, donde practicamos las meditaciones que actúan como vacuna para esta descontrolada pandemia.

---

[*] N. del A.: «Permitámonos tener tiempo [...] para aburrirnos [...] para estar aburridos, eliminemos las pantallas que hemos creado para ocultar de nuestros ojos las verdades de la vida y la muerte». Carl Trueman, *El salario de las piruetas* (editorial Teología para vivir, 2022).

LOS HIPEREXPANSORES

Si seguimos el espíritu de la alquimia y del tantra, si estamos en posesión de la visión correcta y de prácticas como la conciencia abierta y las meditaciones inversas, los hipercontractores que he descrito pueden transformarse en «hiperexpansores». Aquello que anteriormente hizo que nos cerráramos podemos utilizarlo para abrirnos. Siempre que sintamos vergüenza, ira o agresividad, miedo o pánico, ganas de quejarnos o de criticar, reactividad o ganas de juzgar, avaricia o apego, estrés o tensión, podemos usar esa contracción para abrirnos. ¡Tenemos mucho donde elegir!

Las meditaciones inversas de la segunda parte de este libro proceden la mayoría de la tradición tántrica, que se denomina «la vía rápida». El tantra es una de las enseñanzas más elevadas del budismo y del hinduismo, tiene una capacidad única para incluir la meditación en la vida cotidiana. Una de las razones por las que el tantra es rápido es porque *todo* se convierte en el camino. Otra razón es que experimenta con todo aquello que antes había supuesto un obstáculo en nuestro camino y lo utiliza para ayudarnos a acelerar. Eso es ser un buen negociador. Al invertir nuestras estrategias y abordar directamente todos estos estados de contracción, las energías atrapadas en su interior se liberan y transforman en el combustible que necesitamos para propulsar nuestro viaje. Abróchate el cinturón y prepárate para llegar hasta donde nunca habías llegado hasta ahora. A ninguna parte. O al más puro aquí y ahora.

CAPÍTULO 6

LAS CARACTERÍSTICAS DE LA CONTRACCIÓN

Se trata de llevar el proceso al punto de partida, antes de que cualquier «superposición» distorsione los datos iniciales y reales.

Edward Conze

Y entendían que no se puede subir sin luego tener que bajar, que no hay cielo sin pasar por el infierno [...] Todo tenía que experimentarse, había que pasar por todo; y hallar la claridad significaba afrontar la oscuridad más absoluta.

Peter Kingsley

Nuestra tendencia a contraernos ha estado presente desde el día en que nacimos. Y dado que esta tendencia es tan automática, constante e inconsciente, nos parece natural. Es nuestro estado por defecto, el punto de partida imperceptible de nuestra existencia. Pero la contracción no es natural en absoluto, y en modo alguno es lo que realmente somos. La frase de Terence McKenna «adaptación cultural letal» se podría readaptar para hablar de la «adaptación individual letal», es decir, nos adaptamos a algo durante tanto tiempo que nos olvidamos de que es una adaptación y se convierte en un axioma, en algo que damos por hecho. Es como el famoso ejemplo de la rana que, si la ponemos en agua a temperatura ambiente y encendemos el fuego, acabará cociéndose viva en su proceso de adaptación al aumento de la temperatura. La adaptación adecuada es la clave para la evolución, pero una adaptación letal es la clave para la extinción.

La contracción biofísica es saludable y natural; literalmente, nos salva la piel. Pero la contracción psicoespiritual es un proceso artificial y sintético. Es el primer paso de un sofisticado proyecto de construcción y estrategia de evitación. Las diferentes capas de adaptación nos han hecho perder el contacto con la realidad. En los niveles más fundamentales, la contracción sitúa a la mente infinita en las coordenadas de espacio-tiempo del cuerpo finito. Encoge y envuelve lo infinito y eterno, y lo transforma en pedazos, lo bastante pequeños como para que podamos engullirlos, a fin de que el ego, plenamente identificado con el cuerpo, pueda digerir lo que está pasando. Esta contracción primordial es en realidad un fenómeno secundario, un acto defensivo que protege al ego del dolor de las verdades absolutas subyacentes a la contracción.

Reginald Ray explica las defensas egoicas del siguiente modo:

Una experiencia desnuda y sin filtros, al principio, se experimenta como dolorosa y problemática; sin pensarlo, intentamos alejarnos de ella, evitarla y apartarnos. Esto lo hacemos tensándonos, y esta tensión está por todas partes. ¿Por qué es dolorosa la experiencia sin filtros? Porque cualquier experiencia nueva es percibida como una amenaza por el ego. Tal como observó William Blake, la experiencia humana en su forma primaria y sin procesar es infinita. Esta infinitud va en contra de una de las funciones básicas del ego, que es la de abordar lo inesperado, saboteándolo y transformándolo en un contexto interpretativo conveniente y seguro, limitarlo y controlarlo para, en última instancia, una vez llevado al extremo, negar no solo su significado, sino su propia existencia. Cuando los meditadores noveles confiesan: «Me siento bloqueado, ni siquiera sé qué es mi vida» o «Siento como si me faltara algo en la experiencia de estar vivo», están diciendo la verdad. La tensión es una forma de evitar la experiencia desnuda y el malestar que le ocasiona al ego, tanto si ese malestar es físico como psicológico; la tensión es nuestra forma de cerrarnos a la experiencia y desconectar nuestra conciencia.[1]

Una de las maneras inconscientes en que el ego filtra la realidad es a través del procesamiento predictivo, donde los organismos son «básicamente anticipatorios», según los neurocientíficos Ruben Laukkonen y Heleen Slagter. Los organismos «deducen o predicen constantemente el mundo exterior basándose en experiencias previas». Los investigadores dan a entender que «debido al hecho de que el cerebro carece de acceso directo al mundo exterior, ha de "adivinar" o predecir las causas ocultas de los estímulos sensoriales, basándose en las experiencias del pasado, a fin de interactuar adaptativamente con ellos».[2] En otras palabras, en esencia, la percepción es la mejor suposición del cerebro respecto a lo que hay allí fuera: una mala suposición que reduce notablemente el bombardeo infinito de experiencias sin filtro y las convierte en algo que puede asimilar.

No solo percibimos simples fragmentos de realidad cuando se realiza la filtración, sino que como parte de este proceso de contracción y reducción, también *proyectamos* fuera lo que hay en nuestro interior. Esta proyección de señales equívocas tiene la finalidad de filtrar aún más la realidad, nos sirve de escudo protector como si fuera el capullo de un gusano de seda. El físico Carlo Rovelli escribe:

Muchas de las señales, cuando no la mayoría, no van desde los ojos al cerebro, sino a la inversa, desde el cerebro a los ojos. Lo que sucede es que el cerebro *espera* ver algo, basándose en lo que conoce y le ha ocurrido con anterioridad. El cerebro elabora una imagen de lo que *predice* que deberían ver los ojos. Esta información es transmitida *desde* el cerebro *hasta* los ojos, a través de estados intermedios. Si se revela alguna discrepancia entre lo que espera el cerebro y la luz que llega a los ojos, *solo entonces* los circuitos neuronales enviarán señales al cerebro. De modo que las imágenes que nos rodean no viajan desde los ojos hasta el cerebro, solo las noticias de discrepancias respecto a lo que espera hacer el cerebro [...] Es decir, lo que veo no es una reproducción del mundo exterior. Es lo que espero ver corregido por lo que soy capaz de asimilar.[3]

Lo que veo es corregido y filtrado por lo que el ego puede soportar. Pero esta «corrección» es, en realidad, una corrupción. Es una distorsión de lo que está pasando realmente. Este proceso convierte la realidad tal como es en nuestra versión «corregida» y contraída de lo que debería ser, de lo que esperamos que sea. El filósofo francés Hippolyte Taine dijo que «la percepción externa es un sueño interno que demuestra estar en armonía con las cosas externas, y en vez de denominar "alucinación" a una percepción falsa, debemos llamar a la percepción externa "alucinación confirmada"»:[4] una alucinación confirmada creada por la contracción; ambas actúan en los aspectos neurológico, de percepción, cognitivo, de desarrollo y psicológico.

Al sacar a la luz las características de la contracción –y otros pasos del proyecto de construcción del ego (y a través de la implicación directa, el mundo exterior)–, podremos boicotear la construcción del yo e iniciar el *proceso de demolición*. Comprender esto no solo es esencial para deconstruir el ego, sino también todo el sufrimiento que ocasiona este proyecto de construcción-contracción. No es indulgencia filosófica, sino una base doctrinal que nos empodera para practicar las siguientes meditaciones de deconstrucción. Aunque el edificio construido por capas de contracción bien asentadas sea imponente, todo el proyecto puede ser analizado y desmontado.

El enfoque de «divide y vencerás» (identificar y liberar gradualmente las características de la contracción que conspiran juntas para crear nuestras agarrotadas vidas) es una de las dos formas de relajar nuestras contracciones. Es el enfoque relativo que hemos estado adoptando hasta ahora, donde poco a poco, pero con paso firme, hemos ido liberando una a una todas nuestras compresiones, haciendo el camino inverso hasta alcanzar el compactador primordial, y una vez allí, debajo de él, hemos llegado a la realidad abierta. El enfoque absoluto, del que hablaré en capítulos posteriores, es más rápido y sencillo: ábrete y relájate. Relaja el calambre primordial y se disolverán las contracciones secundarias. Pero como la contracción primordial está tan escondida, es tan constante y antigua, no es fácil acceder a ella o liberarla. La contracción primordial es tan sólida y está tan arraigada en nuestro subconsciente que ni siquiera sentimos que no sentimos. Sí que seguiremos con el proceso de liberación trabajando con contracciones más viables.

En un principio, podría parecer que «yo» soy el que hace la contracción. Esto es parcialmente cierto. Muchas de las contracciones secundarias, terciarias, cuaternarias y otras subsiguientes son en realidad el resultado de las actividades que realizamos al servicio del yo. Pero el propio sentido del yo es el *resultado* de la contracción. No se trata solo de la contracción al servicio del yo, sino de la contracción como generadora de ese yo. La contracción primordial genera el sentido del yo, que a su vez da lugar a una interminable red de contracciones secundarias para seguir consolidándose. Volvamos al terreno de construcción desenterrando las características principales de la contracción y ofreciendo antídotos para ellas.

ACTIVA

La primera característica de la contracción es que se trata de un proceso activo, es más un verbo (*contraer*) que un sustantivo. Incluso la contracción primordial, que es tan sólida como un bloque de hielo, es un proceso vibrante: para mantenerse necesita refrigeración constante. La maestra espiritual Deborah Eden Tull, al reflexionar sobre su propia experiencia de la vida, plasma el alto mantenimiento que por naturaleza exigen las contracciones y la forma en que bloquean nuestra energía:

> Este hábito de *alejar* las cosas difíciles, que parecían seguir aflorando por más que intentara enterrarlas, era agotador. Me esforcé para mantener una imagen positiva de mí misma y era valorada por ser una «luz brillante»; no obstante, esa luz no incluía todo mi ser. Mi sufrimiento se mantenía en secreto en lugar de devenir sagrado.[5]

Si no alimentáramos constantemente nuestras contracciones, estas se desvanecerían. Cuando asociamos la contracción a la distracción, vemos cuánto tiempo y energía o «comida» consume. La meditación es un tipo de ayuno que hace pasar hambre a nuestras contracciones. En las próximas meditaciones, aprenderemos a sentir, pero sin alimentar nuestro apetito insaciable de codiciar/contraer.

La contracción es como una peonza. Si no sigues dándole impulso, acaba cayéndose. La razón por la que seguimos liberando tanta energía cuando dejamos de contraernos es para alimentar la continuidad de las contracciones y, por eso, solo la relajación puede apaciguar cada contracción. La relajación es el máximo desactivador, es un remedio para todo. Es lo más fácil del mundo, que paradójicamente es la razón de su dificultad. No hagas nada. Pero hazlo muy bien. Medita. Y recuerda el adagio taoísta: «No haciendo nada, nada queda por hacer».

Ten presentes estas instrucciones básicas a medida que avanzamos hacia lo que en un principio podría parecer un sinfín de meditaciones polifacéticas y sutiles. El intríngulis de estas meditaciones está diseñado para afrontar la complejidad de la mente moderna, que no puede aceptar que la solución sea tan simple. En el plano absoluto, no necesitas ninguna de las siguientes informaciones o prácticas que la componen. Simplemente, ábrete y relájate. Eso es todo. Pero cuando la gente oye esta modesta instrucción, tiende a responder: «Sí... pero». Es la incursión de la mente compleja. Si te das cuenta de que estás poniendo en entredicho la simplicidad con tu «pero», entonces tenemos lo que denominamos el camino.

Si ahora no quieres abrirte y relajarte, observa esta relajación cuando tiene lugar en el momento innegociable de tu muerte. La muerte es la apertura forzada, una forma inflexible de descansar en paz. En este contexto, la meditación profunda, especialmente la práctica de la conciencia abierta, no es más que la muerte a cámara lenta, relajarnos hasta que nos veamos obligados a hacerlo. Todo se deshace cuando morimos. Al final, no queda nada que hacer. Y el resultado de no hacer nada (como en la meditación profunda o la muerte), si podemos reconocerlo por lo que es, es la Gran Apertura o iluminación.

Pensemos en un tornado de fuerza EF4, que puede llegar a alcanzar velocidades de más de 480 kilómetros por hora y arrancar la corteza de un árbol. Es una cantidad tremenda de energía acumulada. Ahora imagina tu cuerpo-mente siendo vapuleado por semejantes ciclones (como estrés y tensión, junto con el resto de los contractores) y reflexiona sobre toda la devastación interior que provocan esos ciclones. Piensa que son la fuente de una gran parte de tu mal-estar físico y mental, e intenta entender toda la energía que consumen.*

Bernardo Kastrup ofrece la imagen de «la mente en general» (que hace referencia a la corriente infinita de conciencia más allá de nuestra mente personal) como una corriente y nos pide que visualicemos un remolino en su cauce, que representa el ego o el sentido del yo. El vórtice giratorio sirve para contraer y localizar parte del agua, atrapándola en un lugar mientras se arremolina en torno a un centro específico (pero vacío). El remolino se apropia de parte del agua, pretendiendo atrapar lo intangible (el fluir infinito de la corriente), en un intento fallido de apropiarse de él. Kastrup nos ofrece imágenes que están en sintonía con la de otros que también han hablado de la naturaleza filtrada de la realidad: «Del mismo modo que se puede decir que el vórtice "filtra" las moléculas de agua que no quedan atrapadas en él, podemos decir que el cerebro "filtra" los aspectos de la realidad, es decir, las experiencias, que no entran dentro de sus propios límites».**

Cuando te despiertas a media noche y no te puedes volver a dormir, ¿no te hacen sentir tus pensamientos mareantes que estás

---

* N. del A.: La analogía del viento hace referencia a los yogas interiores (a veces denominados «yoga del viento»), que trabajan con el cuerpo sutil. Uno de los protagonistas del yoga del cuerpo sutil es el «viento» o *prana* en sánscrito, *lung* en tibetano y *chi* en chino. Es considerado el más poderoso de todos los elementos. En el tantra de *Kalachakra*, el «rey de todos los tantras», se dice que el viento es lo que crea y destruye los sistemas mundanos individuales y colectivos. La meditación en general, y los yogas interiores en particular, es el arte de *unwinding* (literalmente, 'desventar', aunque se traduzca como 'relajar' o 'desenrollar') todas las contracciones. Esto dota al practicante de una energía increíble.

** N. del A.: Bernardo Kastrup, *¿Por qué el materialismo es un embuste?* (Gerona, España, Atalanta, 2021). La imagen del remolino o vórtice, en la concepción budista, también encaja con la de los doce *nidanas*, o vínculos de origen dependiente, que siempre se están repitiendo para generar el samsara.

atrapado en un carrusel que nada tiene de divertido? Cuando estás a solas con tu mente, ¿no te parece que hay una corriente interminable de pensamientos que dan vueltas por tu cabeza? Esta es una de las formas de sentir la fuerza activa (viento) de tus contracciones. El vórtice central, que representa nuestro sentido del yo, tiene remolinos más pequeños en su interior, como una gran ola puede contener olas más pequeñas en su superficie o un fractal encierra imágenes repetidas dentro de sí. Siempre que nos quedamos atrapados en nuestros pensamientos o cuando no dejamos de darle vueltas a nuestra interminable película mental, experimentamos estos pequeños remolinos. El vórtice representa cómo nos quedamos atrapados en nosotros mismos, a menudo girando fuera de control. Pero si no inviertes atención en estos vórtices mentales, si dejas de alimentarlos, gradualmente, acaban perdiendo velocidad y se desintegran. El gurú hindú Sri Nisargadatta Maharaj dijo: «Lo que nos libera es la falta de interés».

La velocidad del giro dictamina la solidez del sentido del yo. Cuando estamos muy estresados, puede que nos sintamos sólidos como una roca y el mundo nos parece correspondientemente duro. Cuando bajamos el ritmo y nos relajamos, como por arte de magia, el mundo responde de la misma manera. Todo nos parece más suave. Pero lo que la mayoría no vemos hasta que empezamos a meditar son los niveles inconscientes de la magnitud de nuestro estrés, los nudos que nosotros mismos provocamos en muchos de esos niveles. Cuando los meditadores noveles se lamentan de que les parece que la meditación empeora las cosas, es porque nunca antes se habían parado el suficiente tiempo como para observar la velocidad de giro.

Aquí tienes otra analogía. Estira el brazo y toca el espacio. Cuando estás en silencio y quieto, es lo más suave del mundo. Pero súbete a un Ferrari, pisa el acelerador a fondo, saca la mano por la ventanilla y ese mismo espacio puede arrancarte el brazo. La velocidad (viento) convierte lo más suave en hormigón. El ego se alimenta de la velocidad y es como una especie de aerodeslizador que se puede deslizar sobre el agua gracias a la velocidad de su giro, es la hélice del samsara, que nos mantiene flotando sobre la naturaleza vacía de la realidad, ajenos a lo que realmente está pasando. El ego genera la ilusión de firmeza (solidez) a través de la velocidad. Es su única forma de «congelar» el espacio el tiempo suficiente para concederse un lugar donde colocarse.

Cuando nos relajamos en la meditación profunda, nos quedamos dormidos o morimos, el vórtice finito se relaja y se disuelve nuevamente en la corriente infinita de conciencia de la que surgió. La relajación tiene características neurológicas distintivas cuando nos dormimos, que siguen una progresión concreta que se puede apreciar en un electroencefalograma. Desde las frecuencias gamma de alta energía (25-100 hz), deceleramos a longitudes de onda beta (12-25 hz), a continuación reducimos a las onda alfa (8-12 hz) y seguimos bajando hasta los estados de relajación zeta (4-8 hz), hasta llegar a una detención completa en el estado de sueño profundo sin sueños, el estado delta (0-4 hz). Puedes ser testigo de esta relajación cuando ves el semblante pacífico de alguien que está durmiendo en el estado delta: su rostro está tan abierto y relajado que casi parece divino.

La muerte, en lo que respecta al viento, es la relajación final, como bien demuestra la expresión literal *dar el último suspiro*. «La muerte física es la imagen parcial del proceso de deshacer el bucle egoico –dice Kastrup–. Pero es concebible que la estructura psíquica implique un bucle subyacente, parcial y no tan cerrado, por debajo del bucle egoico». A partir de esta premisa, concluye: «Suponiendo que la muerte física entrañe la disolución solo del bucle egoico superior, entonces, nuestra conciencia "recaería" en el bucle parcial subyacente, preservando cierto grado de autorre-flexión».[6] El vórtice se disuelve, pero la corriente no desaparece.

Podemos ampliar el ejemplo del vórtice para explorar otra ca-racterística dinámica de la contracción: la pulsación. Intenta ima-ginar un vórtice que tenga pulso. Las contracciones se relajan y se abren, nos permiten entablar un breve contacto con la realidad, pero rápidamente vuelven a la tensión. Se contraen a fin de poder aportar información a la sede central: los datos suficientes para nuestra supervivencia. Si no tuviéramos algún tipo de contacto con la realidad, cierto grado de apertura, estaríamos totalmente conge-lados, como en el estado catatónico o en los momentos más comu-nes en los que sentimos una vergüenza intensa. ¿Has estado alguna vez tan cohibido que apenas podías hacer nada?

De momento, la imagen de la corriente es útil para imagi-nar los estados de *flow*, que se producen cuando relajamos nuestra atención hacia nosotros mismos y nos unimos a la corriente de la realidad, en lugar de contraernos en su contra (como me sucedió a mí en mi experiencia de entrar en la zona mientras competía en ese torneo de tenis). Las contracciones estancan el fluir natural de la vida y a menudo hacen que nos bloqueemos. Cada vez que ahogamos la efervescencia de la vida y el fluir de la energía vital, estamos creando una presa (o nos estamos condenando). Al rom-per esta presa a través de la meditación, restablecemos la fluencia y nos abrimos a la comprensión de que nosotros también somos una corriente dentro de otra corriente. La ecologista Joanna Macy escribe que ha aprendido a verse a sí misma, de acuerdo con la ter-minología utilizada por los teóricos de sistemas, como un «flujo que atraviesa»: «Soy un flujo que atraviesa la materia, la energía y la información».

En una de las tradiciones budistas más antiguas, las enseñan-zas ortodoxas conocidas como budismo Theravada, en la práctica denominada «entrar en la corriente» (*sottāpana*, en pali), que, en esa tradición, es la primera de las cuatro etapas del camino hacia la iluminación, se aconseja abrirse al fluir de la realidad.[*] Un *sottāpana* es «alguien que entra en la corriente», alguien que ha salido del remolino. Entras en la corriente cuando abres el ojo del *dharma* (verdad), que es el momento en que ves que la realidad es algo más que pura apariencia, que la vida es algo más que estar atrapado en un remolino. Otra interpretación de «entrar en la corriente» es la de cortar los «tres grilletes», donde el primero es la creencia en el yo, es decir, nuestra identificación exclusiva con el remolino.[**] Una característica central de una corriente es su fluir: todo lo que entra en ella se verá arrastrado por ella. Por tanto, entrar en la corriente se refiere a entrar en la corriente del *dharma*, la corriente de la realidad, y ser conducido por la verdad mientras nos lleva a la iluminación. El practicante libera la corriente de la fuerza vital en vez de retener esa energía haciendo que todo gire en torno a sí mismo.

Voy a plantear una metáfora más: la contracción autorreferencial se podría considerar como una fuerza gravitatoria. Al igual que los planetas de nuestro sistema solar giran alrededor del sol, todo en nuestra vida gira en torno a un centro de gravedad narrativo: el *mí*. Mientras tengamos un ego, todo girará a su alrededor. ¿No te parece que los viejos pensamientos y emociones siempre giran a nuestro alrededor? ¿Qué me dices de los patrones que orbitan en nuestra vida? ¿No trata todo sobre mí? He oído decir a un psicólogo que calcula que el noventa por ciento de los pensamientos que tenemos hoy son los mismos que los de ayer. ¿Cómo *me* afecta esta situación, qué *puedo* sacar de esto, dónde está *mi* lugar, *estoy* bien?

---

[*] N. del A.: Las otras tres son «el que retorna una vez», «el que no regresa» y «el merecedor» o *arhat*. La idea de «entrar en la corriente» también está relacionada con el concepto de la tradición *Vajrayāna* de «entrar en la acción».

[**] N. del A.: Los otros dos son cortar con la duda en las enseñanzas y con el apego a los ritos y rituales.

Por una parte, necesitamos este egocentrismo para nuestra supervivencia física. Pero, por otra, esta centralidad del yo alimenta el egocentrismo y todo el sufrimiento autorreferencial. Wei Wu Wei, filósofo taoísta del siglo XX, dijo bromeando: «¿Por qué eres infeliz? El noventa y nueve por ciento de todo lo que piensas y de todo lo que haces es para ti mismo, pero no existe ningún yo».

La metáfora gravitatoria adquiere más peso cuando en lugar del sol usamos un agujero negro, y los procesos orbitales los sustituimos por fenómenos que no hacen más que succionar. Es decir, todas las contracciones de las que estamos hablando ayudan a sumar tanta carga que *todo* es absorbido para alimentar a un mí masivo, como si fuera un agujero negro hipermasivo. El narcisismo es una cuestión de grado. El consumismo insaciable no es más que una réplica de este proceso de absorción, que fomenta todas las formas de la epidemia moderna de consumismo excesivo. Me gusta engullir pensamientos e ideas tanto como a cualquiera le gusta engullir hamburguesas y patatas fritas.

A medida que nos vayamos librando de este peso en nuestro viaje hacia la iluminación, nos iremos liberando de toneladas de contracciones, y nuestro relato centrado en el «¿qué hay aquí para mí?» cambiará a «¿cómo puedo ayudar?». Descubriremos que pasamos más tiempo en el lado abierto de la pulsación y menos en el lado cerrado. En vez de tomar, daremos. En lugar de codiciar, ofreceremos. Según la jerarquía de las necesidades de Abraham Maslow, sustituiremos las necesidades de carencia por las de abundancia. Para lograr este grado de iluminación,* hemos de sustituir el arraigado hábito de succionar hacia nosotros por el de ofrecernos.

---

* N. de la T.: El autor enfatiza en cursiva parte de la palabra inglesa *enlightenment*; el prefijo *en* significa 'en', 'dentro de', 'envolver'; *lighten*, 'iluminar'; *ment* significa 'acción o proceso de hacer algo'; literalmente, sería algo así como 'proceso de iluminar el interior'.

De momento, lo que nos interesa es que la contracción no es un asunto estático. Tenemos tan asumidos los niveles más profundos de la contracción que puede que nos parezcan monolíticos e impenetrables, lo cual se manifiesta en el sentimiento de que no podemos cambiar. Sentimos que nos hemos encallado en los surcos nocivos que se han ido creando cada vez que nos hemos rendido a nuestro pensamiento compulsivo o conducta repetitiva. Estos surcos son nuestros hábitos y adicciones. Pero la contracción es dinámica: podemos alterar el fluir de las cosas. Nada es tan sólido como parece. (Pregunta a cualquier médico). Se puede llegar hasta el objeto más denso del mundo —la contracción primordial del ego adamantino—, abrirlo y liberarlo.

CONTEMPLACIÓN

Siéntate en silencio unos minutos. Observa si puedes *sentir* la pulsación de tu conciencia: cómo se expande para que conectes con el momento presente e inmediatamente se contrae para generar un comentario sobre ese contacto. Esto plantea un segundo nivel de contracción, pero es un buen comienzo. Con algo de práctica, observa si puedes sentir la contracción primordial, que se manifiesta como el sentimiento normalmente inconsciente de *yo estoy haciendo este comentario; yo estoy experimentando esto.* Puesto que esta contracción es tan sutil, puede que todavía no seas capaz de conectar con ella. Por ahora, intenta sentir el proceso activo, la corriente alterna, de abrirte y contraerte inmediatamente. No te preocupes si no puedes sentirlo; el mero hecho de ir más despacio para intentarlo es muy revelador. Las prácticas de la segunda parte de este libro, especialmente las de la conciencia abierta, te ayudarán.

El hecho de que al principio muchas personas no puedan sentir esta corriente alterna es un diagnóstico. La mayoría no lo experimenta como una corriente alterna, sino más bien como una corriente continua cerrada, donde todo se dirige hacia *mí*. Incluso este «fracaso» es un éxito, porque nos muestra dónde estamos estancados y lo autorrefenciales que somos. Pone de manifiesto nuestro grado de contracción.

Aunque estar abiertos sea nuestro estado natural, como estamos tan contraídos, al principio nos parece que lo de abrirnos es algo artificial. Pero solo se debe a que llevamos mucho tiempo contraídos.

ESTRATIFICADA

Otra característica de la contracción es que no se trata de un fenómeno monolítico. La sedimentación de nuestras contracciones se ha ido acumulando desde la noche de los tiempos, así que se compone de muchas capas, tanto en sentido ascendente como descendente, lo que genera una gama que abarca desde lo sutil hasta lo burdo, desde lo temporal hasta lo casi permanente, desde lo individual hasta lo colectivo y desde lo consciente hasta lo totalmente inconsciente. Aquí el antídoto es simplemente reconocer y apreciar la profundidad y la variedad de nuestras contracciones, y la forma en que conspiran colectivamente para alejarnos de la verdad.

CONTEMPLACIÓN

Volvamos a los hipercontractores forzosos del capítulo cuatro, como la ira, el miedo o la vergüenza intensa. Siente la intensidad de estos contractores generales masivos. Ahora, dedica un minuto a conectar con contractores omnipresentes, pero menos forzosos, como la irritabilidad, la impaciencia o la frustración. Luego siente niveles aún más sutiles, como momentos de susceptibilidad o incredulidad. Por último, intenta conectar con los niveles muy sutiles, como la distracción o el sentido de «mí». Después de hacer este ejercicio, déjalo todo y relájate. Observa cómo reverberan las contracciones. Como si hubieras lanzado un pedrusco en un lago sin olas, el efecto tardará unos minutos en desaparecer.

AUTOMÁTICA

La contracción también tiene la característica de ser automática, preprogramada e involuntaria, como la reactividad del «¡ya no puedo más!» que he mencionado antes. Surge algo y te contraes automáticamente. A veces es un reflejo biológico saludable, como tu reacción instintiva cuando un conductor te corta el paso. A menudo, es una reacción nociva, como la cara de enfado que pones cuando alguien te critica. Las amenazas a tus creencias y opiniones pueden estimular las contracciones, que son tan reflejas como las amenazas a tu vida.

La naturaleza automática e involuntaria de la contracción es un concepto esencial en la meditación inversa, porque *desautomatizar es deconstruir*. En otras palabras, las contracciones no tienen por qué ser automáticas, y el sufrimiento no ha de ser necesariamente el resultado del dolor. Puesto que las contracciones suelen estar preprogramadas, también se pueden desprogramar. Si algo activa la tecla de programar, puedes aprender a apretar la de resetear. Este es el remedio y el don de la meditación.

CONTEMPLACIÓN

Empieza a observar, en tu día a día, cómo te contraes automáticamente cuando escuchas palabras ofensivas, como *¡QUE TE JODAN!* Si con eso no te basta, piensa en las palabras más ofensivas que se te ocurran y grítatelas mirándote al espejo. ¿Sientes la contracción como si te dieran un puñetazo en la boca del estómago? Las palabras no son más que ondas sonoras inocuas, lo que Edward Conze llama el «dato inicial». Pero convertimos lo puro en impuro al adjudicarle toda nuestra carga emocional a ese sonido. Para hacerte a la idea de cómo funciona la desautomatización, repite una y otra vez una palabra ofensiva durante unos minutos. Date cuenta de cómo va perdiendo significado gradualmente, a medida que la reduces a su sonido inofensivo inicial.

La meditación trabaja de un modo similar. Al observar una y otra vez tu contenido mental, este pierde fuerza. Puede que hasta te des cuenta, como le pasó al psicólogo William James, de que «un buen número de personas creen que están pensando cuando solo están reorganizando sus prejuicios». Siempre es la misma historia subyacente, todo gira en torno a mí, readaptada hasta el infinito. Automatizamos las historias que nos contamos para preservar el relato del ego, pero esas historias pierden su poder cuando nos pedimos a nosotros mismos escucharlas por milésima vez.

INSTANTÁNEA

La automaticidad conduce directamente a la siguiente característica de la contracción: su velocidad relámpago. Es tan rápida que la contracción parece surgir simultáneamente con la percepción. Como veremos más adelante en la práctica de la conciencia abierta, cualquier percepción que solidifique el sentido del yo y el otro *es* una contracción. Si alguna vez has visto un relámpago de cerca, parece que el destello de luz y el trueno se produzcan a un mismo tiempo. ¡Destello/bum! Pero lo que está sucediendo en realidad es que el relámpago eleva la temperatura del aire circundante unos 28.000 ºC. El aire sobrecalentado se expande rápidamente y, al contraerse, crea una ensordecedora onda de choque que hace que las moléculas choquen entre ellas a velocidades de estruendo. El relámpago precede al trueno, aunque parezca que tienen lugar a la vez.

La expansión y la contracción suceden a velocidades parecidas a la del relámpago: la pulsación se produce a semejante velocidad que ya no podemos verla como una corriente alterna. Es como cuando miras una bombilla y te parece ver un brillo constante, porque te olvidas de que la corriente alterna, en realidad, oscila adelante y atrás unas cincuenta o sesenta veces por segundo.

Respecto a la velocidad, volvamos a la idea de que las palabras son ondas sonoras inofensivas. Cuando oímos una palabra, inmediatamente le atribuimos un significado. Pero este no es inherente a la experiencia sensorial. El significado es una imposición secundaria. Los datos iniciales son mera compresión y ondas de rarefacción, que primero percibimos como sonido, posteriormente reconocemos como una palabra y luego cargamos con todas las asociaciones que desencadena en nosotros dicha palabra. Siguiendo la misma línea, intenta mirar un fajo de billetes de cien dólares sin reaccionar con deseo. Inmediatamente, la mayoría daremos un sinfín de significados a ese fajo de papel.

Veamos un ejemplo más revelador. Según la neurociencia y la psicología budista, no es posible registrar la vista y el sonido (o la sensación y el tacto, el gusto y la sensación, o cualquier otra combinación de los sentidos) a un mismo tiempo. La conciencia registra los datos sensoriales de manera secuencial, no simultáneamente. Lo único que crea la ilusión de simultaneidad es la velocidad con la que se pasa de una facultad sensorial a la otra.

CONTEMPLACIÓN

Conecta la televisión o la radio e intenta escuchar tu idioma nativo como si fuera uno extranjero. Es prácticamente imposible. La asignación de sentido es tan rápida que es extraordinariamente difícil separar el significado del sonido. Pero puedes hacerte una idea de esta deconstrucción eligiendo una palabra y repitiéndola incesantemente. Por ejemplo, repite la palabra *perro* cien veces y observa cómo pierde el significado que solemos adjudicarle.

Recientemente, alquilé un camión de mudanzas, y encima del velocímetro había una pegatina con un recordatorio que decía: LA VELOCIDAD MATA – NO CORRAS Y VIVE. Del mismo modo, la velocidad de nuestras contracciones mata la auténtica experiencia de la vida. Entre los antiguos tratados filosóficos orientales sobre meditación, donde se reflexiona sobre los «momentos-mentales» (en budismo, denominados *dharmas* o átomos de experiencia), hay una gran enciclopedia budista conocida como el *Tesoro del Abhidharma*, en la que se afirma: «Hay sesenta y cinco instantes en el tiempo que tarda una persona sana en chasquear los dedos». En el Occidente moderno, los científicos (que usan luces estroboscópicas, en un aparato denominado *taquistoscopio*) descubrieron que dos luces sucesivas presentadas en un tiempo de cien a doscientos cincuenta milisegundos (mil milisegundos equivalen a un segundo) eran percibidas por el observador como una luz continuada. El filósofo Evan Thompson escribe:

> Los científicos suelen usar la metáfora del «foco» para describir cómo puede desplazarse nuestra atención por nuestro campo de visión y enfocarse selectivamente en ciertas áreas, a fin de que podamos detectar mejor lo que ilumina el foco. Aunque esta metáfora da a entender que mantener nuestra atención en un lugar es como alumbrarlo continuamente con una luz, los estudios más recientes revelan que la forma en que la atención continuada aguza la percepción es discreta y periódica, como si el foco parpadeara conectándose y desconectándose cada cien y ciento cincuenta milisegundos, como una luz estroboscópica.[7]

Una mente entrenada, sin embargo, puede detectar la discontinuidad entre los *flashes* de luz diez veces más rápido (de diez a veinte milisegundos) que la mente de un observador que ve los *flashes* como una luz fija. La «corriente de conciencia» (frase acuñada por William James) solo es una corriente continua para la mente no entrenada. Para la mente entrenada, se parece más a un «*staccato*** de conciencia» o discretos videoclips de momentos mentales que se con-funden al estar todos juntos, creando la ilusión de una sola corriente, proceso que los científicos llaman «fusión del parpadeo».

Las prácticas de meditación que encontrarás al principio de la segunda parte están diseñadas para reducir la velocidad de la mente hasta el extremo en que se disuelva esa confusión y seas capaz de detectar la corriente alterna de la expansión y la contracción. No es solo *no corras y vive*; con la meditación es *no corras y ve*. Necesitamos espacio para ver las cosas. La razón por la que no nos vemos el interior de nuestro párpado es porque no hay espacio entre nuestros ojos y el párpado. La meditación nos permite percibir el espacio que hay entre el estímulo y la respuesta, entre la percepción inicial y nuestra reacción/contracción a ella, y en ese espacio, podemos elegir: contraernos o estar abiertos, reaccionar o responder (y en el nivel más profundo: ser o no ser).

Todas las meditaciones del budismo se pueden clasificar como prácticas de *samatha* ('tranquilidad', 'quiescencia') o prácticas de *vipassana* ('introspección').

Samatha, una práctica de «paz duradera», pone freno a las cosas, *vipassana* nos permite ver su esencia. Estas meditaciones son los antídotos de la naturaleza automática de nuestras contracciones (para nuestro sufrimiento) y facilitan el proceso de desautomatización. Al ir despacio, dejamos que la mente se relaje y se abra. Los pensamientos empiezan a desvincularse (desautomatizarse), como cuando se desenganchan los vagones de un tren largo, y empezamos a percibir el espacio que hay entre ellos. Ponerle freno a la mente revela que en la mente hay frenos y que la libertad depende de ellos.

---

* N. de la T.: Término musical italiano. Es una marca que se emplea en la notación musical para indicar que cierta nota debe sonar acortada.

Deconstruir es desautomatizar y desautomatizar es decelerar. Las cosas parece que pasan automáticamente solo porque van muy deprisa. Cuando nos sentamos a meditar y boicoteamos el movimiento físico, también estamos boicoteando el furioso movimiento mental. En vez de hacer carreras por la interestatal de la vida, nos paramos en el arcén a disfrutar del paisaje.

CONTEMPLACIÓN

Tómate tu tiempo para reflexionar sobre la naturaleza de las palabras y las respuestas que tenemos cuando las escuchamos. Además de adjudicar instantáneamente un significado a una palabra, le añadimos otro proceso, rápido como el rayo, que genera la ilusión de que «yo» estoy oyendo la palabra. Parece que ahí fuera hay un objeto, el sonido, y aquí dentro, el sujeto perceptor, el yo. Pero esto es una ilusión. La dualidad es ilusoria. Tenemos que ir despacio y observar, pero no hay un «tú» que escucha el sonido. No hay un sujeto que percibe el objeto. La práctica de la conciencia abierta nos conducirá a esta revelación (en capítulos posteriores lo elaboraremos más). Por el momento, confía en mí: *tú* no estás oyendo ese sonido.

HABITUAL E IMPULSIVA

La automaticidad de nuestras contracciones revela su naturaleza instintiva, refleja y habitual. Date un golpecito en la rodilla con un mazo de goma y tu pie se levantará por acto reflejo. Mira algo que no te guste y notarás que te contraes por reflejo. Cada vez que nos contraemos, reforzamos un patrón que se vuelve más fuerte, más reflejo y más habitual. Lo sepamos o no, siempre estamos ampliando nuestra familiarización con la contracción. Por eso nos contraemos tan bien. La hemos practicado tanto y durante tanto tiempo que estamos en modo *performance*.

Puesto que practicamos la contracción inconsciente y constantemente, estamos habituados a la perfección del cierre que ella representa. Cuando nos encallamos seguimos rayando el disco. Ni siquiera hemos de pensar en ello. La contracción lo hace por nosotros. La contracción nos «hace». Actúa por instinto. Siempre que nos sentimos amenazados, en el aspecto biológico, psicológico, ideológico o espiritual, nos cerramos como la planta carnívora atrapamoscas cuando se le acerca una víctima. Alguien pone en duda nuestras creencias y nos contraemos; algo nos ofende y nos contraemos; algo viola nuestro espacio y nos contraemos.

La meditación es, básicamente, la práctica de invertir este impulso y habituarnos a estar abiertos. Nos ofrece un antídoto directo a todas las formas en que ejercemos presión sobre nosotros mismos.

CONTEMPLACIÓN

Durante la semana siguiente, observa con qué frecuencia actúas por impulso. Te empiezas a aburrir y agarras impulsivamente tu móvil, recurres a una bolsa de patatas chips o enciendes la televisión sin pensarlo. Cuando surjan estos impulsos, siente la contracción que los acompaña. Cuando se produce el picor que te incita a hacer algo, observa la contracción que lo provoca.

Cuando sientas el impulso de agarrar el móvil, de responder a un mensaje o de abrir inconscientemente la nevera, detente un segundo y siente tu adicción a tus impulsos contractivos. Puesto que el ego es el arquetipo de la contracción y se refuerza con contracciones secundarias, podrás sentir el pulso de estos pellizcos en cada impulso que tengas de moverte.

Las contracciones no son más que el resultado de nuestros hábitos; son la causa de la formación de hábitos. Aunque muchos de ellos sean nocivos, somos adictos a ellos. «Reparan» el ego, por eso los anhelamos. Esta adicción suele quedar encubierta por el ritmo frenético de la vida cotidiana, pero se vuelve dolorosamente evidente cuando nos privamos de movimiento, como en la meditación sedente. Vayamos a las meditaciones que nos ayudarán a ser conscientes y nos enseñarán a liberarnos de ellos.

SEGUNDA PARTE

LAS MEDITACIONES FORMALES

CAPÍTULO 7

LA MEDITACIÓN REFERENCIAL

Práctica basada en la forma

Todos podemos llegar a ver las dificultades de la vida, la enfermedad y las heridas como los peldaños de una escalera, gracias a los cuales nuestra alma puede crecer y ascender hacia la unicidad con lo Divino. La forma en que afrontamos estos retos, recuperando nuestro sentido de lo Divino y de la conexión, es lo que determina su capacidad para fomentar nuestro crecimiento.

Eben Alexander

Lo que da luz ha de soportar la quema.

Victor Frankl

El término *meditación* puede aplicarse a diversos tipos de prácticas contemplativas. Nuestra exploración de las meditaciones formales empieza con la instrucción en las prácticas referenciales o basadas en la forma: prácticas que dirigen a la mente distraída hacia algún tipo de forma o referente (como la respiración, una vela, un mantra o cualquier otra ancla), con el fin de que la meditación siga su curso. Las meditaciones referenciales, como la que introduzco en este capítulo, son como los útiles ruedines de las bicicletas infantiles.

En los capítulos siguientes, cuando hayas encontrado tu equilibrio, dejarás de usarlos y rodarás sin problemas en las prácticas no referenciales o sin forma. Sin embargo, por ahora, en la instrucción para meditar sentado que encontrarás más adelante, los referentes serán tu cuerpo y tu respiración. La intención es que seas consciente de tu cuerpo y de tu respiración para que puedas conectar mejor con el momento presente.

Cuando intentes descubrir la visión correcta de lo sagrado, las meditaciones referenciales supondrán una práctica real de la plenitud o la sacralidad. El acto de sentarnos crea un útil medio de contraste; la inmovilidad de la postura sedente nos permite apreciar mejor el incesante movimiento de la mente y descubrir lo «parciales» y profanos que solemos ser con nuestra conciencia. La «atención parcial continuada» de la mente no entrenada es como las interferencias radiofónicas que nos impiden sintonizar con lo sagrado.

La forma más sutil y constante de lo profano es también uno de los ejemplos más inmediatos y ubicuos de la contracción: nuestro impulso de distraernos o alejarnos del momento presente. Cuando se produce este alejamiento de primer orden de la santidad del momento presente, enseguida nos precipitamos hacia niveles más profundos de contracción, alejándonos cada vez más de la realidad al perdernos en la proliferación de conceptos («contracciones»). Nuestra mente es tan hábil distrayéndose que incluso se distrae de sus distracciones. ¡No es de extrañar que nos parezca que nos falta algo! El contacto directo con la realidad se ha perdido, está enterrado bajo capas de distracción/contracción.

Además de servir para atraer la atención sagrada hacia la plenitud, las meditaciones referenciales también son un acto de respeto genuino, un tipo de reverencia o genuflexión ante el momento presente, que santifica nuestra relación con cualquier cosa que este nos aporte. Con las meditaciones inversas, trabajarás para establecer una relación sagrada con los tipos de experiencias no deseadas que consideras las más sacrílegas, por ejemplo el dolor. Las meditaciones inversas nos exigen que nos replanteemos nuestra relación con la experiencia no deseada, y «hacer una reverencia» a nuestra experiencia del presente es el primer paso en ese replanteamiento. Las meditaciones referenciales son también meditaciones reverenciales, pues fomentan la veneración ante todas las cosas.

Antes de entrar en el santuario que tengo en mi casa o en un templo en Asia, me detengo en la puerta, tomo conciencia y hago una reverencia. En un ensayo que escribió Vanessa Zuisei Goddard, en 2020, sobre qué es lo que convierte un espacio en sagrado, describe el significado de estos gestos de respeto:

> Es una forma de sintonizar el cuerpo, recoger la mente y decir: «Aquí estoy. Soy consciente y me estoy preparando para hacer algo diferente [lo *inverso*] de lo que he hecho antes». Me estoy enfocando despierta y deliberadamente en la compleción porque es la realidad que quiero crear. Entrar en un lugar sagrado nos recuerda su santidad, y si nos movemos demasiado deprisa o hablamos demasiado alto, no podremos sentirlo. Necesitamos espacio y tiempo para mirar, escuchar y sentir lo real. El ajetreo y estar ocupado son los enemigos de la hierofanía. No hay nada mejor para alejar la experiencia de lo sagrado que correr de una tarea a la otra. Por el contrario, entrar en lo sagrado requiere bajar drásticamente el ritmo.[1]

Esa reducción drástica de la velocidad es un aspecto esencial de la meditación sedente. El mero hecho de sentarte es como declararte en huelga contra el «ajetreo y el estar ocupado» que están en conflicto con las manifestaciones de lo sagrado. Estás boicoteando la velocidad de tu mente inquieta; al comprometerte a una «sentada», también te estás abriendo al espacio sagrado.

En lo que queda de este capítulo, desarrollaremos la meditación sedente en tres fases: cuerpo, respiración y mente. Aquí la práctica se construye sobre sí misma de una forma lineal, pero cada fase también incluye a las otras de manera tridireccional: lo que haces con tu cuerpo afecta a tu mente y a tu respiración; lo que haces con tu mente afecta a tu cuerpo y a tu respiración; lo que haces con tu respiración afecta a tu cuerpo y a tu mente. Las tres fases crean un trípode estable, cada una de ellas se apoya en las otras dos y a la vez las sostiene.

LA FASE CORPORAL

La primera fase de la meditación sedente sienta las bases y conecta con la sabiduría corporal. Milarepa dijo: «Tras haber descubierto un santuario en mi interior [...] ya no necesito monasterio». Trungpa Rinpoche enseñó: «Al adoptar la postura correcta, tarde o temprano te darás cuenta de que estás meditando». Estás creando un espacio sagrado que facilita que reconozcas que el cuerpo solo existe en el momento presente y que tus sentidos actúan solo en dicho momento. Literalmente, no podemos ver el futuro, oír el pasado, oler el futuro o tocar o saborear el pasado. La fase uno atrapa a la mente discursiva (la mente del mono, que salta constantemente entre el pasado y el futuro) y la encierra en el cuerpo que ya está siempre en el presente.

Aunque, en la primera fase, tu objeto de atención sea el cuerpo, empezarás con una actitud o «postura mental» que lo ayude. La fase corporal comienza cuando te sientas con la espalda erguida, con dignidad o incluso con una actitud de realeza. Es una postura de seguridad personal y de nobleza. Estás ocupando tu trono en este mundo y a punto de gobernar el reino de tu propia mente.

✿ LA INSTRUCCIÓN

Si te sientas sobre un cojín de meditación, empieza por observar tu conexión con la tierra. Si estás sentado sobre una silla, coloca los pies sobre la tierra con las piernas en ángulo recto y muévete hacia el borde de la silla para erguir la espalda y no tocar el respaldo. Tu cuerpo es tu tierra personal, y, literalmente, estás restableciendo su conexión con la tierra. Coloca las manos sobre los muslos, ni demasiado lejos (lo cual haría que te inclinaras hacia delante) ni demasiado cerca (lo cual haría que te reclinaras hacia atrás). Este enfoque del «camino intermedio» es una máxima que deberás aplicar en todo tu viaje por la meditación.

Siéntate con la columna firme, no rígida. La postura es disciplinada, no militar. Esto suele implicar llevar los hombros hacia atrás y hacia arriba para enderezar la columna, lo cual invita a fomentar cualidades masculinas como la fuerza, la inmutabilidad y la valentía. Esta postura dorsal se ve compensada y equilibrada por un torso relajado y receptivo, que invita a cualidades más femeninas, como la adaptación, la apertura y la amabilidad.

Las dos cualidades de la valentía y la amabilidad en tu postura física se extenderán a tu relación con tu contenido mental; esto te invitará a una relación audaz, pero amable con cualquier pensamiento que pueda surgir. Es decir, tu postura física facilita la postura mental que deseas adoptar.

La esencia de esta instrucción es que abras y expongas tu corazón. Los antiguos textos sagrados en sánscrito y en pali utilizan la misma palabra (*chitta, citta*) para referirse a las «mente» y el «corazón»; en la tradición budista, «mente» se entiende más bien como «corazón-mente». Este concepto está en la misma línea que mi definición favorita de meditación de «habituación a la apertura», y con esto ya te estoy anticipando cómo la práctica de la apertura será tu antídoto para la contracción.

Al llevar los hombros hacia atrás y abrir el corazón, estás propiciando que se abra tu mente. Con amabilidad y valentía, te expondrás a ti mismo y descubrirás quién eres en realidad. A continuación, te abrirás más a los demás. Cada aspecto de la postura gira en torno a esta instrucción axial. Abre tu centro del corazón y observa cómo todos los demás aspectos de esta práctica confluyen en torno a este eje.

LA INSTRUCCIÓN (CONTINUACIÓN)

Para rematar esta postura, ahora alinearás la cabeza con el corazón, centrándola con la parte superior de la columna. Para muchos de nosotros esto equivale a llevar la cabeza hacia atrás. Este aspecto de la postura ayuda a mantener la cabeza hacia atrás y la coloca en armonía con el corazón.

Muchas personas interactúan con el mundo con la «cabeza», con su pensamiento. Yo soy una de ellas, y me esfuerzo por mantener mi intelecto en consonancia con mi intuición. Tengo tendencia a encorvarme, a pensar demasiado y a dirigir con la mente, no con el corazón. Esta postura fallida también es la armadura de mi carácter, una forma inconsciente de evitar ser demasiado abierto y vulnerable. En la jerga de los meditadores solemos decir que hay que tener un «buen *head and shoulders*»,* y yo soy de los que tienen que recordarlo.

---

* N. de la T.: Utilizan con ironía el nombre del champú *Head&Shoulders* ('cabeza y hombros') para referirse a que hay que tener una buena postura de la cabeza y de los hombros.

LA INSTRUCCIÓN (CONTINUACIÓN)

Puedes sentarte con los ojos abiertos o cerrados. A mí me enseñaron a practicar con los ojos abiertos, que es una fase un poco más avanzada, pero también se presta más a mezclar la meditación con la posmeditación. A menos que seas ciego, no vas por la vida con los ojos cerrados. Meditar con los ojos abiertos nos facilita adoptar la mente meditativa en el mundo. Si deseas practicar con los ojos abiertos, hazlo con la mirada baja, a unos dos metros delante de ti, con tu campo visual abierto y relajado. Esto invita a que se abra el ojo de la mente, un campo mental receptivo que puede albergar cualquier cosa.

Dicho esto, a veces empiezo mis meditaciones cerrando los ojos durante un breve periodo de tiempo. Esto me ayuda a concentrar mi mente y a tener un contacto más directo con mi cuerpo. Al cabo de unos minutos, vuelvo a abrir los ojos y dirijo la mirada hacia abajo. Prueba ambas opciones y haz lo que te vaya mejor. Como detalle final, coloca la lengua en la parte anterior del paladar —esto reduce la secreción de saliva— y separa ligeramente los labios, como si estuvieras susurrando «aaah».

LA FASE RESPIRATORIA

La respiración es como un puente entre el cuerpo y la mente, un vínculo entre la fase una y la fase tres de tu meditación sedente. Los pulmones también son un puente entre el interior y el exterior de tu cuerpo. ¿Dónde exactamente se convierte el aire en respiración y la respiración en aire? ¿Cuándo se convierte esa respiración en ti? ¿Eres diferente del espacio que te rodea? Estas preguntas adquirirán un nuevo sentido en el capítulo siguiente, cuando exploremos la práctica de la conciencia abierta. La respiración es algo que puede producirse consciente e inconscientemente; por consiguiente, puede servir de puente entre la mente consciente y la inconsciente. Una buena relación con la respiración puede servir de canal entre la dualidad (cuerpo/mente, dentro/fuera) y la no-dualidad. La respiración incorpora parte de la forma del cuerpo (puedes sentirla) y parte de la sin forma de la mente (pero no puedes tocarla). La respiración es tan importante que incluso la palabra *espíritu* deriva del latín *spiritus*, que significa 'respiración'.

✿ LA INSTRUCCIÓN

Al sentarte, simplemente lleva tu atención al movimiento natural de tu respiración. No la imagines; no la visualices, siéntela, sé ella. Deja que tu mente «surfee» el movimiento de la respiración.

«La actitud hacia la respiración en meditación es convertirnos en la respiración. Intenta identificarte completamente con ella, en lugar de limitarte a observarla. Tú eres la respiración, la respiración eres tú. La respiración pasa por tus orificios nasales, sale y se disuelve en la atmósfera, en el espacio —dice Trungpa Rinpoche—. Limítate a boicotear tu respiración; boicotea tu concentración en la respiración. Cuando sale, deja que se disuelva». Su consejo para meditar en la respiración se centra en la espiración: «La inspiración solo es espacio», dice Trungpa.

Inspiramos, pero eso no es gran cosa... Igual que cuando sale, se disuelve, se produce un vacío; salir, disolver, vacío. Es apertura, vacío, abandono y boicot constantes. En este caso, *boicotear* es una palabra importante. Si te aferras a tu respiración, te estás aferrando constantemente a ti mismo. Cuando empiezas a boicotear el final de la espiración, el mundo desaparece, salvo que tu siguiente espiración te recuerde que has de sintonizar de nuevo. Así que sintonizas, disuelves, sintonizas, disuelves, sintonizas, disuelves.[2]

Además, la fase dos también puede servir como práctica de agradecimiento. Agradecimiento por seguir respirando y, por consiguiente, por estar vivo. Estás muy cerca de la muerte: basta con una exhalación, no vuelves a inhalar y estás muerto. Literalmente, estás a una respiración de la muerte. Aprecia cada respiración como si fuera la última.

En estas dos fases, solo estás sentado y respirando. Eso es todo. La profundidad de la meditación sedente radica en su simplicidad. No intentes ser más listo que la práctica. Entrégate a ella, déjate vencer. La compleja mente moderna no tiene ninguna posibilidad frente a la simplicidad. Deja que esta práctica te sumerja en la sabiduría de tu cuerpo y de tu respiración, y por consiguiente, en el momento presente.

LA FASE MENTAL

Las fases corporal y respiratoria generan un entorno de silencio y quietud que nos permite ver mejor el movimiento de la mente. Solemos estar tan ocupados en nuestra vida que no nos damos cuenta de la actividad incesante de nuestra mente. Nuestro movimiento físico constante actúa de camuflaje para enmascarar el movimiento mental. Al sentarnos en silencio, eliminamos el camuflaje y la actividad mental cobra protagonismo.

🌸 LA INSTRUCCIÓN

La instrucción para la fase mental es simple: cada vez que algo te distraiga de tu cuerpo o de tu respiración, di mentalmente «pensando» y regresa a tu cuerpo y a tu respiración. Es una práctica amable, pero precisa, es como hacer estallar una burbuja con una pluma.

«Pensando» no es una reprimenda. Es meramente un acto de reconocimiento de que tu mente se ha dispersado. No estás intentando someter a tus pensamientos por la fuerza. Los pensamientos (esta palabra se refiere al contenido mental, como pueden ser una emoción, una fantasía o una imaginación) nunca son un problema. Si no les haces caso, se disuelven, como las chispas de una hoguera en el campo desaparecen inocuamente en el cielo de la noche.

Muchas personas forcejean con la meditación porque desarrollan una relación negativa con sus pensamientos. Creen que meditar es detener la fluencia de pensamientos o luchar contra ellos hasta dominarlos. El problema no es con los pensamientos, sino con la relación inapropiada que mantenemos con ellos. No los dejamos en paz. Siempre que intentamos atrapar los pensamientos o alejarlos, ambas cosas requieren cierto grado de contracción, nos estamos relacionando inadecuadamente. Cada vez que ponemos la etiqueta «pensando» a los pensamientos, y regresamos al cuerpo y a la respiración, estamos reconociendo un nivel de contracción sutil, aflojamos nuestra tensión y conservamos nuestra energía.

Utilizar la etiqueta «pensando» no es una forma de amordazar la mente. «Pensando» silencia el comentario incesante que inevitablemente acompaña al pensamiento emergente. Es decir, el ruido.

LA INSTRUCCIÓN (CONTINUACIÓN)

Cada pensamiento que surge es un «ciberanzuelo», dispuesto a seducirte con su contenido. Cuando aparece un pensamiento, déjalo aflorar. Basta con que no cliques encima. No te dejes engañar.* Permanece con tu cuerpo y con tu respiración. «Clica» sobre esa experiencia, que no se abre a ninguna otra cosa que no sea el presente. Y cuando etiquetes tus pensamientos como el acto de estar «pensando», hazlo con cariño.

---

* N. del A.: La economía del ego empieza justo aquí, como lo hace cualquier otra forma de consumismo. En la mente indómita, todos los pensamientos anuncian «atrápame, contráete en torno a mí. Ven conmigo y te liberaré» de la banalidad del momento presente.

Los pensamientos son los hijos de tu mente. Salvo que seas un perturbado, no maltratas a tus hijos. Los quieres. Tienes espacio para ellos, por rebeldes que te parezcan a veces. Los aguantas cuando tienen una rabieta; te adaptas a su juego; tienes paciencia con su conducta difícil. La idea subyacente de la fase mental de la instrucción es que ames tu mente.

La máxima para meditar «ni demasiado tenso ni demasiado laxo» entra en escena con las tres fases de esta práctica. Conlleva algo de esfuerzo, pero no demasiado: la postura es firme, pero no rígida; la actitud es seria, pero juguetona; exige disciplina, pero no demasiada. En lo que a duración se refiere, el «camino intermedio» implica practicar ni mucho ni poco. Veinte minutos es fantástico, pero si solo puedes diez, está bien. Por las mañanas es perfecto, pero cualquier hora vale. El maestro zen Yasutani advierte: «Nunca tendrás éxito si practicas *zazen* [meditación] solo cuando te apetece y te rindes fácilmente. Has de ser constante».[3] (Este consejo será importante a medida que avanzas hacia las meditaciones inversas, porque es muy fácil abandonar la práctica cuando las cosas empiezan a doler. Aprenderás a invertir esta conducta que tienes por defecto y a usar el dolor como punto de *partida* para tu meditación).

PRAPAÑCA

La meditación sedente es una forma de desarrollar una mente meditativa abierta, donde pueda surgir una chispa de pensamiento y disolverse inofensivamente en el espacio mental. En la mente no-meditativa contraída, por el contrario, puede surgir esa misma chispa, pero aterrizará sobre un bidón de gasolina: «¡Fuah!». Iniciaremos una fantasía incendiaria. Esta reacción es lo que hemos denominado *proliferación conceptual* o *prapaña* (se pronuncia *prapaña*) en sánscrito, y se refiere a la tendencia insaciable de la mente pequeña a tergiversar todo lo que sucede. Aparece algo, y como si fuera una periodista sedienta de noticias, la proliferación conceptual empieza a elucubrar.

Prapañca toma la estimulación sensorial simple y la convierte en complejos argumentos, creando las narrativas que son los guiones de las comedias, tragedias y dramas de nuestra vida. Esto es contaminación en su núcleo cognitivo, la insostenible actividad mental que consume una tremenda cantidad de energía. Pensamiento comentando otro pensamiento, contracción sobre contracción. *Prapañca* quedará al descubierto en cada meditación que exploremos, pero más adelante, cuando pasemos a las meditaciones inversas, adquirirá una importancia explosiva. La proliferación conceptual es lo que transforma en sufrimiento la estimulación sensorial intensa o dolor. El adjetivo *intensa* es *prapañca* en acción: sin acompañamiento alguno, el dolor solo es un estímulo sensorial. *Prapañca*, al igual que la contracción, está por todas partes, porque es una manifestación mental de ella.

Prapañca es un aspecto de la mente egoica, porque el propio ego no es más que un argumento contraído. El ego se alimenta de la proliferación conceptual, es autor de su propia existencia a través de *prapañca*. Pero al trabajar con la proliferación conceptual en meditación, puedes liberar la contracción egoica de tu vida, argumento por argumento.

EL SILENCIO EXTERNO, INTERNO Y SECRETO

En la fase mental de la meditación sedente, el objetivo era reconocer y acallar el sinfín de comentarios que acompañan al pensamiento emergente. Las meditaciones inversas trabajan con estas experiencias intensas o «ruidosas», de modo que para poder acceder a los «volúmenes» de estas meditaciones totalmente preparado, tendrás que expandir tu comprensión del silencio. El silencio externo es evidente: basta con bajar el volumen «allí fuera». Sin embargo, al aprender a estar en silencio en tu interior, puedes acceder al ruido externo y llevar el silencio contigo. El silencio interior es bajar el volumen «aquí dentro» o silenciar tu protesta contra cómo son las cosas. El ecologista acústico Gordon Hempton ha sugerido que el verdadero silencio no es la ausencia de sonido, sino de ruido. Esto me recuerda una historia sobre el maestro tailandés Ajahn Chah, cuando estaba dirigiendo un intensivo de meditación durante el cual los monjes tenían que levantarse a las tres de la madrugada para iniciar su práctica. Los aldeanos celebraban un festival a esa misma hora, y los festejos duraban hasta el amanecer. Después de varios días inaguantables, un joven monje acudió a Ajahn Chah para quejarse de que no podía meditar con todo ese ruido. El maestro le respondió: «El ruido no te molesta. Eres tú quien molesta al ruido». (El maestro hinduista Shantideva dio una lección similar cuando dijo: «Puedes intentar tapizar el mundo con piel o puedes ponerte unos zapatos»). El silencio interior es ponerle un silenciador a tu mente reactiva.*

El silencio interior también actúa silenciando los ojos. Presta atención a cómo miras las cosas, observa cómo te deslizas de una apariencia a otra a la velocidad de la vista, fijándote solo en lo que necesitas para dar sentido fácilmente a tu mundo visual. Normalmente, nuestros ojos se mueven a la misma velocidad que la mente, echando un vistazo a la superficie de las cosas, como una piedra que rebota sobre el agua. Rara vez vamos más despacio y nos sumergimos en las profundidades de lo que percibimos. Cuando

---

* N. del A.: Detenerse y sentarse es *samatha*. La habilidad de ver adquirida a través de la práctica de la introspección es *vipassana*. Por consiguiente, a la práctica de meditación descrita en este capítulo deberíamos llamarla *samatha-vipassana referencial*, para ser más exactos.

estoy conversando con alguien y no miro a esa persona, no le estoy prestando toda mi atención. Muchas veces estoy formulando mi respuesta antes de que la otra persona haya terminado de hablar, la estoy oyendo, pero no escuchando. ¿Cuántas veces miramos, pero no vemos realmente?

CONTEMPLACIÓN

Cierra este libro y mira directamente a lo que sea que tengas delante de ti durante un minuto. Observa la tendencia de tus ojos de ir de un sitio a otro. Si lo están haciendo ahora, vuelve a dirigir tu mirada hacia el objeto. Observa que fijar la mirada en un objeto también ayuda a aquietar la mente, es un tipo de «*samatha* ocular», por así decirlo. Cuando estoy en el gimnasio y estoy recuperando la respiración de las repeticiones que he hecho en la máquina de *curl*, en vez de mirar a mi alrededor, dirijo mi mirada hacia lo que tengo delante de mí. Si hago esta meditación ocular en sesiones más formales, en lugar de hacerlo solo en el gimnasio (o donde sea), haré vibrar mi conciencia, alternando entre una concentración más intensa y una mirada abierta, a fin de reducir mi estado de distracción visual habitual. La finalidad de esta práctica es evitar que nuestra mirada se vuelva inconexa, incluso cuando estamos relajados. Tal como sucede con muchas de nuestras meditaciones, esta práctica es tanto diagnóstica como prescriptiva. Nos ayuda a ser conscientes de nuestras divagaciones y nos guía hacia lo que tenemos que hacer para ver las cosas con mayor profundidad.

Al fijar nuestra mirada en las cosas, podemos acceder a su verdadera naturaleza. Nunca apartamos tan rápido la mirada como cuando sentimos dolor (o cuando evitamos mirar a otros que sufren) y, por consiguiente, no nos permitimos la oportunidad de ver con profundidad. La meditación inversa es una práctica que nos ayuda a revertir la mirada inconexa, fomenta la mirada baja meditativa y nos ayuda a cultivar la visión penetrante que nos permite atravesar el dolor y ver lo que realmente es.*

El silencio secreto va un paso más allá, que conseguiremos dar gracias a las meditaciones inversas. Con algo de práctica en silencio externo e interno, puedes aprender a hallar silencio *en* el ruido, quietud *en* el movimiento, dicha *en* el dolor. Goddard escribe:

He visto a montones recién llegados dejar de hablar automáticamente al entrar en el pasillo que conduce a nuestro zendo. Muchos de ellos nunca han estado en un monasterio, no saben nada de zen o de budismo ni necesariamente están interesados en la meditación. Sin embargo, invariablemente, en el momento en que entran en ese espacio, sucede algo. Tanto si se sienten atraídos hacia ese lugar como si sienten rechazo, su primera respuesta es la que podrías esperar de alguien que confronta de pronto y claramente la realidad: el silencio.

---

* N. del A.: En un innovador conjunto de estudios, Arthur Deikman sugirió la plausibilidad de penetrar hasta la visión no-dualista a través de la percepción dualista; concluyó: «Si tal como indican las pruebas, nuestra transición desde la infancia hasta la etapa adulta va acompañada de una organización del mundo perceptivo y cognitivo, cuyo precio es la selección de algunos estímulos y la exclusión de otros, es bastante posible que se pueda hallar una técnica para *invertir* o deshacer, temporalmente, la automatización que ha restringido nuestra comunicación con la realidad y que favorezca la percepción activa, aunque solo sea de un pequeño segmento de ella. Este proceso de des-automatización podría ir acompañado de una conciencia de aspectos de la realidad a la que anteriormente no podíamos acceder». [Énfasis añadido]. Arthur J. Deikman, «Implications of Experimentally Induced Contemplative Meditation», *Journal of Nervous and Mental Disease*, vol. 142, número 2 (febrero, 1966): 101-116. journals.lww.com/jonmd/citation/1966/02000/implications_of_experimentally_induced.1.aspx.

El silencio es tanto un ingrediente necesario para experimentar la hierofanía como una respuesta común a ella. Para experimentar lo sagrado, hemos de estar dispuestos a renunciar a nuestro diálogo incesante. Una mente o lengua ocupadas generan electricidad estática, que impide eficazmente que sintonicemos lo sagrado [...] para relacionarnos con lo sagrado, hemos de estar dispuestos a estar quietos y en silencio.[4]

Lo sagrado nos detiene (la quietud de la fase uno), silencia nuestra ocupada lengua (fase dos) y aquieta nuestra frenética mente (fase tres). Pero esto es un fenómeno bidireccional: también nos permite acceder a lo sagrado de un modo más incondicional. La experiencia de la hierofanía, de manifestar un espacio sagrado, silencia el cuerpo, el habla y la mente. Pero a la inversa, al silenciar el cuerpo, el habla y la mente a través de la meditación, también puedes experimentar la hierofanía aquí y ahora. Puedes entrar en el monasterio del momento a través del mindfulness que has creado en la práctica de la meditación referencial. «Que este silencio sagrado te devuelva a ti mismo, te devuelva al reino de lo real», dice Goddard, y prosigue:

> En el espacio sagrado que es nuestro cuerpo-mente, practicamos el noble silencio con la intención de morar en la realidad. Una vez más insisto en que eso no significa que nuestra vida en otros momentos no sea real, pero nos olvidamos de que lo es. Nos perdemos en nuestra mente, los unos en los otros, en nuestro trabajo, *en aquellas cosas que nos protegen del dolor* de estar perdidos o simplemente del dolor de vivir. Por consiguiente, necesitamos espacios y objetos que nos recuerden que puesto que nuestro centro está en todas partes y nuestra circunferencia, en ninguna parte, no es posible que nos extraviemos. Necesitamos un silencio duradero y

profundo para recordar que por más que pensemos que estamos muy perdidos, que vamos errantes desde hace mucho tiempo, en realidad, jamás hemos abandonado nuestro hogar.[5]

Paradójicamente, al llevar la mente al momento presente, nos abrimos a ese momento. El *samatha* referencial nos revelará cuántas veces nos contraemos en el plano mental. Cada vez que nos perdemos en nuestros pensamientos, nos estamos contrayendo con cada pensamiento. Presta atención a tu mente y verás que esto sucede *constantemente*.

La meditación sedente que hemos visto en este capítulo y la práctica de la conciencia abierta que veremos en los dos capítulos siguientes nos preparan para las meditaciones inversas que son el destino de este viaje. No es necesario que domines estas prácticas preliminares para practicar la meditación inversa, pero allanan el camino.

CAPÍTULO 8

LA MEDITACIÓN NO REFERENCIAL

Una introducción a la conciencia abierta

Deja que salga tu mente sin fijarla en ninguna parte.

El sutra del diamante

Si te diriges hacia el sufrimiento y te atreves a atravesarlo, descubrirás que el sufrimiento es felicidad. Es un leve escozor al borde de la dicha.

Robert Thurman

En el viaje de la meditación, pasar de la práctica de la meditación referencial a la no referencial es un paso sutil, pero de gran envergadura. El poste para la práctica referencial es una ayuda para sujetar y domar la mente, pero llega un momento en que ese poste nos impide avanzar. En los dos capítulos siguientes, aprenderás las meditaciones no referenciales, que van más allá de estar sentado practicando mindfulness y expanden nuestra meditación para englobar la totalidad de nuestra vida, incluido todo lo que nos duele.

Los budistas a veces se refieren a las meditaciones no referenciales como *samatha sin objeto* o *samatha sin señal*. Otros meditadores las llaman *mindfulness no referencial, conciencia de la conciencia* o *meditación sin forma*. Los científicos usan la denominación *monitorización abierta*. Yo prefiero *conciencia abierta*, porque esta expresión es más afín a la definición de meditación como «habituación a la apertura». En vez de cerrarnos constantemente y habituarnos a la contracción, la conciencia abierta nos permite invertir ese hábito y adoptar el de abrirnos por defecto.[*]

La conciencia abierta es una práctica polivalente con muchas aplicaciones y niveles. Hace años que la practico, y cuanto más la hago, más cosas descubro. Según tus intereses, puedes practicarla a nivel de principiante y obtener grandes beneficios, o puedes nadar hasta la parte honda de la piscina y sumergirte en la naturaleza de la mente y de la realidad. Para lo que a nosotros nos concierne ahora, nos bastará con el nivel para principiantes. Pero señalaré algunos de los aspectos más profundos de la conciencia abierta para que puedas apreciar la profundidad de esta técnica. A medida que el material se vuelva más profundo, no te preocupes si te parece que esto no es para ti. Filtra o sáltate lo que te convenga.

Tanto si eres consciente de ello como si no, estás familiarizado con los estados mentales de cierre y contracción, porque meditas en ellos constantemente. Cada vez que te aferras o te distraes, estás practicando la contracción. Por consiguiente, una práctica de apertura, al principio, puede parecerte extraña o incluso imponerte

---

* N. del A.: Las meditaciones referenciales son afines a la Oración Centrante, que procede de los Padres del Desierto; es una oración que favorece la introspección y el silencio mental, mientras que las meditaciones no referenciales son como una oración descentrante. Una vez que la mente se ha centrado y serenado, la abrimos. Centrar es una forma saludable de contracción, como demuestra la etimología de la palabra latina *contrahere* ('contraer') que significa 'atraer para unir', *con* ('junto') y *trahere* ('traer'). Cuando conseguimos reunificarnos, podemos relajarnos y volver a separarnos.

respeto. Pero como la apertura es en realidad el estado natural, se vuelve más sencilla a medida que regresas repetidas veces a tu naturaleza.

Si la contracción es la fuente de tu sufrimiento, la apertura es la clave de tu liberación. Y como sucede con la contracción, la apertura también es algo que puedes sentir. Es expansiva, receptiva y refrescante. Es importante que tengas en cuenta que este componente somático te permite usar tu sensación subjetiva de la contracción como un indicador de que necesitas abrirte. Una vez que seas consciente de tus contracciones, cada vez que las sientas, podrás invertir la tendencia abriéndote. El obstáculo se transforma en una oportunidad.

Podría parecer que si puedes sentir la contracción puedes sentir todas tus contracciones. Pero esto es una verdad a medias. Si la contracción es muy sutil o constante, puede que no seas capaz de percibirla. Es como una máquina de aire acondicionado que ha estado siempre en marcha y de pronto se para. Hasta que no se para, no eres consciente de que estaba en marcha. La apertura, al igual que la contracción, es gradual. A partir de ahora y hasta el final de nuestro viaje, empezaremos a explorar la práctica de la conciencia abierta trabajando con formas de contracción más evidentes y gradualmente iremos profundizando en otras menos obvias. Capa tras capa (contracción sobre contracción), a través de la conciencia abierta nos iremos abriendo camino hacia abajo, ¡hacia... la *nada*!

MUCHO RUIDO Y POCAS NUECES

En última instancia, el desarrollo de la conciencia abierta revela que la contracción primordial —ese calambre sutil en las dimensiones más profundas del cuerpo-mente inconsciente, que genera nuestro sentido del yo—, básicamente, se aferra *a* la nada (y todas las contracciones secundarias se aferran *a* la nada). Detente aquí un momento e intenta conectar con el calambre primordial: ¿cómo sientes esta contracción? La siento como *mí*. Esta contracción es tan constante y sutil que te has identificado tanto con ella que la consideras tu sentido del yo. La mente indómita es como un puño cerrado. Hemos de forzar nuestros dedos uno a uno para que se abran, relajando un puño que ni siquiera sabíamos que estaba cerrado. Así que no te preocupes si todavía no la sientes.

¿Y qué encierra... ese puño? Vuelve a imaginar un remolino potente y recuerda que en su centro no hay nada. No puedes distinguir el vacío en los remolinos circulantes de una corriente de agua, pero si vacías tu bañera podrás hacerte una idea de cómo circula el agua y observarás un remolino sin centro. Asimismo, la contracción se contrae sobre la conciencia vacía sin forma, una *contracción que en realidad genera la ilusión de que hay algo*. Esta contracción/aferramiento genera el sentido del yo y, mediante la implicación inmediata, el sentido del otro (no puede existir el uno sin el otro). Es un aferramiento que genera la ilusión de dentro y fuera, de la dualidad y, por consiguiente, es el responsable de todo nuestro sufrimiento. Tal vez todavía no sea tu experiencia directa, pero la práctica de la conciencia abierta, que culmina en experiencias noduales, te revelará que cada vez que divides el mundo en el yo y el otro generando dualidad, estás sufriendo en las dimensiones más profundas de tu ser.

Los aspectos más refinados de la práctica de la conciencia abierta, los que nos permiten conectar con la contracción primordial, sacan a la luz de la conciencia procesos que previamente eran inconscientes.* Ahora, nos pondremos manos a la obra.

---

* N. del A.: En el budismo Yogachara, la conciencia abierta saca a la luz el contenido inconsciente de la séptima conciencia (*klista manas*) y, al final, la transforma en la sabiduría de la igualdad. Esto es algo que puedes sentir en tu práctica, que la adherencia

Desenterraremos contracciones tan sutiles que se escapan al radar de la mente consciente. En esto reside el verdadero brillo de la conciencia abierta. A fin de despertar espiritualmente, todas las fuerzas del lado oscuro, profundamente enterradas en la mente inconsciente, deben salir a la luz.* De lo contrario, seguirán ejerciendo su imponente influencia entre bastidores en nuestra vida sobre el escenario, y nosotros continuaremos dando tumbos en la oscuridad.

La práctica de la conciencia abierta nos permite llegar al fondo de las capas de contracciones, desde las más burdas hasta las más sutiles. Las contracciones sutiles son los auténticos hipercontractores, porque son muy omnipresentes y generativos: sutil no significa inefectivo. Lo sutil afecta, moldea y propaga lo burdo, y el medio de contraste de la conciencia abierta nos permite identificar cada contracción a lo largo de toda la gama. Del mismo modo que el medio de contraste de permanecer inmóvil durante la meditación sedente (*samatha* referencial) revela el movimiento, la práctica de invitar a la mente a permanecer en la conciencia abierta revela la frecuencia con la que se cierra nuestra mente.

En otras palabras, haciendo algo (abrirnos) que es lo *inverso* de lo que hacemos normalmente (cerrarnos), vemos cosas que jamás habíamos visto. De modo que, en un aspecto, la meditación sedente y la práctica de la conciencia abierta funcionan como un tipo de meditación inversa. Sentarnos sin movernos es lo contrario de lo que hacemos en nuestras ajetreadas vidas; abrirnos es lo contrario de nuestras conductas habitualmente contractivas. Las meditaciones inversas formales conducirán esta retronarrativa hacia la cumbre.

---

de la mente y su constante referencia al yo son sustituidas por la ecuanimidad y la aceptación incondicional de todo lo que surja.

* N. del A.: Carl Jung lo sabía, pero lo contempló desde una perspectiva puramente psicológica y lo amplió con sus enseñanzas sobre la «individuación».

Las revelaciones de la conciencia abierta a veces son agridulces. Ponen al descubierto un conflicto de interés que nos ayuda a entender nuestra resistencia inconsciente a esta práctica. Los aspectos más evolucionados (trans-egoicos) de tu identidad quieren abrirse; los menos evolucionados (ego) prefieren permanecer cerrados. Comprender toda la gama de aspectos de tu identidad te permite gestionar mejor parte de la oposición que puede aparecer en el transcurso de esta práctica.

EL ESPACIO MENTAL

Nuestro viaje trata de la maduración de la meditación, de expandirla hasta desarrollar una mente superpotente que pueda manejar cualquier cosa. No me refiero a una mente musculosa capaz de soportar los batacazos de la vida como si de un boxeador olímpico se tratase. Significa cultivar una mente que sea lo contrario de lo que entendemos como dureza.

La meditación de la conciencia abierta nos ofrece una forma de alimentar la habilidad mental de afrontar cualquier cosa aprendiendo a combinar la mente con el espacio: el epítome de la apertura y de la indestructibilidad. El espacio exterior no es lo mismo que el espacio mental interior, pero tampoco es diferente. Por consiguiente, puedes aprender sobre el espacio interior que deseas cultivar explorando su análogo externo. El espacio posee una serie de características únicas. Por una parte, es lo más suave del mundo. Mueve la mano hacia delante y hacia atrás y siente su suavidad. No hay nada más suave que el espacio. Por la otra, no hay nada más indestructible. Toma un cuchillo e intenta cortarlo. Enciende una cerilla e intenta quemarlo. Nada puede herir al espacio. Luego, también es lo más duro del universo. Vas a desarrollar una cualidad mental indestructible usando lo más suave de este mundo.

El espacio puede albergarlo todo sin que nada le afecte adversamente. Es el entorno donde hay cabida para todo el universo, y puede albergar fácilmente tu sufrimiento. El espacio también es lo más ligero del universo. Atrápalo. No existe nada más ligero. Es la definición de sin restricciones y libre, sumamente descargado y sin ataduras. Por último, el espacio carece de sustrato y es intangible. Nada puede aterrizar en el espacio. Jamás podrás agarrarlo, poseerlo, reclamarlo o apropiarte de él. No puedes poner una nota adhesiva en el espacio.

Las tradiciones no-dualistas utilizan elementos externos, como el espacio, para invocar cualidades internas. En la *Dzogchen*, la contemplación del cielo es una meditación formal donde el alumno mira el espacio para abrir su mente. Las nubes flotan por el espacio como flotan los pensamientos por la mente. Las tormentas de nieve, los huracanes, los rayos, el granizo e infinitos patrones climáticos se producen a través del espacio, que los acoge a todos sin inmutarse por ninguno de ellos. En *La sadhana Mahāmudrā*, Trungpa Rinpoche escribió: «Lo bueno y lo malo, la felicidad y la tristeza, todos los pensamientos desaparecen en la vacuidad como la impronta de un ave en el cielo». El cielo puede enseñarnos. En la tradición tibetana están los conceptos del «*dharma* de la naturaleza» (*ri-chö*) y el «gurú simbólico», en los que la naturaleza se convierte en tu maestro natural y el gurú se encuentra en los elementos de la realidad. Milarepa dijo: «El mundo fenoménico es el único libro que necesitamos».

Imagina una mente amorosa, amable, generosa y compasiva. Esta es la suavidad de una mente espaciosa. Cuando abres tu corazón y tu mente, todo te afecta. Imagina una mente inamovible, impenetrable, indestructible y segura. Esta es la cualidad adamantina de la mente abierta. Cuando llevas la armadura del espacio, nada puede herirte. Imagina una mente infinita y sin restricciones, boyante y espontánea. Esta es la ligereza de la mente abierta. ¿Quién no desea tener una mente así?

LA EXPANSIÓN PRIMORDIAL

Ya sabes que la contracción primordial (el «pecado original») la experimentamos como «yo», «mí» y «mío». Pero ¿cómo sentimos la apertura primigenia, la relajación de este calambre primordial? La sentimos como amor. No amor condicional y con apegos, que siempre puedes reconocer porque es muy adherente y autorreferencial, sino amor incondicional y *desinteresado*. Si lo prefieres en lenguaje religioso, la percibimos como Dios. El intimidante tema de la vacuidad (y su versión coloquial de apertura) que he mencionado antes ahora puede verse bajo un prisma más amable. La vacuidad es una forma divertida de hablar sobre el amor. El amor y su expresión como amabilidad, compasión y altruismo es la expresión afectiva de la apertura. El amor es la vacuidad aplicada.

El inmenso poder del amor incondicional es una de las razones por las que todos tenemos miedo de abrirnos hasta tal extremo y de que el ego se libere de su control sobre sí mismo. Estar totalmente abierto implica ser vulnerable. Significa que el «tú» (el ego) puede resultar herido. Estar tan abierto, ser tan transparente y estar sumamente disponible es demasiado para que el contraído ego pueda soportarlo.

El ego y el amor, o la contracción y la apertura, son mutuamente excluyentes. Lo cual significa que el ego y la vacuidad se excluyen el uno al otro. El ego es antivacuidad. No puedes enamorarte profundamente del amor real y seguir manteniendo tu ego contraído. Al ego le aterroriza estar abierto, de modo que mantiene la contracción primigenia como un medio de autodefensa extremo. Pero con la visión correcta, descubrirás que cuando estás tan abierto, sientes más las cosas, pero te afectan menos. Cuando no eres tan sólido ni estás tan contraído, los sentimientos no tienen donde aterrizar. Sin sustrato alguno para echar raíces, *prapañca* se transforma en *nisprapañca* o «liberación de la elaboración conceptual». Sientes las cosas de una manera más plena y pura que nunca, pero como no las estás remitiendo (contrayendo) de nuevo a un receptor, no duelen. No personalizas lo que sucede, porque no te identificas con ello.

Esto nos recuerda la importancia de la visión correcta. Si tu corazón sabe que cuando estás abierto asumes la realidad de que estás accediendo al amor, eso te inspirará a liberarte de tu apego. La finalidad de las meditaciones de este libro es que nos capaciten para sustituir el ego por el eco, un enfoque donde el yo sea el centro por otro donde el centro sea el otro, es decir, un enfoque descentrado y altruista: un enfoque que radique en el amor.

❀ LA INSTRUCCIÓN

Las implicaciones de desarrollar la conciencia abierta empezarán a ponerse en su lugar cuando inicies esta práctica. Y cuando la domines, podrás practicarla en cualquier parte y en cualquier momento, sin preparación alguna. Pero al principio, unos pocos minutos de meditación sedente te ayudarán a bajar el ritmo. Si tu mente va muy rápida, puede salir en estampida y arrasar la sutileza del estado de conciencia abierta. Tendemos a perder la apertura esencial de la mente ante la rapidez de su funcionamiento; por tanto, reducir la velocidad nos ayuda a reconectar con su esencia.

La única modificación respecto a la técnica de *samatha* es que aquí cierras los ojos, lo que te ayudará a centrar tu mente y a enfatizar el contraste. Si llevas gafas, sácatelas. También es aconsejable estar en una sala espaciosa o en un lugar donde puedas tener una vista al exterior. Toma asiento y céntrate en tu cuerpo y en tu respiración. Al igual que antes, cuando algo te distraiga, observa esa distracción, márcala como «pensando» y vuelve a tu cuerpo y a tu respiración.

La conciencia abierta fomenta una sensibilidad exquisita con tu cuerpo y tu mente, y un grado de percepción que te permite detectar contracciones muy sutiles. Crecí a orillas del lago Míchigan, donde las tormentas generaban olas de nueve metros. Hubiera hecho falta que un cometa se hundiera en sus bravas aguas para que se pudiera percibir alguna salpicadura. Pero tierra adentro, no muy lejos del lago, había un pequeño estanque. El agua estaba tan tranquila que podías apreciar las ondas que provocaba cualquier diminuto insecto que se posara sobre su superficie. Al serenar la mente mediante la meditación referencial, estás pasando de la superficie agitada del lago Míchigan a la placidez del estanque, donde hasta la más mínima piedrecita provocaría una salpicadura visible.

LA INSTRUCCIÓN (CONTINUACIÓN)

Cuando notes que te has tranquilizado un poco (no es necesario que alcances la tranquilidad total para tener experiencias de conciencia abierta), abre suavemente los ojos y mantén la mirada baja. Deja tu campo visual sin enfocar. Ahora, levanta lentamente los ojos hasta mirar justo al frente. Observa cómo tus ojos tienden a fijarse en las cosas durante esta transición. El ojo de la mente y el ojo físico tienen una relación reveladora, y vas a utilizar este último para trabajar con el primero. ¿Se fijan los ojos en algo porque lo hace tu mente? Es posible que observes algún cambio en esta adherencia visual a medida que la vas dominando.

Cuando por fin mires hacia delante, relájate y abre tu campo visual «enfocándote» en la periferia. Esto descentraliza tu mirada, invita a las cualidades de la receptividad y la adaptación. Estás utilizando el cuerpo (los ojos) para trabajar con la mente. Observa cómo este campo visual abierto incita a abrir la mente. Si te das cuenta de que te estás cerrando y enfocando en un objeto que tienes delante de ti, también está bien. Obsérvalo y relaja esa atención. Si pasa algo por tu campo visual que acapara tu atención, obsérvalo y déjalo ir. Relájate..., ábrete. Relájate..., ábrete. Este es el «mantra» de esta meditación.

A continuación, relaja la mandíbula y permite que se te abra un poco la boca. Visto desde fuera puede que parezcas un perfecto idiota, mirando fijamente boquiabierto, pero esta postura poco tiene de idiota. Es la asana (postura) de la apertura.

Uno de mis maestros, Khenpo Tsültrim Gyamtso Rinpoche, impartía enseñanza durante horas, día tras día, cada semana, y sin usar notas. Fui su discípulo durante catorce años en los retiros anuales, que a veces duraban un mes. Mientras el intérprete traducía, Rinpoche solía quedarse mirando al frente, con la mandíbula relajada, y adoptaba esta postura de estupefacción. A veces me preguntaba: «¡¿Qué narices está haciendo?!». Era evidente que no estaba desconectado, porque en cuanto el traductor se callaba, Rinpoche bajaba de nuevo su mirada, cerraba la boca y empezaba a enseñar de nuevo, enlazando perfectamente el discurso donde lo había dejado. Son solo suposiciones mías, pero al final reflexioné sobre la posibilidad de que hubiera estado abriendo y asentando su mente sobre esa superficie similar a un espejo, donde caerían las gotas de su introspección y las ondas se expresarían como su enseñanza.

LA INSTRUCCIÓN (CONTINUACIÓN)

El siguiente paso es abandonar los puntos de referencia del cuerpo y la respiración. Si algo te distrae, ya no has de regresar al cuerpo o a la respiración, como en la meditación referencial. Suelta el ancla y deja que tu mente vaya detrás de lo primero que surja. Si te sientes atraído hacia un sonido, por ejemplo, deja que se entretenga con él. La práctica consiste en dejar que tu mente vaya tras él sin hacer comentario alguno o ceder a la habitual proliferación (*prapañca*) que tiene lugar cuando la mente se siente atraída hacia algo. Por ejemplo, supongamos que oyes el sonido de un avión. No dejes que el avión te aleje con un comentario sobre su estela: «¡Vaya, si que ha hecho ruido ese avión! ¿Adónde irá? Aunque opino que es más seguro que conducir. El 11/9 se produjo una gran tragedia. ¿Cómo podíamos vivir sin aviones? ¿Por qué son los vuelos tan tremendamente caros hoy en día? Me pregunto cuántos litros de combustible utilizan...». Si la mente se dispersa a raíz del ruido con un comentario sobre él, puedes relajar tu mente sobre este tema. Pósate brevemente sobre tus pensamientos, que ahora se han convertido en tu nuevo objeto de meditación. Pero no te involucres con ellos.

A medida que vayas progresando en la conciencia abierta, presta mucha atención a lo que sientes. ¿Qué sientes en tu cuerpo cuando empiezas a abrirte? ¿Cómo son las transiciones que realizas, atractivas o atemorizantes? ¿Hay una parte de ti que no quiere estar abierta y expuesta? No juzgues tus sentimientos; solo observa sin comentar. Estás practicando la autoobservación sin juzgar.

Tal vez surja un olor. Permanece abierto a eso. Deja que tu mente vaya tras eso. El olor se convierte brevemente en el objeto de tu meditación. Pero repito, no te dejes arrastrar por el discurso habitual que acompaña al estímulo sensorial. Si aún así ves que te dispersas, descansa sobre eso. Deja que tu mente esté con sus pensamientos, pero sin involucrarse con ellos.

Cuando dejas que tu conciencia descanse sobre un pensamiento, suele derretirse al entrar en contacto con él, como un copo de nieve al caer sobre una roca caliente. Si aparece otro copo de nieve, descansa sobre él. No pretendes derretir el pensamiento, solo dejar que este se disuelva espontáneamente a la luz de la conciencia. En terminología técnica, el pensamiento se «autolibera». Los pensamientos nunca causan problemas, si los dejas tranquilos. El problema es involucrarse con el pensamiento (y dejarte engullir por la avalancha de pensamientos). Cuando nos sentimos atraídos hacia algo —un sonido, una vista, un pensamiento o cualquier otra cosa— solemos aferrarnos a ello. Esa adherencia es un tipo de contracción. La práctica de la conciencia abierta es «atrapar y soltar». Atrápate contrayéndote y proliferando, y suéltalo. El maestro de meditación Chökyi Nyima Rinpoche enseña que con esta práctica la atención ha de descansar «libre de enfoque, en apertura total sin punto de referencia» y debe permanecer «totalmente inalterada por las emociones, los pensamientos y los conceptos». Los pensamientos y las emociones solo nos alteran si les damos un lugar donde aterrizar, si echan raíces y crecen. Recuerda que no se puede aterrizar en el espacio.

En la práctica de la meditación referencial, tal vez te hayas estado distrayendo constantemente de tu cuerpo y de tu respiración. La dispersión es uno de los principales retos de *samatha*. En la práctica de la conciencia abierta, sin embargo, *la distracción se convierte en tu meditación*. Nada puede interrumpir esta meditación porque la interrupción se convierte en tu meditación. Ahora, tu mente puede albergar cualquier cosa. La conciencia abierta es como un felpudo de bienvenida que pones enfrente de tu mente y un indicador de salida en la parte posterior.

Como sucede con la naturaleza del espacio, todo lo que surge en la conciencia abierta tal como llega se va. El maestro zen Hui Hai enseñó:

Si tu mente se extravía, no la sigas, tras lo cual tu mente errante dejará de dispersarse por voluntad propia. Si tu mente desea quedarse en alguna parte, no la sigas ni te quedes allí, tras lo cual tu búsqueda mental de un lugar donde echar raíces cesará por voluntad propia. De este modo, llegarás a disfrutar de una mente que no persigue nada: una mente que permanece en un estado de no echar raíces. Si eres plenamente consciente de tu mente errante, descubrirás que solo existe el acto de enraizarse y que no hay razón para hacerlo o no hacerlo. Esta conciencia plena respecto a ti mismo de una mente que no tiene dónde echar raíces se conoce como percepción clara de tu propia mente; en otras palabras, tener una percepción clara de tu propia naturaleza.[1]

La «mente que no echa raíces» de Hui Han describe un aspecto de la conciencia abierta que podríamos llamar la «conciencia del sintecho», que significa que está bien no estar en ninguna parte, posarse brevemente en todo lo que surja, hallar una residencia temporal en cualquier parte, pero sin firmar nunca una hipoteca. Todo lugar y no-lugar se convierten en tu hogar. El Buda fue un ejemplo de esta mente que no echa raíces (antiadherente). Tras su iluminación, nunca más volvió a residir en el mismo lugar durante más de unos meses. Dejó que su cuerpo y su mente se desplazaran de un lugar a otro sin apegarse a nada.

LA INSTRUCCIÓN (CONTINUACIÓN)

Al principio, hasta que te familiarices con la práctica de la conciencia abierta, cíñete a sesiones más cortas, de unos veinte minutos más o menos. Un enemigo cercano de la conciencia abierta, con su invitación a mezclar tu mente con el espacio, es desconectar. Esta es otra práctica que se rige por la máxima «ni muy tenso ni muy laxo», pero tiende hacia el «demasiado laxo». Mientras intentas aflojar tus contracciones, es fácil que confundas la espaciosidad con el espaciado. Si te das cuenta de que empiezas a dispersarte, corrige un poco la postura y vuelve a enfocar temporalmente tu mirada. Si realmente estás desconectando, bien puedes levantarte unos minutos para hacer un *reset*, o dejarlo por el momento y volver a ello más tarde. Se puede «empezar de cero» en cualquier meditación. Si la práctica se estanca, dejarla correr es uno de los antídotos.

Para finalizar la meditación, centra tu visión enfocando la mirada al frente durante aproximadamente un minuto, cierra la boca y baja lentamente la mirada. Observa cómo sientes la transición de vuelta a la meditación referencial. ¿Es reconfortante reducir tu conciencia o lo sientes como un confinamiento? ¿Qué te parece el acto familiar de regresar a la forma, reconfortante o claustrofóbico? Cuando tu mirada esté a unos nueve metros delante de ti, déjala ahí durante un minuto, luego cierra los ojos y vuelve a concentrarte en tu cuerpo y en tu respiración. ¿Cómo te sientes «reencarnando» en la forma? ¿Observas cómo «perfuma» la apertura tu meditación referencial? ¿Te sientes más ligero, liberado, con menos carga?

Continúa sentado en meditación referencial durante unos minutos; luego abre los ojos, pero sigue con la mirada baja. Después empieza a levantar la mirada lentamente y gira la cabeza mirando a tu alrededor. ¿Sientes o ves que tu mundo ha cambiado? Haz un minuto de meditación de pie antes de volver a la vida. Si te mueves demasiado rápido, o sin cuidado, es fácil que dejes tu mente meditativa sobre el cojín. Estás intentando mezclar la conciencia con el espacio, y al final, mezclarás tu meditación con la vida. Del mismo modo que la práctica formal de la conciencia abierta alberga todo lo que surge, tú lo que pretendes es acabar llevando toda tu vida sobre «el cojín».

El erudito budista Alan Wallace comparte estos consejos:

Para cualquier tipo de práctica es útil conocer cuáles son los extremos, a fin de que puedas seguir un camino intermedio entre ambos. En esta, si te esfuerzas demasiado te agitarás y si no te esfuerzas lo suficiente caerás en la indolencia. Una vez que reconozcas los dos extremos, buscarás algo intermedio, que significa amortiguar el rebote entre ambos cada vez más. Si te concentras en cualquier objeto, un pensamiento o una imagen, este será uno de los extremos, el de la agitación. El otro extremo, que es más escurridizo, es sentarte con la mente en blanco sin ser consciente de nada. No te fijas en ningún objeto, solo vegetas. Lo que hay en medio es una cualidad de frescura porque estás en el momento presente y plenamente consciente. No te fijas en ningún objeto, pero eres consciente de todo lo que sucede. Es maravillosamente simple, pero sutil. Es como ponerte unos zapatos usados. Cuando estás ahí, sabes que estás. Has de desarrollar la confianza de que sabes que lo estás haciendo bien. Así es como se hace.[2]

LA INSTRUCCIÓN (CONTINUACIÓN)

Si te gusta escribir un diario, escribir tu experiencia puede ayudarte a ver cómo cambian las cosas cuanto más practicas esta meditación. Puesto que la conciencia abierta es desconocida para muchas personas, hace falta un poco de tiempo para habituarse. Al principio, todo el mundo anda un poco perdido, así que ten paciencia. No te esfuerces demasiado para hacerla a la perfección. Llega un momento en que la práctica empieza a «practicarte a ti». En vez de volver a la contracción por defecto, descubrirás que te vas a la apertura automáticamente.

CAPÍTULO 9

LOS MATICES DE LA CONCIENCIA ABIERTA

La persona perfecta emplea la mente como un espejo: recibe, pero no guarda; permite, pero no se aferra.

Chuang Tse

Nuestro sufrimiento no es en vano, forma parte de lo que sucede cuando intentamos averiguar qué es lo que está pasando.

Bernardo Kastrup

L a «habituación a la apertura» que se desarrolla en la meditación de la conciencia abierta representa una transición hacia el estado natural de la mente y es una práctica de aceptación radical (una virtud que los budistas llaman *gran ecuanimidad*), que gradualmente se volverá más natural para ti. Al final, descubrirás que no tienes preferencias respecto a nada de lo que pueda surgir en meditación y, en última instancia, en tu vida. Todo lo que se presente tendrá la cualidad de lo que la tradición *Mahāmudrā* denomina *sabor único*, el mismo sabor que la bondad primordial. En términos teístas, al final todo «sabe a Dios» o (la otra versión) a la «pureza perfecta» del

Dzogchen. Es pura porque no tiene el sabor de la proliferación conceptual. Reaccionas igual tanto si escuchas el dulce sonido del gorjeo de un pájaro como el inquietante sonido de una sirena. Tanto si hueles la fragancia de una rosa como una mantequilla agria, todo empieza a oler «igual». Si te duele la rodilla o si tu corazón se siente aliviado, todo lo sientes igual. Esto no significa que no puedas discernir —de hecho, tu capacidad de discernimiento es más refinada que nunca—, significa que ya no *te opones* a las cosas.

DESAPEGARTE

La conciencia abierta es otra práctica (como la meditación sedente) que es tanto diagnóstica como prescriptiva y nos revela nuestro grado de adherencia mental. Puedes empezar a usar esta adherencia como un detonante para abrirte. A medida que vayas sustituyendo el acto de aferrarte por el de liberar, irás desapegándote de tu propio ego, que es lo que te permite percibir la realidad y el amor. Por consiguiente, la conciencia abierta es una receta para trascender el ego, la madre de todas las contracciones. Cada vez que sustituyes la contracción por la relajación, estás reemplazando el ego personal por la conciencia transpersonal.

Cuando realizamos la conciencia abierta, la mente adherente es sustituida por la mente pulida. Empiezas a liberarte de tu apego a ideologías y creencias, y a todo tipo de argumentos tediosos. Cuando descubres que la propia historia es un producto de la adherencia ya no necesitas «apegarte a tu historia». El filósofo David Loy propone que a veces nuestra tendencia a aferrarnos al significado y a la verdad es en realidad «otro intento de arraigarnos, al concentrarnos en ciertos conceptos que creemos que nos aportan una visión eficaz sobre el mundo».[1] Por el contrario, sugiere que con la conciencia abierta celebramos «la libertad de una mente que no teme la contradicción y que, por ende, puede desenvolverse en la coincidencia de opuestos, que es como trabaja espontáneamente nuestra mente cuando no se aferra».[2] Al aprender a abrir nuestra mente, fomentamos «una sabiduría no permanente que puede transitar con libertad entre verdades, puesto que no necesita adherirse a ninguna de ellas, pues [...] la mente que no echa raíces no se adhiere a ninguno de los seis objetos sensoriales, y eso incluye los objetos mentales».[3]

Nos relacionamos con los demás del mismo modo que lo hacemos con nosotros mismos, de manera que desarrollar la ecuanimidad abre nuestra mente y nuestro corazón al mundo. La conciencia abierta es un yoga mental que expande la mente hasta el extremo en que esta puede envolver cualquier cosa sin aferrarse a nada. Fomenta una flexibilidad que facilita que la conciencia fluya con gracilidad de un evento a otro, como un yogui flexible enlaza con fluidez una postura con otra. El neurocientífico Richard Davidson y el psicólogo Daniel Goleman, en su estudio de los rasgos duraderos de la personalidad que derivan de la meditación, comparten una historia sobre el dalái lama que demuestra la notable fluidez emocional que ha alcanzado el líder espiritual a lo largo de toda una vida de meditación. «Richie vio una vez cómo las lágrimas recorrían el rostro del dalái lama al enterarse de la trágica situación del Tíbet», dicen mientras nos sitúan en el escenario:

> Entonces, a los pocos momentos, el dalái lama vio a alguien haciendo algo divertido en la sala y se empezó a reír. No era una falta de respeto por la tragedia que le había provocado las lágrimas, sino más bien una transición animada y fluida de una nota emocional a otra [...] La vida emocional del dalái lama parece incluir una gama bastante dinámica de emociones fuertes y diversas, de la tristeza intensa a la dicha vehemente. Sus rápidas y fluidas transiciones de

una a otra son especialmente únicas; estos raudos cambios indican falta de adherencia [...] La gradación de la adherencia va desde sumamente adherente, que nos incapacita para liberarnos de las emociones angustiantes o antojos adictivos, hasta la liberación instantánea del dalái lama de cualquier efecto. Una característica que emerge de vivir sin aferrarse parece ser la positividad, incluso la dicha constante. Cuando una vez le preguntaron al dalái lama cuál había sido el momento más feliz de su vida, respondió: «Creo que este momento».[4]

Hay tres puntos de este extracto que merecen un comentario. Primero, la ecuanimidad que encarna el dalái lama «de la tristeza intensa a la dicha vehemente» da a entender que prácticas como la conciencia abierta no merman las energías de la vida. La meditación de la conciencia abierta no implica castigar cada emoción a una ecuanimidad sumisa. Fomenta la expresión emocional apropiada, no la represión inapropiada.

Dicho de otro modo, la conciencia abierta cultiva la conciencia: se intensifican las energías emocionales. La conciencia abierta nos hace sentir más vivos emocionalmente, estar más en contacto con los sentimientos, pero sin reaccionar tan emotivamente. Las emociones son purificadas de los conceptos reactivos generados por la incesante referencia al yo. Las emociones se vuelven más limpias, más sinceras y directas, porque ya no están mancilladas por las manchas de la proliferación conceptual, *prapañca*. Esto nos da la libertad para responder desde una mente y un corazón abiertos, en vez de hacerlo desde una actitud contraída. Las reactividades defensiva y ofensiva son sustituidas por la receptividad grácil.

En lo que respecta a *prapañca*, las tres meditaciones principales que estamos viendo en este libro —la meditación referencial, la conciencia abierta y las meditaciones inversas— son como un sistema de filtrado y purificación, que deja fuera los desechos de la conceptualidad. Estas tres prácticas purifican el espacio para que podamos vivir más plena y limpiamente. Nuestra susceptibilidad a la contaminación no es solo un asunto externo. El espacio interior también se puede contaminar con todo tipo de comentarios tóxicos. La purificación de ese espacio interior empieza con la meditación referencial, prosigue con la conciencia abierta y alcanza su nivel máximo en las meditaciones inversas.

El segundo punto que se debe tener en cuenta de este extracto es «la liberación *instantánea* del dalái lama de cualquier efecto». La conciencia abierta nos permite dejar ir las cosas al momento. La libertad última del que está despierto, de un buda, surge justamente de esta práctica. A veces *buda* se traduce como 'el que está abierto' (en nuestra terminología, eso podría corresponder a 'el que no está apegado'), y ese epíteto se refiere a esta liberación final. Esa suma libertad procede de todos los pequeños momentos de apertura.

Al abrirte una y otra vez, como parece que hace el dalái lama, estás cultivando la mente búdica. O si esta expresión no te dice nada, estás practicando la mente de Dios, básicamente la mente del bien. Los que «están abiertos» no están apegados a nada.

El tercer punto es la extraordinaria afirmación sobre la felicidad incondicional del dalái lama: ¿cuántas personas responderían sin dudar que su mayor felicidad está en el momento presente? Con prácticas como la de la conciencia abierta, puedes encontrar el punto más feliz de tu vida en todos y cada uno de sus momentos, incluso en los que estás realmente mal. La importancia de la conciencia abierta se vuelve más práctica y más profunda, a medida que te adentras en ella.

Al sabio Jiddu Krishnamurti le preguntaron hacia el final de sus días: «¿Cuál es el secreto de su felicidad?». Su respuesta fue de una simplicidad apabullante: «No me molesta lo que suceda». La práctica de la conciencia abierta *es* la de «no me molesta lo que suceda». ¿Se oye un sonido? No me molesta. ¿Huele a algo? No me molesta. Pase lo que pase, sencillamente no me molesta.

Sin embargo, uno de los peligros para lograr la gran ecuanimidad es la facilidad con la que esta actitud puede transformarse en la de «me da *igual* lo que suceda». El desinterés libera y puede ayudarnos a desapegarnos (diferenciar) de los contenidos adherentes de nuestra mente, pero, al mismo tiempo, la diferenciación sana siempre tiene el potencial de degradarse en una disociación patológica o en desdén. En el intento de distanciarnos de nuestro contenido mental, podemos caer en una relación estéril con nuestros pensamientos y emociones. En la conciencia abierta, los pensamientos y las emociones son considerados ornamentos mentales, algo que se ha de celebrar y luego liberar.

CONTEMPLACIÓN

Piensa en tres momentos de tu vida en que fueras realmente feliz. Revívelos en tu mente con intensidad. Tal vez fuera el día de tu boda, el nacimiento de un hijo o el día en que compraste tu primera casa. Ahora, observa si puedes hallar un denominador común detrás de estas situaciones. ¿Existe algún ingrediente *incondicional* implícito en cada uno de estos casos de felicidad? El denominador común en cada ejemplo de felicidad es estar totalmente presente en lo que está sucediendo. El día de tu boda o el del nacimiento de tu hijo, no estabas viajando al pasado o al futuro, diluyendo la experiencia. El poder de esta te sujetó al momento presente. Estabas totalmente presente y abierto a lo que estaba sucediendo, cualidades a las que adjuntamos la etiqueta de «felicidad».

LA FELICIDAD INCONDICIONAL

Lo que acabamos de ver cuando he hablado de la ecuanimidad y el desinterés es que la práctica de la conciencia abierta es también una práctica de felicidad incondicional. Esta no es la versión habitual de felicidad, que es condicional. Normalmente somos felices cuando se dan ciertas circunstancias y pasamos nuestra vida intentando mantener o restablecer dichas condiciones. Entonces nos convertimos en esclavos de las circunstancias externas. Soy feliz cuando me tomo un margarita y contemplo una increíble puesta de sol en las playas de Yucatán. Pero ¿qué pasa con esa felicidad cuando las playas están llenas de algas, el cielo está nublado o tu margarita no sabe bien? La conciencia abierta nos permite ser felices los días nublados, en las playas sucias y tomando un cóctel que no está bueno. Podemos hacer un brindis incluso en esas circunstancias.

CONTEMPLACIÓN

Recuerda tres ocasiones en las que te encontrabas fatal. Tal vez cuando te divorciaste, perdiste tu trabajo o te embargaron la casa. Revive estos recuerdos dolorosos. Busca el denominador común para cada momento de infelicidad. Si haces esto, descubrirás que en cada caso, no eras capaz de albergar la experiencia, no querías decir «sí» a lo que estaba sucediendo. Nuestro sufrimiento está directamente relacionado con nuestra incapacidad para aceptar la experiencia. Cuando las cosas se ponen feas, solemos decir: «No puedo más», «No tengo tiempo para esto», «Esto me supera». Nos contraemos ante la experiencia no deseada, lo cual la hace aún más indeseada. Con la conciencia abierta, la aceptación radical se convierte en nuestra protección. Esto no significa que tengas que consentir inocentemente y dejar de actuar para mejorar tu vida. Significa que también puedes hacer algo para mejorar tu relación con la vida.

Observa cualquiera de tus ejemplos de felicidad y encontrarás la cualidad de la apertura. Observa cualquiera de tus ejemplos de infelicidad y hallarás la cualidad de la contracción. Al sustituir la contracción por la expansión, la conciencia abierta sustituye la infelicidad por la felicidad incondicional. Tal vez *dicha* sea la palabra más adecuada. Charlotte Joko Beck escribe en *Zen ahora*: «La dicha no es algo que tengamos que encontrar. La dicha es lo que somos cuando no estamos preocupados por otra cosa». Imagina cómo sería tu vida si verdaderamente pudieras decir: «No me molesta lo que sucede».

El estado natural de la mente es estar abierta y, por lo tanto, ser feliz incondicionalmente. Cuando te contraes, a medida que te vas alejando (dis-traes) de ese estado natural generas estrés. Es una fuerza de succión que te arrastra hacia los múltiples tipos de infelicidad, como el estrés, la ansiedad, la presión, la preocupación, el malestar, la aprensión o cualquier otro sentimiento que desee ser resuelto. En otras palabras, la tensión que genera la contracción se siente como el anhelo de la felicidad. Anhelas algún tipo de liberación, que produce las diversas formas de felicidad sustituta o condicional. Pero como la liberación es un sustituto (como las drogas, el alcohol, el sexo, el consumismo o prácticamente casi todo lo que hacemos en nuestra equívoca búsqueda de una resolución), nunca nos satisface realmente. El maestro Rupert Spira, cuando escribe sobre la naturaleza no-dual de la conciencia, resume esa búsqueda de este modo:

La contracción de la conciencia en una mente finita ejerce una tensión sobre sí misma, que siempre está intentando liberarse, como la compresión de una pelota de caucho genera una tensión inevitable, que siempre intenta expandirse o relajarse para retornar a su condición neutra original. La contracción de la conciencia la sentimos como la experiencia del sufrimiento, y la inexorable fuerza hacia el estado natural de equilibrio la sentimos como el deseo de libertad, paz y felicidad. De ahí que el deseo de la felicidad sea simplemente el deseo mental de ser despojada de sus limitaciones y regresar a su [estado abierto] y relajado inherente [...] La búsqueda de la iluminación no es más que un refinamiento del deseo de felicidad. Es un indicativo de que la búsqueda se ha vuelto consciente en lugar de ser meramente instintiva.[5]

La cuestión es la siguiente: ¿es mejor rascarse o volver a un estado donde no haya picor? La conciencia abierta te devuelve al estado natural libre de picor.

LA CONCIENCIA DE LA CONCIENCIA

La investigación sobre las revelaciones no-dualistas con las que concluyo este capítulo es un gran paso, aunque sutil, hacia el refinamiento de la conciencia abierta. Si no te atrae, no te preocupes. No es para todo el mundo. Pero para los exploradores intrépidos, las instrucciones siguientes aportan una mayor profundidad a la práctica de la conciencia abierta, que puede cambiar la forma en que percibes las cosas, incluido tu dolor. Este aspecto más profundo se dirige directamente a la esencia de los conceptos índicos de samsara y nirvana: cuando la conciencia se aferra a algo y luego prolifera (*prapañca*), el resultado es samsara; cuando la conciencia se desliza por encima de esas mismas cosas, conduce a nirvana. La pureza perfecta también adopta un nuevo significado en este contexto, porque la conciencia pura es aquello que no echa raíces en ninguna parte. Nada la mancha porque no se adhiere a nada el tiempo suficiente como para quedar manchada. A la inversa, la atención impura es atención adherente que se mancilla aferrándose a las cosas.

En las instrucciones siguientes te pediré que hagas la transición de la dualidad a la no-dualidad de manera que tendrás que prestar mucha atención a la naturaleza de la percepción. Lo que hace que esta transición sea traicionera es que la visión aguzada que nos exige es inseparable de la apertura suave. La clave está en la apertura y en la relajación que, por sí mismas, pueden conducir a descubrimientos no-dualistas. Pero el compromiso con la indagación sutil puede engrasar los engranajes. Los refinamientos que vienen a continuación te llevarán a los límites de la conceptualidad y al borde de la dualidad. Es como caminar hasta el borde de un trampolín y dar el salto. Tu indagación también dejará un sendero de migas de pan metafóricas, que te permitirán encontrar el camino de regreso a casa, a tu naturaleza no-dual.

En este nivel refinado, la conciencia abierta alterna entre una sutil concentración de conciencia (al introducir el análisis incisivo en el proceso perceptivo) y la relajación y la apertura (al liberar tu atención). De este modo, alternarás entre técnicas relativas (concentrativas) y absolutas (expansivas).

❀ LA INSTRUCCIÓN

Inicia tu meditación como antes: dedica unos minutos a practicar *samatha* referencial sentado para aquietar tu mente. Las revelaciones no-duales son muy «sigilosas», y vas a necesitar el silencio de la meditación referencial y el espacio de la conciencia abierta, para detectar estos matices. Estamos utilizando dos medios de contraste de alta resolución: la inmovilidad del *samatha* referencial, que facilita la percepción del movimiento de la mente, y la apertura de la conciencia abierta, que facilita más la percepción de las contracciones sumamente sutiles. Vamos a llevar a la luz de la conciencia procesos que antes eran inconscientes.

El *samatha* referencial y la conciencia abierta se asemejan a la creación de los espejos superpulidos de los telescopios espaciales, como el Hubble o el Webb, que tienen una superficie tan lisa que permite que la luz se refleje con precisión sin sufrir desviación alguna.* En este caso, es la propia luz de la conciencia lo que quieres que proyecten directamente los «objetos» que percibes, a fin de que puedas obtener una visión pura de las cosas.

LA INSTRUCCIÓN (CONTINUACIÓN)

Cuando notes que te has serenado (o «pulido» de alguna manera), eleva lentamente tu mirada, abre tu campo visual y abandona tus referentes de cuerpo y respiración, como antes. Fusiona tu mente con la conciencia-espacio.

Las instrucciones siguientes, que son un tipo de meditación analítica (*vipassana*), al principio, interrumpen la práctica. Es como dirigir el telescopio para ver una estrella específica. Si cambiamos de metáfora, los refinamientos son como las tácticas de un hábil abogado que conduce al testigo hacia

---

* N. del A.: Cuando se lanzó el Hubble por primera vez y el telescopio abrió sus ojos, las primeras imágenes fueron una decepción colosal. Los ingenieros se apresuraron a revisarlo para averiguar dónde estaba el fallo y se dieron cuenta de que los espejos reflectantes no estaban bien pulidos, lo cual ocasionaba todo tipo de distorsiones ópticas. Para reparar este problema, fue necesario emprender una de las misiones de rescate más heroicas de la historia de la ciencia, que culminó con las imágenes más alucinantes que jamás hubiéramos podido imaginar y que ahora celebramos como el regalo del Hubble.

donde quiere que vaya. Te alejan de la dualidad y te guían hacia la visión no-dual.

LA INSTRUCCIÓN (CONTINUACIÓN)

Hasta ahora, has permitido que tu mente campara a sus anchas de una experiencia sensorial a otra: visual, sonora, olfativa, gustativa, táctil o de pensamiento. (En la psicología budista, la conciencia mental se considera una conciencia sensorial, equivalente a la conciencia de los cinco sentidos físicos). Ahora, mientras la conciencia se desliza por estas seis conciencias, presta mucha atención a lo que sucede cuando sientes algo. ¿Supones que «yo estoy oyendo este sonido», «yo estoy buscando ese objeto» o «estoy pensando esto»? ¿Te parece que eres consciente de un objeto externo (aunque ese objeto sea un pensamiento), que estás aquí percibiendo un objeto que está fuera? Percibir las cosas en términos de sujeto y objeto es lo normal. Pero ¿lo es? ¿Está el aspecto en armonía con la realidad? ¿Estoy realmente percibiendo eso? Sintamos esto un poco más.

A simple vista, podría parecer que tu mente está contactando con un objeto externo. Pero si prestas mucha atención con tu espejo pulido, descubrirás que cuando la conciencia se posa sobre un objeto sensorial, en realidad no se está posando sobre nada. No está aterrizando sobre nada.* Nada que no sea la propia conciencia. Presta atención y detectarás una serie de contracciones muy sutiles que generan la ilusión de que hay un objeto allí fuera y, por implicación inmediata, un sujeto aquí dentro. Es la propia contracción lo que genera la ilusión de que hay una cosa y un «allí fuera».

La escurridiza y fugaz contracción primaria, que congela la conciencia en un objeto, lleva tanto tiempo produciéndose que nos parece natural. Entonces, las contracciones secundarias y

---

* N. de la T.: *Nothing*, 'nada' en inglés, compuesto por *no* y *thing* o literalmente, 'no-cosa'.

terciarias generan los igualmente rápidos comentarios (*prapañca*) que acompañan a la contracción primaria (que hay algo allí fuera), lo cual sirve para consolidar más si cabe la contracción primaria (remitiéndola a otros conceptos y contracciones). Este comentario actúa como un cotilleo subconsciente, y como cualquier cotilleo, sirve para reafirmar nuestras impresiones. Cotilleamos para confirmar nuestra visión de las cosas. En este caso, la impresión incierta de que existe un objeto.

¿Por qué nos estamos preocupando de esto? Porque este mismo proceso tiene lugar cada vez que nos contraemos por un estímulo sensorial no deseado, congelándolo en esta cosa que llamamos «dolor». Entonces, las contracciones instantáneas secundarias y terciarias generan esta cosa que denominamos «sufrimiento». Este refinamiento de la conciencia abierta nos devuelve al origen de todo nuestro sufrimiento y nos permite deconstruirlo.

Para detectar todo esto, vas a permitir que se abran y se liberen tus contracciones secundarias y terciarias. Abandonas los argumentos (en sánscrito, esto se denomina *savikalpa* o 'constructo mental') y regresas a la percepción sensorial pura (*nirvikalpa* o 'sin constructos mentales'), una y otra vez. El comentario es abierta o encubiertamente autorreferencial: «¿Cómo se relaciona este sonido conmigo?» o «¿Qué es este sentimiento que estoy percibiendo?» o cualquiera de las infinitas vueltas que le das a lo que percibes. El comentario autorreferencial también actúa para acabar de solidificar la percepción inicial sin forma (*nirvikalpa*) en algún tipo de forma, en una cosa allí fuera. Recuerda que deconstruir es desautomatizar. Para deconstruir la dualidad, has de desautomatizar estas contracciones instantáneas y regresar a lo que las desencadena, a lo que está pasando realmente.

Lo que en realidad sucede es que confundimos la fugacísima contracción primaria con un objeto. La propia conciencia se congela sobre los estímulos sensoriales. Esto es el nacimiento de la conciencia de «el otro», de que hay algo «allí fuera». En el instante en que percibes el sonido «allí fuera», generas el yo «aquí dentro» (hemos vuelto a la creación del sentido del yo, el resultado de la contracción primordial), y entonces, llegas a la conclusión errónea de «estoy oyendo eso». No, no es así. Solo te lo parece. Las tradiciones hinduistas monistas proclaman *tat tvam asi* o 'tú eres eso'. El sonido se oye a sí mismo. El maestro zen Dogen es conocido por haber escrito: «Me he dado cuenta claramente de que la mente no es más que montañas y ríos y la extensa tierra, el sol, la luna y las estrellas».

LA INSTRUCCIÓN (CONTINUACIÓN)

Baja tu ritmo, respira profundo y mira atentamente. Has de hacer esto varias veces, así que ten paciencia. Estás intentando invertir tu relación «contractual» automática con la apariencia. Esto no es fácil. Así que relájate. Tómate tu tiempo y permanece sumamente abierto a todo lo que percibes.

Bernardo Kastrup escribe: «La mayoría de las personas no podrán o no querrán llegar hasta allí; el mero hecho de intentarlo las expone a lo que me gusta llamar el "vértigo de la eternidad": la apabullante constatación de que lo que en realidad está pasando ni siquiera es conmensurable con lo que ellas creen que está sucediendo».[6]

Mediante repetidas sesiones, has de mantener la apertura de tu conciencia el tiempo suficiente para ver lo que está pasando realmente. Es como salir de una habitación muy iluminada y adentrarse en la oscuridad. Al principio, no puedes ver nada.

Tus pupilas (conciencia) están tan contraídas que no puedes ver. Pero si tienes paciencia y mantienes los ojos abiertos el tiempo suficiente, tus pupilas se dilatarán y comenzarás a ver cosas que no habías visto antes. Empiezas a discernir procesos inconscientes que siempre habían estado allí, ocultos en la oscuridad de la ignorancia. La práctica de la conciencia abierta dilata tu conciencia, expande la apertura de tu mente.*

LA INSTRUCCIÓN (CONTINUACIÓN)

Para terminar la instrucción: cuando te poses sobre una conciencia sensorial, procura permanecer siempre conectado, aunque solo sea ligeramente, con la propia conciencia, la conciencia inicial sin forma (las noticias verdaderas), antes de que se contraiga en el falso sentido de ser la conciencia de un objeto (las noticias falsas). Evita la tentación de dejarte llevar por las contracciones conceptuales secundarias y terciarias, o *prapañca*. (O mejor aún, descansa brevemente la conciencia en eso; la sexta conciencia mental y *prapañca* se disolverá al entrar en contacto con ella).

Khenpo Rinpoche explica: «Cuando se percibe por primera vez una forma visual, no existe ninguna otra experiencia que no sea la propia conciencia visual. Es decir, no experimentamos la existencia o no existencia de un objeto. Lo experimentado está totalmente en el ámbito de la conciencia visual, pero

---

* N. del A.: Hay una analogía más impresionante que nos devuelve al Hubble. Los astrónomos querían utilizar el telescopio para calcular cuántas estrellas hay en el universo. Dirigieron la lente del Hubble hacia un punto negro en el espacio. Durante diez días, la «mirada» permaneció fija sobre este punto negro total. Al final, empezaron a aparecer puntos de luz, y llegaron a detectar unos diez mil puntos en ese diminuto espacio. Resultó que cada punto no era solo una estrella, ¡sino una galaxia que no habían detectado hasta entonces, que contenía entre cien mil y doscientos mil millones de estrellas! Entonces, los científicos llegaron a la conclusión de que hay más estrellas en el universo conocido (que se amplía cuanto más lo observan) que granos de arena en todas y cada una de las playas de la Tierra.

confundimos la claridad o brillo de la experiencia con la existencia de un objeto externo».[7]

Si la contracción primaria es la conciencia congelándose sobre un estímulo sensorial, las contracciones secundarias y terciarias se helarán sobre esta tarta congelada. Por consiguiente, la práctica consiste en des-helar y regresar a la percepción sensorial básica. Aquí tendrás que recurrir a tu destreza en la práctica de la meditación referencial, pero en vez de regresar a tu cuerpo y a tu respiración una y otra vez, te abrirás, liberarás y volverás a cualquier cosa que surja: la propia conciencia sin forma. Thrangu Rinpoche nos echa una mano:

> En lo que respecta a la forma en que parecen funcionar las cosas, indudablemente, en nuestra experiencia existe la aparición de objetos externos que se encuentran con los órganos de los sentidos y producen conciencia o hacen que seamos conscientes de ellos. De hecho, lo que percibimos como objetos externos y lo que percibimos como facultades internas son en realidad aspectos de la conciencia. Por ejemplo, cuando nuestros ojos ven la forma, lo que normalmente decimos que ocurre es que hay un objeto externo que nuestros ojos son capaces de captar, el encuentro entre el ojo y el objeto genera una conciencia visual. Desde la perspectiva de la forma en que son las cosas, lo que percibes como forma externa es el objetivo o aspecto lúcido de la propia conciencia visual, es decir, la conciencia ocular se manifiesta en la forma. El aspecto del vacío de la conciencia ocular es lo que experimentas como (o supones que es) el sujeto que experimenta un objeto.[8]

LA INSTRUCCIÓN (CONTINUACIÓN)

Si descubres que estás pensando automáticamente en que estás pensando, en vez de pensar sobre el objeto, te limitas a posarte sobre ese pensamiento. Puede que esta práctica parezca complicada, pero en realidad es muy sencilla. Solo que es difícil explicarla con palabras. Piensa en lo difícil que es para un niño aprender a caminar. Imagina lo complicado que sería explicarle «cómo hacerlo». Por el contrario, lo que sucede es que se cae una y otra vez, hasta que al final se hace a ello y caminar se convierte en algo natural. El estado de conciencia abierta es en realidad el estado natural de una mente abierta. No tardarás demasiado en aprenderlo. Solo te parece antinatural porque has estado muy contraído durante mucho tiempo. Basta con que abras tu mente y pases unos segundos con las cosas que vayan apareciendo. Todos estos descubrimientos se despliegan espontáneamente a medida que la mente se relaja y las contracciones se autoliberan.

Puesto que la investigación es tan sutil, funciona mejor en sesiones cortas, repetidas a menudo. Si intentas practicar el análisis demasiado tiempo, la mente se estancará. Para mantenerla fresca, mira con agudeza, como si estuvieras tocando un gong. Luego ábrete, relájate y permanece en el tono que siga a cada golpe. Si te esfuerzas demasiado, la contracción volverá a ocultarse. Es como caminar por la cuerda floja, donde la clave para hallar el equilibrio está en no tensar ni aflojar demasiado la cuerda.

Escribir sobre la no-dualidad no es fácil porque el lenguaje es dualista por naturaleza. ¿Cómo puede lo finito relacionarse con lo infinito o lo temporal con la eternidad? No puede. Cuando la mente dualista intenta envolverse con la no-dualidad, el resultado suele ser la ironía, la paradoja o el desconcierto. Entonces hemos de abrir nuestra mente de manera radical si queremos hallar un camino que ponga fin a nuestro sufrimiento, o en términos budistas, alcanzar el nirvana. Nirvana significa 'extinguir', 'apagar' y las instrucciones que acabo de dar han sido diseñadas para apagar la mente conceptual y convertirla en añicos no-conceptuales.

Si la no-dualidad es tan sutil, ¿por qué preocuparnos? Porque todo en nuestra vida material surge de estos procesos sutiles. Estamos trabajando con la base «genética» del samsara, y podemos curar un sinfín de enfermedades plenamente manifestadas regresando a nuestros orígenes. (Thoreau tenía una intención similar, cuando se fue de retiro para «apurar al máximo, para arrinconar la vida y reducirla a sus elementos básicos»). Este trabajo alcanzará su refinamiento máximo en las meditaciones inversas, donde la triple evolución de la conciencia abierta dará su fruto. Primero, han surgido las apariencias *hasta* alcanzar la conciencia; segundo, las apariencias han surgido *en* la conciencia, y por último, las apariencias se han manifestado *como* conciencia. Ahora, con esta transición desde la percepción dualista hasta la no-dualista, usarás la meditación inversa para cambiar tu relación con el dolor. De este modo, descubrirás el nirvana en el samsara y el cielo en una nueva visión del infierno.

CAPÍTULO 10

LAS MEDITACIONES INVERSAS

Preliminares

Bueno, pues entonces, ama tu sufrimiento. No te resistas ni huyas de él. Lo que te causa dolor es tu aversión, nada más.

Hermann Hesse

No hay nacimiento de la conciencia sin sufrimiento.

Carl Jung

Por fin, estamos listos para entrar de lleno en las meditaciones inversas. Estas prácticas encierran una serie de sorpresas, comenzando por el hecho de que con estas meditaciones ni te *elevas* hacia el cielo ni te *evades* con la espiritualidad positivista convencional. Con las meditaciones inversas *desciendes* hacia la tierra y te *adentras* en una espiritualidad auténtica no convencional. Chögyam Trungpa dijo: «No hay salida hacia fuera. La magia está en descubrir que existe un camino hacia el interior». Las meditaciones inversas proporcionan ese camino hacia el interior. En este capítulo abundan las afirmaciones que respaldan las tesis radicales, pues como dice la máxima: las afirmaciones extraordinarias requieren pruebas extraordinarias.

Estas meditaciones de cuatro pasos, iconoclastas y audaces, me han ayudado a abrirme, y esto me ha permitido aceptar cualquier experiencia. También me han ayudado a comprender el fenómeno de la contracción a niveles totalmente nuevos. Pero no son para todo el mundo. Como toda meditación, en cierto modo, son opcionales. Pero ¿es opcional el dolor? ¿Son opcionales las experiencias no deseadas? ¿Son opcionales la vejez, la enfermedad y la muerte? Para los que deseen mantener una relación más saludable con estos inevitables compañeros de vida y anhelen hallar formas de incluir el dolor en el camino, estas meditaciones inversas son un tesoro.

Aunque aprendí estas prácticas en el contexto de la tradición *Mahāmudrā*, también se pueden realizar en el ámbito de las meditaciones practicadas en los lugares donde se realizan los funerales celestes que he descrito en el capítulo cuatro. Como recordarás, esos repugnantes y miserables lugares provocan reactividad y contracción intensas. Son el infierno en la tierra. Pero como dijo el erudito budista Hamid Sardar: «En el tantra, el infierno es el paraíso».[1] Las meditaciones inversas son de inspiración tántrica.

Las meditaciones inversas también tienen algunas raíces doctrinales de otras escuelas budistas. En la tradición *Mahāyanā*, por ejemplo, las meditaciones inversas tienen un precursor en la práctica del *tonglen* o 'enviar y recibir'.* En la práctica *tonglen*, inviertes la lógica egoica de anteponerte siempre a todo. Usando la respiración como medio, inhalas todo el dolor y el sufrimiento del mundo, y exhalas amor y paz. Absorbes oscuridad y envías luz.[2] El *tonglen* forma parte de las enseñanzas del budismo tibetano *lojong*

---

* N. del A.: Una de las clasificaciones de todas las enseñanzas del Buda es la de las *tres yanās* o «vehículos»: tantra es sinónimo de *Vajrayāna* o 'vehículo del diamante'; *Mahāyāna* es el 'gran vehículo' o 'vehículo amplio' e *Hinayāna* es el 'vehículo individual' o 'vehículo pequeño'.

o los «siete puntos del entrenamiento mental». La práctica *lojong* se basa en cincuenta y nueve lemas, como «Agrupa todas las culpas en una», que nos enseña a responsabilizarnos de nuestras acciones, y «Ganancias y victoria para los demás, pérdida y culpa para uno mismo», que destacan por sus estrategias de inversión. Bajo la perspectiva *Hināyanā*, las *Nueve contemplaciones sobre la muerte* (del *Satipaṭṭhāna Sutra*) ofrecen otro preámbulo para la práctica de la contemplación de la desintegración gráfica del cuerpo después de la muerte, donde invertimos nuestras estrategias de evitación habituales sobre el final de la vida.

La práctica de la conciencia abierta nos enseñó a estar abiertos a cualquier cosa —cultivando la actitud de «no me molesta lo que suceda»— y las meditaciones inversas son la continuación elegante de esa práctica. Reginald Ray escribe que en la meditación de la conciencia abierta: «No importa lo atormentada que esté nuestra mente antes de alcanzar este estado, una vez lo conseguimos experimentamos de otro modo todo nuestro dolor y sufrimiento».[3] Las meditaciones inversas forman equipo con la conciencia abierta en la creación de un crisol indestructible para la transformación, que te permitirá ver todas tus experiencias no deseadas bajo una nueva luz liberadora. Al cultivar esta meditación de alto voltaje, también estás propiciando una comprensión más profunda de la contracción, pues esta nunca es tan evidente como cuando sufres.

Has visto que la auténtica espiritualidad no es para sentirte bien (salvo que estés hablando de la bondad básica). Es para que nos sintamos reales. El psicólogo Robert Augustus Masters comparte sus visiones sobre lo terrenal que es la auténtica espiritualidad:

> La verdadera espiritualidad no es un subidón, algo que sucede de repente, ni un estado alterado de conciencia. Ha estado bien albergar esta idea romántica durante algún tiempo, pero nuestra época

nos exige algo mucho más real, fundamentado y responsable; algo radicalmente vivo e integral por naturaleza; algo que nos remueva las entrañas hasta que dejemos de considerar que profundizar en la espiritualidad es hacer una incursión aquí o allá. La auténtica espiritualidad no es un pequeño parpadeo o zumbido de sabiduría, ni una experiencia psicodélica explosiva o un apacible rato en algún plano exaltado de la conciencia, ni una burbuja de inmunidad, sino un vasto incendio de liberación, un crisol sumamente preciso y un santuario que aportan calor y luz para la sanación y el despertar que necesitamos.[4]

Masters nos exhorta a que comprendamos que la verdadera práctica «nos exige que dejemos de darle la espalda a nuestro dolor, que dejemos de sedarnos y de esperar que la espiritualidad nos haga mejores».[5]

El clásico plan de confort de la espiritualidad de la Nueva Era, que pregona la importancia de la unidad y la Unicidad, con frecuencia lo hace reforzando la «fragmentación al rechazar y separarse de lo doloroso, lo angustioso y lo que no está sanado; es decir, todos los aspectos menos glamorosos de la condición humana», dice Masters.[6] Los consumidores de espiritualidad están de acuerdo con la Unicidad, siempre y cuando signifique la unión con lo que nos hace sentirnos bien o con seguir su dicha.* Pero para crecer realmente, hemos de dirigirnos hacia «los aspectos dolorosos, desfigurados, relegados, indeseados o rechazados de nosotros mismos y cultivar la mayor proximidad posible con ellos», como dice Masters.[7] ¿Quién en su sano juicio desea hacer *eso*?

---

* N. del A.: La famosa máxima de Joseph Campbell «¡Sigue tu dicha!» indudablemente tiene una validez provisional. Pero si te limitas a seguir tu dicha, solo conseguirás alejarte de la realidad. Si realmente quieres crecer, prueba a equilibrar esto con «sigue tu miedo» o con alguna otra variante de «sigue tu plan de incomodidad».

El científico cognitivo Scott Barry Kaufman escribe: «La trascendencia saludable no se alcanza intentando distraernos de nuestra aversión a la realidad. La trascendencia saludable implica *confrontar* la realidad tal como es, de frente, con ecuanimidad y amor incondicional».[8] «El auténtico camino –prosigue– no es el que deja partes de nosotros (o nuestro dolor, añadiría yo) o a los demás atrás, o destaca singularmente por encima del resto de la humanidad».[*] En esta misma línea, Masters señala una gran limitación del mindfulness, la tranquilidad que cultiva este tipo de meditación, que supone un acto de pacificación que fácilmente puede convertirse en un «válium metafísico»:

A pesar de sus innegables efectos calmantes y relajantes, las prácticas meditativas que sedan la mente pueden estar al servicio de un propósito nocivo; *sentir más calma y relajación no siempre es bueno*, en especial cuando no coexisten con el discernimiento y la introspección. Los tranquilizantes meditativos o de cualquier índole simplemente nos adormecen, y si nos interesa estar en ese estado, tal vez nos sintamos atraídos hacia prácticas meditativas que nos alejen del dolor. Siempre y cuando nos dirijamos conscientemente *hacia* nuestro dolor y nuestras dificultades, permaneciendo lo bastante cerca de ellos como para poder trabajar eficazmente con ellos, ya no nos seducirá tanto el deseo de sedarnos.[9]

---

[*] N. del A.: Kaufman prosigue: «La trascendencia saludable no es estar fuera de la totalidad o sentirse superior a ella, sino ser una parte armoniosa del conjunto de la existencia humana [...] La trascendencia saludable implica utilizar todo lo que eres al servicio de realizar tu mejor versión, para que puedas subir el listón para toda la humanidad». El reto se encuentra en hallar armonía en la disonancia, en darnos cuenta de que los aspectos disonantes de la vida tienen un lugar en la sinfonía moderna de nuestra vida. Kaufman, «The Science of Spiritual Narcissism».

¿POR QUÉ LA INVERSIÓN?

Invertir nuestras estrategias habituales exige valor, pero entonces es cuando se produce la transformación. El psicólogo Bruce Tift escribe:

> Por propia experiencia sé que las prácticas que tienen mayor potencial para el cambio transformador suelen ser las antinaturales, es decir, aquellas que no deseamos hacer o que van en contra de nuestras respuestas evolutivas básicas de supervivencia. Para trabajar nuestros mecanismos de defensa neuróticos, necesitamos la voluntad de afrontar exactamente aquellas vulnerabilidades —el miedo, la rabia, el duelo y los sentimientos horribles— en las que hemos invertido años para dejar de sentirlas. Pero ¿quién desea hacer eso? ¿Quién quiere sentirse estúpido o abandonado? Estar con esos sentimientos va en contra de nuestra naturaleza.[10]

Sin embargo, Tift nos dice que «hacer algo que parece estúpido, para relacionarnos intencionadamente con nuestro dolor y nuestro miedo, podría ser lo que más nos convenga (y quizás también sería por el bien de otros)».[11]

Con el regalo de la conciencia abierta, te has abierto a la experiencia. Con la meditación inversa, darás el siguiente paso: invertir tus estrategias de defensa y acceder directamente a la experiencia dolorosa. Normalmente, cuando sientes dolor, lo que deseas es huir de él. La reacción inmediata es anestesiarte para dis-traerte de la virulencia de la experiencia, pero paradójicamente esa distracción transforma el dolor en sufrimiento. La industria de los analgésicos (junto con cualquier otra forma de abuso de sustancias) y la del entretenimiento (otra forma de analgesia) tienen ingresos multimillonarios porque institucionalizan y satisfacen nuestro anhelo de distracción del dolor o del aburrimiento.

A nivel individual, nos distraemos del malestar del aburrimiento cuando nos dejamos llevar por el pensamiento discursivo. Nos perdemos en las películas internas de la mente (en lenguaje tántrico se hace referencia al «pensamiento» como «movimiento mental»), que nos alejan del aburrimiento con la misma eficacia que una producción hollywoodense.

El *samatha* referencial y la conciencia abierta trabajan para eliminar las diversiones que diluyen la experiencia. Las meditaciones inversas concentran aún más nuestra experiencia, invitándonos directamente a entrar en esa discordia que las diversiones pretenden alejar.

EL ESPÍRITU DE LA MATERIA

La sabiduría de la visión correcta es crucial llegado este punto. Ver más allá de nuestro dolor y nuestro sufrimiento, incluso filosóficamente, es esencial para adentrarnos de lleno en ellos. La visión de las meditaciones inversas es tántrica, y hay uno de los aspectos del tantra que merece nuestra atención para entender estas meditaciones: la forma en que el tantra reivindica el valor de la materia, no por la materia en sí misma, sino para utilizarla de forma espiritual. El tantra enseña que podemos incluir el dolor en el camino espiritual y que podemos hallar el cielo en la tierra.*

Trungpa Rinpoche habló de la *negatividad negativa*: «Las filosofías y razonamientos que usamos para justificar nuestra evitación

---

* N. del A.: El espíritu de las meditaciones inversas es similar al de los programas de reducción del estrés basados en el mindfulness (REBM) de Jon Kabat-Zinn, pero es más intenso y profundo. Véase Jon Kabat-Zinn, *Vivir con plenitud las crisis: cómo utilizar la sabiduría del cuerpo y de la mente para enfrentarnos al estrés, el dolor y la enfermedad* (Barcelona, Kairós, 2016). Para conocer más sobre la REBM, véase Daniel Goleman y Richard J. Davidson, *Los beneficios de la meditación: la ciencia demuestra cómo la meditación cambia la mente, el cerebro y el cuerpo* (Barcelona, Kairós, 2017).

del dolor. Nos gustaría pensar que estos aspectos "malvados" y "apestosos" de nosotros mismos y de nuestro mundo no existen realmente o que no deberían existir».[12] Robert Masters expresa una idea similar: «Ser negativo respecto a la negatividad nos fragmenta, nos aleja de nuestras heridas todavía abiertas. Tendemos a agrupar el dolor, la rabia, la pena, la vergüenza, el miedo, el terror, la soledad, la desesperación, etcétera, y a calificarlos como "negatividad", como algo que dista mucho de ser espiritual».[13] Intentamos huir de esta negatividad, pero como escribe Masters:

> Lo único que hemos hecho es escapar del mismo dolor que, si lo sintiéramos plenamente y lo abordáramos con destreza, nos liberaría para vivir con más profundidad, plenitud y, sí, también con más espiritualidad. Nuestra falta de proximidad con nuestra ira, miedo, vergüenza, duda, terror, soledad, pena y otros estados dolorosos hace que nuestra experiencia sea superficial, anémica emocionalmente y adicta a cualquier cosa que nos ayude a sedar nuestra negatividad [...].
>
> Así que ve hacia tu negatividad. Deja de patologizarla, no la relegues más a un estatus bajo, deja de ocultarla en la oscuridad. Dirígete hacia ella, ábrele la puerta y las ventanas, tómale la mano. Mírala a los ojos. Siente su herida, siéntela en lo más profundo, siéntela por ella, siéntela sin nada que la aminore. Pronto empezarás a notar que su mirada no es otra que tu propia mirada, tal vez de algún tiempo anterior, pero tuya de todos modos, que contiene mucho de ti.[14]

Estamos intentando cultivar la «negatividad positiva», ver el regalo que nos aportan las dificultades y el dolor. El erudito de sánscrito Christopher Wallis señala que cuando alguien intenta eludir las emociones y los sentimientos negativos:

[...] esa persona no aprenderá qué enseñanza encierra esa emoción si su único objetivo es volver a sentirse bien lo antes posible. Esa emoción visitará a esa persona, lo hará una y otra vez, puesto que no ha sabido abrirse a ella como su maestra y, por ende, no ha conseguido integrar su energía. Las emociones «negativas» encierran una increíble cantidad de energía que no podemos aprovechar sin esta autoaceptación básica. Cuando nos elevamos por encima de la autocondena y nos aceptamos a nosotros mismos y nuestros sentimientos, esa energía revela espontáneamente sus cualidades beneficiosas indicándonos el camino hacia una experiencia más profunda de nuestra auténtica naturaleza. De modo que abandona, de una vez por todas, esta expresión de *emociones negativas*, puesto que suele implicar «emociones que no deberíamos tener».[15]

Wallis nos exhorta a que nos deshagamos del concepto de que «un estado mental es "mejor" que otro, y que "deberías" sentirte de esta forma o de esta otra». Los que practican métodos tántricos (*tantrikas*) «*no deben temer el dolor o ningún sentimiento intenso de cualquier índole o pensar que es impío, porque si lo hacen se privarán de una inmensa fuente de energía vital*». A los *tantrikas* a veces se los llama *viras*, 'héroes' o 'adeptos', porque hace falta un valor heroico para ver con claridad nuestro dolor y aceptar su poder, en vez de intentar apartarlo diciendo: «Esto no soy yo».[16]

EL CUERPO COMO CRISOL

En la meditación inversa, el crisol para la transformación es nuestro cuerpo. Nuestro cuerpo, nuestra tierra personal, es el terreno al que hemos de regresar para vivir nuestra experiencia. Sri Aurobindo dijo que el proceso del camino es el descenso del espíritu a la carne: la encarnación más que la trascendencia. Al «despertar abajo» de este modo y permanecer allí, estamos en contacto con la verdad. El engaño (por no hablar de la confabulación y el catastrofismo) no puede seguirte hacia el interior de tu cuerpo.* El tantra *hevajra* del budismo tibetano proclama que la «sabiduría habita en el cuerpo». En el yoga tibetano, el despertar es el resultado de la máxima materialización. Observa cómo estos ejemplos son lo opuesto a las estrategias espirituales más trascendentales. El filósofo Christopher Bache escribe:

> El propósito del despertar espiritual no parece ser huir de la existencia física, como proponían [las] religiones tempranas, sino despertar todavía más plenamente *dentro* de la existencia física... ya no corremos para explorar un universo que está «allí fuera», sino que estamos «invocando al cielo para que descienda aquí abajo», atrayendo estados de conciencia superiores a nuestra existencia física, mezclando alquímicamente el cielo y la tierra en el recipiente de nuestro cuerpo humano. Cuando realmente se produce la unión del nirvana ('iluminación') y el samsara ('existencia cíclica') [...] podemos realizar el cielo en la tierra y no existe necesidad subjetiva de ir a ninguna parte.[17]

Cuando experimentamos dolor físico o emocional, automáticamente tendemos a calmarlo retirándonos a la mente conceptual. La industria del entretenimiento empieza justo aquí. *Entretener* significa 'retener entre'. En lugar de estar con el sentimiento

---

* N. del A.: Este principio es el que se usa en instrumentos como los detectores de mentiras, que escuchan más el lenguaje corporal que el literal. El catastrofismo es cuando das por hecho que va a suceder lo peor. Crees que estás en una situación peor de la que realmente estás, exageras las dificultades. La confabulación es generar experiencias imaginarias, las interminables películas que te inventas y en las que te quedas atrapado, como una araña en su propia tela. A veces se la llama «mentira sincera» porque sinceramente no sabes que estás confabulando, mezclas y confundes totalmente el mapa (tu pensamiento) con el terreno (realidad).

difícil, nos contraemos y nos refugiamos en el pensamiento más fácil. Utilizamos los pensamientos para que nos protejan de la cruda inmediatez de nuestro dolor, reteniendo nuestras historias entre nosotros y el dolor. Reginald Ray escribe: «Cuanto más cerramos nuestro cuerpo, más nos retiramos hacia el pensamiento. La intensidad de nuestro pensamiento compulsivo es directamente proporcional al grado en que no estamos dispuestos a experimentar nuestro cuerpo directa y completamente. De hecho, nos hemos disociado de él».[18] Si nuestro cuerpo es el origen de nuestro dolor, nuestra reacción instintiva es salir de él.[*]

Muchos vivimos desconectados de nuestro cuerpo, estamos tan sedados físicamente que no somos conscientes de esa sedación. Estamos tan congelados que cuando empezamos a reconectar con la realidad, con nuestro cuerpo, a veces duele. Cuando tu cuerpomente empieza a descongelarse, las cosas pueden empeorar antes de mejorar. Bache escribe que el dolor «forma parte del proceso de purificación y, por consiguiente, el dolor puede convertirse en nuestro aliado en el trabajo. Aprendemos a invertir nuestro instinto de evitar el sufrimiento y abrirnos, no porque nos guste sufrir, sino por lo que hay al otro lado del sufrimiento».[19]

A medida que te vayas acercando a la verdad de la experiencia plenamente encarnada, notarás que «vas entrando en calor». Cuando comienzas el imprescindible deshielo puedes llegar a sentir ese calor como si fuera una caldera. Pero solo te parece doloroso

---

[*] N. del A.: La idea de que tu cuerpo es tu tierra personal implica que la forma en que te relacionas con él es la misma con la que te relacionas con la tierra. La crisis ecológica también empieza justo aquí y se ha de curar aquí. Al conectar con nuestro cuerpo y mejorar nuestra relación con él, extendemos espontáneamente esa saludable relación interna con el planeta externo. Para saber más, véase Ray, *Touching Enlightenment: Finding Realization in the Body* [Tocar la iluminación: hallar la realización en el cuerpo], 21-54. Véase también David R. Loy, *Ecodharma: enseñanzas budistas para la crisis ecológica* (Barcelona, La llave ediciones, 2021).

por el contraste.* Si no estuvieras tan congelado, el deshielo no dolería. «En el contexto del trabajo corporal –dice Ray–, *la aparición de malestar es pues una buena noticia*. Esto se debe a que marca el comienzo del proceso de *inversión* [...] del desarrollo y fortificación del ego, la causa última de nuestra incorporeidad y alienación del yo profundo».[20] El yo conceptual es el congelador que lo hiela todo en sus perversos intentos de impedir que sintamos algo. El ego lo transforma todo en hielo, para conservarse a sí mismo.

El audaz primer paso de las meditaciones inversas es salir del estado de «sedación insensibilizadora en el que nos encontramos para regresar al estado de malestar –prosigue Ray–. El malestar se vuelve más sutil y transparente a medida que nos adentramos más y más en el cuerpo, a través de cada nivel sucesivo de emoción, sentimiento, sensación, estado de ánimo y sensación subjetiva. Al final, llegamos a nuestro núcleo, el espacio vacío en el centro, que está abierto y es libre, pero, al mismo tiempo, es la base de todo nuestro ser. En ese punto, se ha completado nuestra encarnación, nuestra realización es real y el sólido "ego" se ha convertido en un sueño lejano».[21]

El deshielo se ha completado.

EL DOLOR INTEGRAL

Las meditaciones inversas exigen una visión integral del dolor, un enfoque que honre e incorpore su papel fundamental en el mantenimiento de la evolución física, reconociendo a un mismo tiempo las posibilidades que ofrece para promover el crecimiento

---

* N. del A.: Así es justamente como sentí mi retiro de tres años: como un deshielo masivo que me inspiró para escribir *The Power and the Pain: Transforming Spiritual Hardship into Joy* [El poder y el dolor: transformar las dificultades espirituales en dicha] (Ithaca, Snow Lion Publications, 2010).

psicoespiritual. En el ámbito biológico, el dolor está grabado en nuestro ADN, como una señal de que algo va mal. Se activa la respuesta de «luchar, huir o paralizar», y hacemos lo que haga falta para eliminar o evitar el dolor. Gracias a esta saludable respuesta hemos evolucionado hasta el extremo de que ahora podemos contemplar la naturaleza del dolor, incluida su capacidad para centrar la mente: porque la experiencia en sí misma es tan concentrada que concentra la atención. Sin embargo, como el dolor es tan concentrado, pasamos la mayor parte de nuestra vida intentando disolverlo.

El problema está cuando trasladamos esta relación biológica al terreno psicoespiritual. Entonces se interpone ese mismo dolor que sostiene la evolución física y retrasa el crecimiento psicoespiritual. En el mundo de la psicología y de la espiritualidad, el dolor puede ser una señal de que estás haciendo algo *bien*. Te «estás calentando». Aunque sea el típico tópico, el refrán «quien algo quiere algo le cuesta» lleva razón. Sin una comprensión integral del dolor, la evolución se transforma en involución. Y cualquier pensamiento de practicar las meditaciones inversas se detiene en seco.

Así que te ruego que seas amable contigo mismo con estas meditaciones. En cierto modo, estás invirtiendo la corriente de evolución física. Comprender esto ayuda a afrontar la resistencia que suele aparecer durante estas prácticas. Además, el ego hace acto de presencia para acabar de trastocar el proceso. Es decir, el dolor protege la forma biológica. El ego solo se identifica con la forma. Cuando intentas evolucionar del ego al no-ego, de la forma a la no-forma, este saludable impulso espiritual puede parecerte una amenaza biológica. Cuando no comprendes adecuadamente el ego y su relación histórica con el dolor, este irrumpe para autoprotegerse y disuadirte para que no hagas estas meditaciones inversas.

En el espíritu de la alquimia y el tantra, sin embargo, con la visión correcta podemos transformar un obstáculo importante para la evolución (física) en una oportunidad clave para la evolución (espiritual): como transformar el plomo en oro y el veneno en medicina. Ray continúa: «Lejos de ser un problema [el malestar] es lo que estábamos buscando. Si creemos que nuestro malestar es un indicador de que algo va mal, es normal que nos resistamos y que volvamos a arrinconarlo a las sombras del cuerpo. Si, por otra parte, lo vemos por lo que es, un desarrollo y un marcador positivo de nuestro progreso [...] es mucho más probable que le demos la bienvenida y lo veamos con una mente abierta y con curiosidad».[22] El malestar, el miedo, el dolor y toda una serie de experiencias no deseadas, ahora, nos indican precisamente adónde *tenemos* que ir si queremos crecer.

Me he guiado por este consejo extremo (seguir mi miedo, mi vulnerabilidad, mi dolor) durante gran parte de mi vida espiritual. Es la razón por la que me atreví a afrontar el reto del retiro de tres años. No se me ocurría nada más aterrador que enfrentarme a mi mente de una manera tan directa durante tanto tiempo. Es la razón por la que hago retiros oscuros. No me puedo imaginar nada más concentrado que estar conmigo mismo de un modo tan intenso.* Y es la razón por la que hago estas meditaciones inversas. Este enfoque (inverso) no convencional de seguir mi miedo, mi vulnerabilidad y mi dolor ha sido mi mejor guía para el crecimiento. Pero cuidado con este crecimiento: no te conviertas en un buscador de peligros espiritual. Fomentar situaciones peligrosas en busca de un subidón espiritual no es meditar. Las meditaciones inversas

---

* N. del A.: El retiro oscuro forma parte del budismo tibetano y del Bön; también era un antiguo ritual griego. Véase Tenzin Wangyal, *Maravillas de la mente natural: la esencia del Dzogchen en la tradición Bon, originaria del Tíbet* (México, PAX México, 2005), y Yulia Ustinova, *Caves and the Ancient Greek Mind: Descending Underground in the Search for Ultimate Truth* [Las cuevas y la mentalidad griega antigua: descender bajo tierra en busca de la verdad última], (Oxford, Oxford University Press, 2009).

requieren la visión correcta, las directrices y el apoyo que has ido construyendo a lo largo de este libro.

Por poderosas que sean estas prácticas no son la panacea para las dificultades que nos plantea la vida. Siguiendo el espíritu de los enfoques integrales, estas prácticas se deben utilizar junto con los métodos tradicionales para trabajar con el dolor. La terapia para los traumas tiene su misión, como la tienen la terapia cognitivo conductual, los fármacos y docenas de estrategias para la gestión del dolor. Pero las meditaciones inversas pueden mejorar, y a veces sustituir por completo, un buen número de métodos convencionales para tratar el dolor físico, psicológico e incluso espiritual.

LA ECUACIÓN DEL SUFRIMIENTO

Existe una meditación inversa para cada experiencia no deseada. Las circunstancias indeseables son infinitas, pero las meditaciones inversas son una práctica que va bien para todo. En el capítulo once aprenderás a hacer esto formalmente, y te recomiendo que las practiques de este modo hasta que te desenvuelvas con ellas. Pero el poder de estas prácticas radica en su aplicabilidad inmediata.

Puesto que el dolor es indudablemente la experiencia no deseada más común, vamos a utilizarlo como ejemplo. El viaje hacia el interior del dolor, y luego *a través* de él, empieza con una sencilla ecuación: el sufrimiento es igual al dolor multiplicado por la resistencia. Al abandonar tu resistencia al dolor, puedes eliminar tu sufrimiento. Sigue existiendo algo a lo que llamamos dolor, pero hemos transformado nuestra relación con él. (Como verás más adelante, incluso el «dolor» es deconstruido).

La perspectiva psicológica ayuda a extender los principios de las meditaciones inversas al dolor emocional. Carl Jung escribió: «La neurosis es siempre un sustituto del sufrimiento legítimo».

Si sustituimos «sufrimiento legítimo» por «experiencia intensa» o «experiencia no deseada», podremos ver la universalidad de las meditaciones inversas y lo demencial de este método.[23] Al aumentar tu tolerancia a la intensidad experiencial, reduces tu necesidad de neurosis. Hay otra interpretación que relaciona la afirmación de Jung directamente con las meditaciones inversas: «El sufrimiento es siempre un sustituto del dolor legítimo». Entonces, líbrate de tu sufrimiento legitimizando tu dolor, lo cual se consigue invirtiendo tu relación con él.

Según la máxima «trasciende, pero incluye», las meditaciones inversas se desarrollan a partir de las primeras meditaciones de *samatha* referencial, de la conciencia abierta y de una comprensión más sofisticada de la sabiduría de tu cuerpo. Las meditaciones inversas también llevan tu meditación «antiquejas» a un nuevo nivel. Todas estas prácticas se apoyan las unas a las otras para crear el crisol a prueba de fuego donde puedes transformar las miserias de la vida.

Aunque a algunas personas les sorprenda, las meditaciones inversas también están incluidas dentro de la práctica del amor incondicional (*metta* en pali, *maitri* en sánscrito). ¿Cómo puede un acto amoroso lanzarte de cabeza a tu dolor? El mayor acto de amor que puedes hacer por ti y por los demás es decir y vivir la verdad. El dolor no es agradable, pero es real. Y es mejor vivir una vida genuina en una realidad apestosa que una existencia imaginaria sin dolor.

Si intentas que tu vida siempre sea «guay», estarás viviendo a mínimos, como la luz piloto de la caldera del gas, y se te escapará la vida. La verdadera espiritualidad es vivir con el gas a tope. Suzuki Roshi dijo: «Cuando hagas algo, hazlo con todo tu cuerpo y tu mente; concéntrate en lo que haces. Hazlo a fondo, como una buena hoguera. No seas un fuego humeante, quémate del todo. Si no lo haces, quedará un rastro de ti en lo que haces».[24] A la mayoría de las personas nos gusta «fumar», y fumar es un peligro para una vida auténtica. En vez de permanecer en las hogueras de la vida, ardemos por los acontecimientos, echamos humo por las ofensas y nos preocupamos por un sinfín de insultos personales.[*] Hacemos eso porque no estamos equipados con un crisol que pueda soportar el calor.

Las meditaciones inversas ofrecen un método para quemar tu experiencia en el mismo momento que la vives: un método para iluminar tu vida. El maestro del shivaíta Kṣemarāja escribió que cuando «algo que está siendo experimentado ahora se funde en el Fuego de la Conciencia, a través del proceso de la "digestión súbita", conocido también como el método de "devorar por completo", se dice que tiene la *gracia*, porque ha sido integrado en el estado de plenitud total».[25] Todos los grandes maestros nos exhortan a consumir y a digerir todo de la vida, ya sea amargo o dulce. Cualquier otra forma de consumo es secundaria y no es auténtica: nunca satisface. El consumismo auténtico devora la propia vida y las meditaciones inversas prenden el Fuego de la Conciencia capaz de freírlo y tragarlo todo.

---

[*] N. del A.: Al incinerar nuestra experiencia mientras la vivimos, ponemos fin al karma y a la generación de *samskaras*, o patrones de energía no digeridos, que son los que gobiernan la mayor parte de nuestra vida y nos hacen crear más karma. Véase el capítulo trece. Wallis escribe: «El cuerpo mental-emocional (*puryastaka*) almacena restos de estas experiencias en proporción directa al grado de digestión incompleta en el momento en que sucedieron». Si incineras tu experiencia cuando la vives, «entonces, puedes "digerir" esa experiencia por completo, lo que significa que permites que esa energía pase a través de tu organismo sin resistencia». Christopher D. Wallis, *The Recognition Sutras: Illuminating a 1,000-Year-Old Spiritual Masterpiece* [Los sutras del reconocimiento: iluminar una obra maestra de mil años de antigüedad (Boulder, Mattamayūra Press, 2017), 302, 310.

LA NEUROCIENCIA DE LA MEDITACIÓN Y DEL DOLOR

Hace diez años, pasé casi todo un fin de semana en una máquina de RMI (un instrumento de que mide la actividad neuronal y detecta los cambios en el cerebro en tiempo real), en un conocido laboratorio de neurociencia donde estudiaban el dolor en veteranos de la meditación.[*] Los técnicos de laboratorio me colocaron una banda en la muñeca izquierda que generaba calor (la temperatura oscilaba entre ambiente o extremadamente caliente); entonces, escaneaban mi cerebro para ver cómo reaccionaba al inicio del dolor. Los científicos diferenciaron tres aspectos del dolor: el sensorial, el afectivo (emocional) y el cognitivo, o todas las interpretaciones que adjudicamos a la sensación no procesada.[**] Como sucede en otros estudios, en el que yo participé demostró que la meditación influye en los tres aspectos, lo cual da credibilidad a las afirmaciones que hago en este libro.[***]

---

[*] N. del A.: En el Center for Investigating Healthy Minds ('centro para la investigación de mentes sanas'), en un estudio conducido por el neurocientífico Richard J. Davidson.

[**] N. del A.: Los científicos también distinguen el dolor de la nocicepción. La nocicepción es el proceso fisiológico mediante el cual detectamos la herida; el dolor es el proceso secundario que viene a continuación. La nocicepción se correlaciona con el primero de estos tres aspectos, el aspecto sensorial. Si me doy un golpe en el dedo del pie, la nocicepción se produce en el dedo del pie (y la columna vertebral); el dolor lo genera mi cerebro. La nocicepción se puede restringir al sistema nervioso periférico, mientras que el dolor siempre implica al cerebro. Es decir, la nocicepción puede producirse sin que seamos conscientes, pero el dolor no. Aparte de las similitudes y diferencias entre las versiones científica, psicológica y espiritual de la nocicepción, el dolor y el sufrimiento están fuera de nuestro alcance.

[***] N. del A.: En cuanto a cómo les ha ido a otros meditadores del budismo tibetano en estudios similares, véase Perlman, Solomon, Davidson y Lutz, «Differential Effects of Pain Intensity and Unpleasantness of Two Meditation Practices», *Emotion*, 10 (2010): 65-71; y Lutz, McFarlin, Perlman, Salomons y Davidson, «Altered Anterior Insula Activation During Anticipating and Experience of Painful Stimuli in Expert Meditators», *Neuroimage*, 64 (2013), 538-546.

Evan Thompson resumió algunos de los resultados de dichos estudios y concluyó: «En todos los meditadores experimentados se observó un hallazgo general, en comparación con los sujetos de control; se trata de que todos ellos informaron de una significativa disminución en el malestar que experimentaron con los estímulos dolorosos, así como la correspondiente reducción de la actividad neuronal en zonas del cerebro conocidas por estar relacionadas con aspectos afectivos y cognitivos del dolor».[26]

En el estudio en el que participé, los índices de intensidad sensorial fueron los mismos para el grupo de control que para los meditadores, pero el grado de malestar que informaron los meditadores fue significativamente menor. El neurocientífico J. A. Grant observa: «Los principiantes no pueden inhibir la valoración inmediata de su experiencia y vuelven a valorarla activamente en el contexto del mindfulness, mientras que los más experimentados pueden acercarse a la no valoración».[27] Un descubrimiento notable en estos estudios es que los que informaron de la reducción del malestar fue durante la práctica de monitorización abierta (conciencia abierta) y no con la de la meditación referencial. De ahí la importancia de la conciencia abierta como preparación para la meditación inversa.

Otro descubrimiento importante ha sido que los meditadores dieron muestras de un *aumento* en la actividad neuronal en áreas asociadas al aspecto sensorial del dolor, que respalda nuestra afirmación de que con estas prácticas sientes más las cosas, pero te duelen menos. Los meditadores expertos aprenden a diferenciar el estímulo sensorial de la proliferación afectiva y cognitiva, evitando que los datos sensoriales simples se transformen en sufrimiento emocional y conceptual. Thompson concluye: «El meditador cultiva una conciencia abierta, estable y no selectiva, que se desentiende del marco fenoménico dualista del sujeto y del objeto, y del enfoque de aproximación/evitación para obtener lo deseable y evitar lo indeseable».*

Con la ciencia y la espiritualidad de nuestra parte, ha llegado el momento de adentrarnos en el dolor y de aprender a no huir de él.

---

* N. del A.: Thompson sigue hablando de los beneficios de las meditaciones referenciales y no referenciales: «Reducir los sesgos afectivos y motivacionales de la atención mediante prácticas de mindfulness parece alterar la percepción, concretamente el malestar experimentado a causa del dolor. La meditación monitorizada abierta parece atenuar la selección y la inhibición atencional, así como la valoración y la anticipación sesgadas por el afecto y las tendencias de acción de aproximación versus evitación. Por consiguiente, también podemos especular que puede debilitar la estructura sujeto-objeto de la intencionalidad fenoménica. Evan Thompson, «Conceptualizing Cognition in Buddhist Philosophy and Cognitive Science» (discurso presidencial en el 95.º encuentro de la Pacific Division de la American Philosophical Association ('división del Pacífico de la Asociación Filosófica Americana', 9 de abril de 2021) 72-73.

CAPÍTULO 11

LA MEDITACIÓN INVERSA EN CUATRO PASOS

El propósito de esta práctica es transformar nuestra experiencia del dolor y, por consiguiente, también el sufrimiento mental que la acompaña.

Dzogchen Ponlop

Ha llegado el momento de reconocer que las circunstancias negativas pueden transformarse en poder espiritual y realización personal [...] ¡Utiliza las adversidades y los obstáculos como camino!

Padmasambhava

En este camino menos transitado, «despacio y relajado» es la regla. Escucha a tu corazón a medida que sigues las siguientes instrucciones y confías en tu voz *interior*. No escuches el monólogo superficial que te dice que no puedes hacerlo. Escucha la voz que te susurra la verdad de que sí puedes.

AL INICIO

Como paso preliminar. Regresa a las instrucciones del capítulo siete; empieza con unos minutos de *samatha* referencial para serenar tu mente. Cuando notes que estás centrado, pasa a la práctica de la conciencia abierta y conecta con la cualidad del espacio.

La cantidad de tiempo que has de invertir en hacer estos preliminares depende de ti: un practicante sincero sabe cuándo está centrado y abierto. Las meditaciones siguen una máxima tántrica tradicional: los preliminares son más importantes que la práctica principal. Sin una vía de acceso sólida, irrumpirá la fuerza de tu aversión habitual al dolor y te expulsará directamente de estas meditaciones.

Una vez que hayas establecido el espacio de «no me molesta lo que suceda», puedes aplicarlo en los cuatro pasos que vienen a continuación. Esto no significa que tengas que perfeccionar los preliminares antes de abordar las meditaciones inversas, sino que entiendes los principios. La relación entre las meditaciones inversas y la práctica de la conciencia abierta (y las otras prácticas preliminares) es bidireccional. La conciencia abierta se centra en el futuro para dar lugar a la práctica de las meditaciones inversas, mientras que estas últimas lo hacen en el pasado para reforzar la conciencia abierta. Es decir, por una parte, se pone a prueba el «no me molesta lo que suceda» y, por otra, se refuerza mediante a las meditaciones inversas. Tal como dijo Nietzsche: «Lo que no me mata me hace más fuerte». Aunque es un poco extremo, creo que captas la idea. Y recuerda, nada es más fuerte que el espacio.

PASO UNO

Observa: retírate brevemente del dolor y obsérvalo desde fuera. Primero, haz algo que te provoque dolor. Durante los próximos minutos, clávate una uña en el pulgar o muérdete suavemente la lengua o el labio. Si ya notas molestia, trabaja con eso. Las personas que sientan la tentación de autolesionarse en serio deberían revisar lo que les sucede.* No pretendo crear masoquistas de la meditación. En una escala del 1 al 10, donde el 1 es incomodidad y el 10 insoportable, empieza desde el nivel 1 o 2. Cuando tengas más práctica, podrás intensificarla. Si empiezas con una experiencia demasiado intensa, el poder de tus patrones habituales (incluso el instinto de supervivencia) se impondrá a la meditación. Observa qué sientes en el resto de tu cuerpo cuando provocas el dolor. ¿Notas una contracción o retrocedes físicamente? No juzgues, limítate a observar. Si al principio sientes una contracción, ábrete a eso. Casi como si fuera la respiración Lamaze para el parto, inspira y ventila la contracción y el dolor que inició la contracción. Después de observar desde fuera el dolor durante unos minutos, déjalo todo. Regresa a tu cuerpo y respira, ábrete y relájate. La clave de esta práctica es que sean sesiones cortas y repetitivas. Cuando hayas vuelto a normalizar tu respiración, puedes repetir este primer paso o proceder a los siguientes. Recomiendo hacer una pausa entre cada uno de los cuatro pasos; luego repítelos hasta que lo domines. Si pretendes hacerlos a la primera, puede que sea demasiada información para integrarla. Ve despacio. Esto es territorio desconocido.

---

* N. del A.: Un estudio reciente resumió en este artículo, cuyo título lo dice todo –«Personas que preferirían recibir un *electroshock* a que las dejaran a solas con sus pensamientos»–, que si se les da la opción de aburrirse o sufrir, muchas personas (un sesenta y siete por ciento de los hombres y el veinticinco por ciento de las mujeres) preferían el dolor. «Me pareció bastante sorprendente y un tanto descorazonador que la gente estuviera tan a disgusto cuando se quedaba a solas con sus propios recursos; que pudieran aburrirse tanto que incluso recibir un *electroshock* les pareciera más interesante», dice Jonathan Schooler, profesor de psicología. sciencemag.org/news/2014/07/people-would-rather-be-electrically-shocked-left-alone-their-thoughts. Consultado el 14 de enero de 2021.

El paso uno consiste en observar la experiencia no deseada y desidentificarte brevemente de ella. Das un paso atrás antes de avanzar. Mingyur Rinpoche describe cómo gestionar el intenso dolor físico le permitió «diferenciar entre mí mismo y mi malestar. Mi sentido del yo se expandió más que el problema. Era capaz de asimilar la reacción negativa al sonido dentro de una esfera mayor, así que ya no era del mismo tamaño y forma que mi malestar. El malestar seguía presente. No desapareció, pero ya no estaba atrapado en su interior».[1]

El truco está en evitar retroceder siempre: hemos de ir con cuidado para no dejarnos llevar por el falso amigo de la disociación.* El paso uno implica distanciarte temporalmente de la experiencia para mejorar tu visión de ella. El filósofo Sam Harris escribe: «Aquello que es consciente de la tristeza no está triste. Aquello que es consciente del miedo no tiene miedo».[2] Aquello que es consciente del dolor no lo siente. O como lo expresó el teólogo medieval santo Tomás de Aquino: «Aquello que sabe ciertas cosas no puede incluirlas en su propia naturaleza».

El primer paso es también identificar el impulso de huir del dolor y evitar dejarte llevar por el comentario cuyo fin es distraerte de él. Has de cultivar la conciencia testigo. La idea es cabalgar sobre el impulso de huir de la experiencia no deseada; no se trata de huir de ella, sino de afinar la puntería respecto a ella. Ken Wilber escribe:

---

* N. del A.: En casos extremos, como el de un niño que ha sufrido abusos e intenta sobrevivir psíquicamente a una agresión, el niño puede llegar a disociar la experiencia no deseada hasta tal extremo que el resultado sería un trastorno de identidad disociativo, anteriormente denominado trastorno de la personalidad múltiple. Evidentemente, esto no es lo que intentamos cultivar con esta práctica.

En la medida que reconoces que no eres, por ejemplo, tu ansiedad [o dolor], esta tampoco podrán afectarte. Aunque haya ansiedad, ya no te agobiará porque ya no estarás vinculado exclusivamente a ella. Ya no la cortejas, ni luchas contra ella, te resistes o huyes de ella. En la versión más radical, la ansiedad es totalmente aceptada tal como es y se le permite andar a sus anchas. No tienes nada que perder, nada que ganar, por su presencia o su ausencia, pues te limitas a observar cómo pasa [...] Es posible que tu cuerpo y mente personales sientan dolor, humillación o miedo, pero siempre y cuando permanezcas como el testigo de estos asuntos, como si estuvieras en alto, no supondrán una amenaza para ti, y, por lo tanto, ya no sentirás la necesidad de manipularlos, de luchar contra ellos o de subyugarlos. Porque estás dispuesto a contemplarlos desde fuera, a verlos imparcialmente, eres capaz de trascenderlos [...] del mismo modo, si podemos limitarnos a observar o a ser testigos de nuestras aflicciones, nos demostramos a nosotros mismos que estamos «libres de aflicción», liberados de la confusión presenciada. Aquello que siente el dolor está libre de dolor; aquello que siente miedo está libre de miedo; aquello que percibe la tensión está libre de tensión. Observar estos estados es trascenderlos. Ya no te pillan desprevenido porque los miras de frente.³

A algunas personas, con este paso les basta. No quieren llegar más lejos. Puesto que el testigo es alejado del dolor, este paso es fácil. Si eres una de esas personas, estupendo. No te sientas obligado a ir a los siguientes pasos. Pero para los buceadores de fondo, hay una inmersión más profunda.

PASO DOS

Permanece con el dolor sin hacer ningún comentario al respecto. Una limitación del paso uno es que es fácil caer en la distracción y que la experiencia se esfume. El primer paso sigue siendo dualista: soy testigo del dolor. El dolor solo se vuelve espiritual cuando se vuelve no dualista.

Para el paso dos, reinicia el dolor, obsérvalo brevemente, haz un giro de ciento ochenta grados y ve directamente hacia él. Estate con él. Invierte tu respuesta condicionada para evitarlo. Esto no es fácil, porque va contra las fuerzas de la naturaleza y de la educación. A pesar de la máxima «ni demasiado tenso ni demasiado laxo», en este segundo paso, has de estar demasiado laxo. Valora la experiencia: comprueba constantemente las medidas y ajusta el equilibrio de lo que puedes gestionar. Puedes realizar sesiones más largas y aumentar el grado de malestar, pero, por el momento, mantenlo breve... y desagradable.

Observar el dolor en el paso uno empieza a transformarlo. En el paso dos, empiezas a familiarizarte con él, pero sin la habitual proliferación conceptual (*prapañca*) que acompaña a la experiencia no deseada. Observa tu tendencia a huir del dolor y a hacer comentarios sobre él: «¡Tío, esto es una estupidez!», «¿Por qué estoy haciendo esto?» o «¿Lo estoy haciendo bien?». La práctica es «atrapar y soltar». Atrapar esa tendencia a evitar y luego soltarla. Sumergirte en tu cuerpo y estar con el dolor.

Aprender a estar con el dolor también sirve de transición hacia el paso tres, que es examinar el dolor. En otras palabras, estar con él en el paso dos nos invita a una exploración somática de él, en lugar de ser meramente una fase de exploración, como en el paso uno. El paso dos implica enfrentarte directamente a la experiencia no deseada, que significa sentirla. Es un acto de bienvenida visceral. La transformación empieza realmente con el sentimiento. Hace falta tener agallas, porque hasta que te acercas lo suficiente, has de estar dispuesto a recibir algún que otro golpe. Tsoknyi Rinpoche pone como ejemplo la imagen de dos boxeadores, que pueden matarse a puñetazos si tienen suficiente espacio para darlos. Pero si has visto alguna vez un combate de boxeo, habrás observado que a veces los luchadores se enzarzan y están tan cerca el uno del otro que no tienen espacio para pegarse. Lo único que pueden hacer es lanzar algún que otro puñetazo fallido, que no va más allá de algún que otro golpecito en las costillas. Este es el espíritu del paso dos: estar tan cerca de la experiencia no deseada que ya no puedas recibir un puñetazo.

¿Recuerdas el consejo de Ajahn Chah al joven monje que se quejaba del ruido? «El ruido no te molesta. Eres tú quien molesta al ruido». En el paso dos, la práctica es no molestar al sentimiento no deseado. Después, armado con la visión sagrada, puedes empezar a confiar en lo que estás sintiendo, a ver la bondad esencial que alberga. No esperes nada. Las expectativas son decepciones premeditadas. Simplemente, estate con el sentimiento, permanece abierto a lo que surja. No esperes sentirte bien. Solo sé sincero. Nuestra meta en las meditaciones inversas es aliviar el sufrimiento, pero la meta está en el viaje. Si tus metas y tus expectativas son demasiado rígidas, sabotearán tu práctica.

Puedes ver que aunque los pasos se desarrollen de forma lineal, también se entrelazan, se informan y se apoyan mutuamente. El examen del paso tres te da información sobre tu práctica del paso dos. A medida que vayas adquiriendo más práctica en los cuatro pasos, irás descubriendo que todos se polinizan e impulsan entre ellos. No te condenes al fracaso intentando hacer cada paso con precisión y perfección. Familiarízate con ellos. Encuentra tu propio camino. Los cuatro pasos están para ayudarte a permanecer con tu dolor y a profundizar al máximo.

PASO DOS (CONTINUACIÓN)

Después de estar con el dolor durante unos minutos, abandona la práctica. Vuelve a conectar con tu respiración. Observa si hay algún comentario, pero sin juzgar.

Si eliges practicar los cuatro pasos de las meditaciones inversas, al final podrás pasar de uno a otro fácilmente en una sola sesión, pero hasta que los domines, ve paso a paso. Quédate en los pasos uno y dos hasta que te hayas familiarizando con ellos. Descubrirás muchas cosas con ello y puede que eso te baste.

EL FINAL DEL HÁBITO

Tanto en el hinduismo como en el budismo, permanecer en las hogueras de la experiencia es la forma de purificar nuestros malos hábitos, especialmente el incesante hábito de la contracción. En lenguaje oriental, es la forma de purificar karma. Recuerda lo que dijo Suzuki Roshi: «[...] quémate del todo. Si no lo haces, quedará un rastro de ti en lo que haces». La gente hace bien al preocuparse por la importancia de no dejar una huella de carbono. Estar totalmente presente en las experiencias difíciles (paso dos), quemarlas en el mismo momento en que las vives, no deja huella kármica. Como le gustaba decir al iconoclasta maestro Da Free John: «El fuego ha de tener su propio camino». Si no permaneces en el fuego, quedará una huella en la mente inconsciente, que condicionará la forma en que te relaciones con experiencias similares en el futuro.

«Cuando nos resistimos a cualquier experiencia, esta no se disuelve del todo, sino que queda un rastro denominado *samskāra,* literalmente 'impronta', escribe Christopher Wallis.

Cuando damos la espalda, aunque solo sea parcialmente, a lo que está sucediendo en el presente, porque es demasiado desagradable, demasiado doloroso o incluso demasiado maravilloso, ese acto genera un *samskāra*. Cuando nos resistimos a la realidad, no damos la cara, nos quedamos inconscientes o nos «marchamos», no acabamos de recibir la experiencia, no permitimos que esta atraviese por completo nuestro ser y, por eso, deja una impronta.[4]

En un lenguaje más occidental, «aquello a lo que te resistes, persiste». Estos patrones de energía inacabados o experiencias no digeridas, nacidas de nuestro mal hábito de contraernos para protegernos de ellos, acaban manifestándose como reacciones (contracciones) desproporcionadas a lo que realmente está pasando. Entonces, alguien nos busca las cosquillas (cosquillas que hemos instalado involuntariamente) y reaccionamos a lo que pasa en el presente *y* a las experiencias no digeridas del pasado. Con frecuencia reaccionamos *más* al pasado que al presente (siguiendo la línea de James Joyce: «La historia es una pesadilla de la que estoy intentando despertar»). Para disolver la impronta del pasado y evitar que se depositen otras nuevas, hemos de seguir el consejo del filósofo Kṣemarāja y «fundirnos en el Fuego de la Conciencia».

Es decir, tienes que dejar ir todas las contracciones conceptuales secundarias y terciarias, y estar totalmente presente en la experiencia no deseada. Los *samskāra* son desencadenantes kármicos. Cuando están presentes, se crean la reactividad (en vez de la capacidad de respuesta) y el karma. Si estás completamente abierto a tus sentimientos, habilidad que hemos cultivado en el paso dos, devoras la experiencia y no queda ninguna impronta kármica. Wallis escribe: «Que tu actitud sea de asombro y curiosidad: "¡Guau! ¡Mi mente está alucinando en estos momentos! ¡Es increíble! Me pregunto por qué reacciona con tanta fuerza cuando todo está bien".

Puedes aprender a observar la aparición de la energía [como en el paso uno de las meditaciones inversas] en tu interior y las historias que te cuenta tu mente, sin creer ni dejar de creer nada, pero con curiosidad por su lugar de origen»[5] [como en el paso tres de las meditaciones inversas].

Puesto que estás poniendo fin al karma, también estás poniendo fin al «renacimiento». Estás poniendo fin al proceso de entrada *involuntaria* a estados mentales no deseados. Sin embargo, todavía puedes renacer *voluntariamente* en estados mentales saludables, sin ser arrastrado por los habituales impulsos egocéntricos y contractores y ser impulsado por la apertura, expresada en forma de amor y compasión. La contracción primordial que dio vida al yo, el peor de todos los hábitos, es sustituida por la apertura que da vida al altruismo. Desde esa actitud no-centralizada, puedes expresar espontáneamente tu amor incondicional al servicio de los demás.

PASO TRES

Examina: indaga sobre la naturaleza del dolor. El paso tres se basa en examinar el dolor. Recurre a la meditación analítica. Investiga a fondo la naturaleza de tu dolor. Sé curioso. ¿Qué es el dolor? ¿De qué está hecho? Mira. Descúbrelo por ti mismo: «¿Qué es exactamente esto que he estado intentando evitar la mayor parte de mi vida?».

Este paso vuelve a sacar los conceptos a escena, pero estos son conceptos saludables que se presentan como preguntas que dirigen a la mente en la dirección correcta. La proliferación conceptual de *prapañca* dispersa la mente; este paso analítico propicia el regreso de la mente conceptual. Khenpo Karthar Rinpoche dice: «Si estamos experimentando un dolor físico intenso y si contemplamos directamente su esencia, la naturaleza de la experiencia, esto no lo calmará, pero dejará de ser intolerable. Esto es porque entonces estaremos en medio de él en vez de contemplarlo desde fuera. De esta manera, la práctica consiste en permanecer directamente con cualquier cosa que surja».[6]

Esta indagación te demuestra que lo que llamas dolor y sufrimiento son constructos y que, por consiguiente, pueden ser deconstruidos. Forma parte de nuestra estrategia de «divide y vencerás». Cuando tienes dolor, evidentemente, es por algo. Solo que no es lo que tú crees que es. Al utilizar conceptos dirigidos en forma de preguntas para atajar la proliferación de conceptos (tus argumentos sobre lo que crees que es el dolor), puedes deconstruir tus relatos habituales y reducir lo que llamas dolor a sus componentes fundamentales. Este paso suele atraer a los intelectuales, académicos y científicos, que ahora podrán utilizar la mente incisiva para desglosar el dolor.

PASO TRES (CONTINUACIÓN)

Si ampliamos la meditación analítica tradicional, puedes seguir preguntándote: «¿Tiene color, forma o textura este dolor? ¿De dónde procede exactamente? ¿Hay algo dentro o debajo de este dolor?». Y mi pregunta favorita: «¿Quién siente el dolor?». Esta última le da la vuelta a la indagación, y esta pasa de concentrarse en el sentimiento a hacerlo en el sujeto sintiente; además, sirve de transición para el paso cuatro. ¿Puedes encontrar al experimentador de esta experiencia? Si te la tomas en serio, esta pregunta puede cambiarlo todo.

Estas indagaciones no descartan el fenómeno que denominamos «dolor», pero sí todas las lacras accidentales, los argumentos, los constructos que adjuntamos automáticamente a esta sensación. Estas investigaciones nos llevan a descubrir que el dolor solo es una conciencia sensorial intensa. E incluso debajo de eso: el dolor solo es conciencia desnuda (tema que desvelaré a continuación). No creas en lo que te digo. Mira. Descúbrelo por ti mismo.

PASO TRES (CONTINUACIÓN)

Pasados uno o dos minutos de práctica de analizar tu dolor, déjalo ir todo. Descansa el tiempo que necesites para recobrar tu respiración. Observa la cascada de pensamientos y emociones que suelen surgir justo después de la meditación inversa. Es habitual que la mente se disperse cuando intentas familiarizarte con lo que no te es familiar, al tratar de envolver tu mente con algo tan distinto: «¿Lo estoy haciendo bien? ¡No tengo clara esta práctica! ¿Me he dejado algo? ¡Esto es absurdo!». En este paso va muy bien ser algo frívolo. Estás intentando no tomártelo demasiado en serio, y conectar con la irracionalidad inicial de las meditaciones inversas puede ayudarte. Con el tiempo, la profundidad sustituirá a la falta de lógica.

Ahora, repite. Muérdete el labio, clávate la uña en el pulgar, haz algo que te duela. Hazlo con suavidad, pero sin temor al malestar. Siente la contracción o tu primera reacción al dolor. ¿Ves cómo la contracción, que no es más que tu resistencia, exacerba el dolor? Vuelve la ecuación «el sufrimiento es igual al dolor multiplicado por la resistencia».

En el paso tres, tu resistencia subyacente es iluminada por la luz de la conciencia, donde ya puedes relacionarte con ella. La contracción esencial se revela como tu reacción automática al dolor. La contracción es la forma en que la mente no meditativa abraza —o en este caso, *estruja*— la experiencia. Este crisol convencional, el gran estrujón, no transforma el plomo en oro, sino al contrario, convierte el oro en plomo. Transmuta el dolor, la conciencia sensorial intensa, en sufrimiento. Al dejar al descubierto esta contracción esencial, puedes sustituirla gradualmente por expansión. Al transformar el crisol o el espacio terapéutico seguro,* transformas el dolor.

Recuerda que el espacio terapéutico seguro último es el espacio. El crisol de una mente espaciosa, nutrido con la conciencia abierta, regresa para albergar tu dolor con gentileza, pero de manera implacable. La mente abierta es a prueba de fuego, a prueba de balas, no porque sea impenetrable, sino porque no hay nada que pueda penetrar.

PASO CUATRO

Únete al dolor: hazte uno con él. El último paso es abandonar toda indagación y disolverte por completo en el dolor. En lenguaje de meditación, fusionarte con el dolor o unirte a él. Las meditaciones inversas se convierten en un verdadero yoga en este último paso. ¿En qué se diferencia del paso dos? En el paso dos, se te invita a estar con el dolor; en el 4, se te invita a ser el dolor.

Este paso radical purifica el dolor, es decir, aleja de él cualquier grado de contracción o conceptualidad sobre él. Vacía el dolor. Al eliminar todo concepto, lo estás vaciando de su existencia inherente. Estás deconstruyendo y, por consiguiente, decosificando el dolor: estás transformando una cosa en no-cosa. Esto conduce al liberador descubrimiento de que *si devienes uno con tu dolor, nadie puede herirte.*

---

* N. de la T.: En psicología un espacio seguro es lo bastante incómodo para el paciente como para que no pueda eludir sus problemas, pero lo bastante seguro como para que pueda experimentar una nueva forma de ser.

¿Qué queda entonces? Solo conciencia sensorial pura, por intensa que pueda ser, que tú manchas con la etiqueta «dolor». Lo que queda es la sensación, despojada de toda una vida de condicionamiento adverso, desnuda de todas tus proyecciones e imputaciones, libre de la esperanza de no volver a sentir el dolor y del miedo a sentirlo. Por fin ves el dolor como es realmente y des-cubres que este emperador que gobierna tu vida, en realidad, no lleva ropa. El dolor se revela como conciencia sensorial bruta, sin adulterar, pura. Eso es todo. Ahora es legítimo. Descubres la verdad del concepto de que el sufrimiento es siempre un sustituto del dolor legítimo. Permanece con la intensidad experiencial legítima y no solo eliminarás todo tu sufrimiento, sino también tu dolor. «Al profundizar en nuestra experiencia de sufrimiento, encendemos la luz interior de la amplitud y el amor que hay en ella —escribe Zvi-Ish-Shalom—. En el corazón de cada contracción está la inmensa luz del Ser, de la paz profunda».[7]

La palabra *paz* procede de la raíz proto-indoeuropea que significa 'sujetar' o 'unir'. Cuando te sujetas al momento presente (con *samatha* referencial) y te abres a la intensidad de lo que está sucediendo (con la conciencia abierta y las meditaciones inversas), puedes descubrir la paz que encierra tu dolor. Para ello, has de estar totalmente en tu cuerpo, en contacto directo con la sensación física. En el *Canki Sutta*, el Buda enseñó que la verdad suprema es realizada a través del cuerpo. Tal como escribió T. S. Eliot: «La música que se escucha tan profundamente no se escucha en absoluto, pero tú eres la música mientras dura la música». El dolor que se siente tan profundamente y con tanta pureza no se siente en absoluto, de la forma convencional. Cuando te contraes para alejarte del dolor como autodefensa, en realidad, te estás contrayendo hacia nada. Parece que te contraes de nuevo hacia ti mismo, devolviendo la experiencia a su sede central, lo que hace que supongas que «yo estoy sintiendo este dolor». Pero esto no es cierto. Sí, tu cuerpo está registrando el dolor, pero ¿es eso lo que eres realmente? Si es «mi» cuerpo, no puedo ser yo. Lo que sucede realmente es que la propia contracción crea la ilusión de que hay un yo, un experimentador, alguien a quien herir. Esto nos lleva a la revelación de *yo = contracción*.

De nuevo, tu propio sentido del yo no es más que una contracción primordial, que se intensifica cuando la contracción se agudiza. ¿No es cierto que nunca te sientes más sólido y real que cuando te duele algo? Por lo tanto, puedes utilizar esta intensificación como vía para explorar mejor no solo el dolor, sino el yo que parece estar experimentándolo. Cuando nos contraemos, el dolor cobra vida, junto con el sentido cosificado del yo que lo experimenta (temas que desarrollaré en el capítulo trece).

PASO CUATRO (CONTINUACIÓN)

Volvamos a la práctica y concluyamos la instrucción. Antes de terminar tu sesión, intensifica tu dolor y déjalo ir. Elévalo brevemente hasta un grado 5 o 6. Después, abandona la práctica y relájate.

La pregunta para concluir es esta: ¿prefieres un estado al otro? Por supuesto. Solo un masoquista pensaría lo contrario. Sin embargo, por inaudito que parezca, los maestros de meditación no lo prefieren. Milarepa dijo: «Cuando el placer y el dolor no son dos cosas distintas, esto es el dominio máximo de la instrucción [meditación]». Y Trungpa Rinpoche escribió sobre el placer y el dolor que «se convierten en ornamentos que es agradable llevar». Los practicantes que se encuentran en este nivel no tienen preferencia ni por el samsara ni por el nirvana. Han alcanzado la no-dualidad.

REVISIÓN DE LOS PASOS

Las meditaciones inversas representan los cuatro pasos o estadios para establecer una relación no-dual con el dolor. El paso uno es apartarse brevemente del dolor y observarlo. El paso dos es estar con el dolor sin hacer comentarios sobre él. El paso tres es examinar la naturaleza del dolor. El paso cuatro es fusionarse con el dolor, ser uno con él. El acrónimo en inglés OBEY ('obedecer') puede ser un método para recordar los cuatro pasos: **O**bserve ('observar') el dolor; luego, (**B**e) ('estar') con él; después, **E**xamine ('examinarlo'), y por último, (**Y**oke) ('fusionarse o unirse') con él.

El matiz entre los pasos dos y cuatro es que, en el paso dos, se te pide que desciendas desde el primer paso, el estadio de testigo, y que estés *con* el dolor. Sigue siendo dualista. El paso cuatro es *ser* el dolor. El testigo se disuelve en lo que está siendo observado: la experiencia se ha vuelto no-dual. Y al deconstruir la experiencia de dolor, estás deconstruyendo simultáneamente al que experimenta el dolor. El yo y el otro se convierten en humo. Al final te transformas en una potente hoguera donde quemas tu experiencia en el instante en que la estás viviendo.

En el capítulo dos las palabras de Trungpa Rinpoche nos revelaban lo que suponía descubrir lo sagrado en lo profano, y creo que vale la pena recordarlas, ahora que has adquirido una comprensión más refinada de lo que significa una relación no-dual con las experiencias no deseadas:

Podríamos decir que el mundo real es aquel en el que experimentamos placer y dolor, el bien y el mal [...] *Pero si estamos totalmente en contacto con estos sentimientos dualistas, esa experiencia de dualidad absoluta es en sí misma la experiencia de la no-dualidad.* Entonces, no hay problema alguno, porque contemplamos la dualidad [dolor] desde una perspectiva totalmente abierta y clara donde el conflicto no existe; solo reina una visión de unicidad universal extraordinariamente inclusiva. El conflicto surge porque no vemos la dualidad [dolor] tal como es. Este [dolor] solo es visto de un modo sesgado, de una manera muy torpe.[8]

Las meditaciones inversas nos ponen en contacto con sentimientos dolorosos y dualistas, y, al final, descubrimos que esa experiencia absoluta de dualidad/dolor es la experiencia de no-dualidad. Cuando experimentamos las contracciones íntegramente, se transforman en expansiones. Esto revela la absoluta inmediatez de la no-dualidad y, al mismo tiempo, revela cómo creamos la dualidad en cada momento, al no experimentar las cosas plenamente. Las meditaciones inversas crean este contacto con la realidad absoluta porque nos enseñan a conectar adecuadamente y a permanecer en contacto con lo que antes quemaba demasiado como para manejarlo. El científico británico John Wren-Lewis dijo: «Lo malo llega cuando no somos plenamente conscientes de algo. Es la limitación de la conciencia lo que lo vuelve doloroso».[9]

Al conectar completamente con el dolor (o con cualquier otra cosa) hasta el extremo de devenir uno con él, experimentas la «visión de unicidad universal extraordinariamente inclusiva». El erudito budista Ngawang Zangpo lo expresa de otra manera: «El tantra es espiritualidad de contacto (como en los deportes de contacto)».[10] Al establecer un contacto profundo con tus sentimientos, estás conectando con la no-dualidad.

Aunque puedas establecer una relación no-dual con el dolor en los pasos de las meditaciones inversas, cuando estés más familiarizado, tal vez te saltes algunos, vayas de uno a otro o los mezcles. Los cuatro pasos suman cuatro opciones para trabajar con la experiencia no deseada. Cíñete a uno o prueba todas las combinaciones que te apetezca. Descubre qué es lo mejor para ti.

Algunos practicantes asocian cada uno de los cuatro pasos con su correspondiente sensación somática. Una mujer que asistió a uno de mis retiros dijo que cuando observaba la experiencia no deseada, sentía un fuerte movimiento de energía que le ascendía por la columna hasta llegar a la coronilla. Observar y examinar le generaba un movimiento ascendente hacia el espíritu, mientras que estar con él y convertirse en él le generaba movimientos descendentes hacia la materia, hacia el cuerpo: corrientes ascendentes y descendentes, alternando con cada uno de los cuatro pasos. Otro participante compartió un comentario similar:

«Observar» y «examinar» se parecen energéticamente, son como vibraciones paralelas separadas por una octava. «Examinar», la vibración superior, conlleva una sensación de más claridad, incluso pureza, que la «observación». «Examinar» se convierte en testigo del testigo, un metatestigo, que se desarrolla en primer lugar cuando «observas» como testigo. De modo que ser metatestigo resulta natural durante el examen. Pero ambos se dirigen hacia arriba para unirse con la conciencia superior, para una visión más duradera de las cosas. Para mí los estadios de «estate con él» y de «fusión» tienen una tendencia descendente hacia el efecto corporal. ¡«Estate con él» y «fusión» son físicos! Para mí, «estate con él» tiene un efecto de hundirse hacia los chakras inferiores: literalmente, hundirse en la tierra, formar parte de ella. Pero todavía no implica todo el proceso. Para que se produzca la encarnación total, se ha de realizar la «fusión», la unión suprema. La «fusión» de cuerpo-corazón-mente donde todo se une. La unión conduce a la encarnación del dolor como percepción pura. Aunque todavía exista conciencia del dolor, ya no conlleva sufrimiento doloroso.

Otra persona descubrió que llevar la experiencia no deseada al nivel de lo absurdo le aportaba una sensación de levedad: «Quería ver qué sucedería si llevaba este estado mental no deseado lo más lejos posible. Era casi como inflar un globo: ¿hasta dónde podría llegar? Entonces, sucedió algo: ¡estalló! ¡Y yo también! Estallé de risa».

«AJENO A MÍ MISMO»

El maestro de meditación Mingyur Rinpoche dejó su vida en palacio, como lama tibetano de alto rango, para iniciar una práctica de cuatro años de meditaciones inversas; partió solo para recorrer las duras calles de la India, se convirtió en un yogui practicante de la austeridad. Al principio de su viaje, se montó en uno de esos trenes sobrecargados y reflexionó: «Podía haber viajado en primera y esperado en la sala VIP, que tiene ventiladores de techo. Pero esto es lo que pedí [...] circunstancias tan ajenas a mí que me hicieran sentirme un extraño para mí mismo».[11] Esto es lo que estás haciendo con estas meditaciones inversas. Te pones en situaciones tan ajenas que te ves obligado a expandirte para acomodar la nueva experiencia.

Recuerda que en tibetano meditación (*gom*) significa 'familiarizarse con'. Las meditaciones inversas te empujan hacia terreno *virgen* e incómodo. Has de ser amable y paciente contigo mismo a medida que te expandes hacia este nuevo territorio. El problema con el dolor (o con cualquier otra experiencia no deseada) no es el dolor en sí mismo, sino el hecho de que estás muy poco familiarizado con él y que lo experimentas de una manera parcial, por consiguiente, dualista. Probablemente, nunca te habías dado la oportunidad de conocerlo y de hacerte su amigo. Aunque vivas con el tormento del dolor crónico, la pregunta sigue siendo la misma: ¿te has concedido alguna vez el tiempo para conocer tu dolor? ¿O has estado tan ocupado intentando evitarlo que no conoces realmente a tu enemigo?

El arte de la guerra de la tradición china o de la gran *jihad*, del islamismo esotérico, consiste en familiarizarte con tu adversario.* ¿Cómo te preparas para la batalla contra el dolor? ¿Qué tipo de armadura necesitas? La armadura del entendimiento. De ahí la célebre frase de Marie Curie: «En la vida no hay que temer nada. Solo entenderlo». En términos de la meditación no-dualista, Christopher Wallis desarrolla más la necesidad del entendimiento: «La mayor parte de lo que es desagradable sobre la existencia humana no es el dolor, sino el sufrimiento creado por la mente. Y podemos liberarnos de él, pues las escrituras tántricas nos dicen que es fruto de la ignorancia en su totalidad, de *no ver las cosas como son en realidad*».[12]

No es necesario que te conviertas en un mártir espiritual y que siempre que sientas dolor te pongas a trabajarlo automáticamente. Pero si le dedicas un tiempo, y llegas a entenderlo realmente, tal vez te sorprendas ante tu habilidad para gestionarlo de otra manera. La capacidad de la mente abierta para albergar la experiencia no deseada es una revelación para los que deseen hacer este trabajo interior. El biólogo Bruce Lipton escribe: «Aprovechar el poder de tu mente puede ser *más* eficaz que los fármacos que te han hecho creer que necesitas».[13]

Nadie sabe cómo va a reaccionar cuando adopte la visión excéntrica de la meditación inversa. Esto forma parte de la práctica. Concédete tu tiempo para explorar estas aguas salvajes con una actitud de apertura, curiosidad y amabilidad total hacia ti mismo.

---

* N. del A.: *El arte de la guerra,* de Sun Tzu, es un manual chino clásicos para dominar el arte de abordar cualquier tipo de conflicto. La *jihad* menor es de la que oímos hablar en las noticias.

CAPÍTULO 12

LA MEDITACIÓN INVERSA EN LA VIDA COTIDIANA

¡La práctica fácil y cómoda no te conducirá a ninguna parte!

Milarepa

No intentes evitar las dificultades, acepta todo lo que llegue a tu vida.

Chantral Rinpoche

Experimenté el poder de las meditaciones inversas hará unos quince años. En aquel tiempo vivía solo. Un día, a media noche, noche que acabaría siendo de transformación, me desperté de golpe con un dolor agudo en el costado. Empecé a palpar el área, realizando mentalmente un sinfín de diagnósticos diferenciales: «¿Apendicitis? ¿Calambre muscular intercostal? ¿Oclusión intestinal?». Cuando me di golpecitos en la zona, el dolor se disparó e inmediatamente di con el diagnóstico: cálculos renales.

Me levanté de la cama para ir al botiquín y me quedé doblado por la intensidad del dolor. Eran las tres de la madrugada y no tenía claro si lo mejor era ir a urgencias. Pero por lo que recordaba de la asignatura de Patología cuando estudié Odontología, era que aparte de que me dieran analgésicos narcóticos, a media noche, no era probable que me practicaran una litotricia (romper los cálculos con ultrasonidos) o una intervención quirúrgica de urgencias; lo más fácil era que terminara sentado en una fría sala de espera toda la noche hasta que el urólogo apareciera a la mañana siguiente.

Me tomé 800 miligramos de ibuprofeno y bajé a mi sala de meditación, donde hacía años que practicaba las meditaciones inversas. Ese era el momento de actuar. Tenía demasiado dolor como para sentarme erguido, así que me hice un ovillo en el suelo, fui directamente al dolor y dije: «¡Muy bien, llévame!». Tardé unos minutos insoportables hasta que conseguí entregarme a él. Quería sumergirme en el dolor, pero era tan atroz que tenía el reflejo de alejarme de él. Como si me estuviera sumergiendo lentamente en agua helada, retomé el camino y me zambullí. Entonces, para mi alegría, ¡ya no quedaba nadie a quien hacer daño! El «dolor» había desaparecido. Es difícil explicar en palabras lo que quedó. Era una conciencia de experiencia sensorial muy intensa que, de la manera más extraña, se había transformado en un tipo de dicha. No era ni mucho menos la felicidad común y corriente. No me sentía bien. Pero la cuestión es que tampoco me sentía mal. Lo que había quedado lo sentía como algo muy real, pero, paradójicamente, no lo sentía sólido.

Más tarde, me di cuenta de que lo que había experimentado era «dolor iluminado» o el dolor purificado del paso cuatro de las meditaciones inversas. Un dolor que ya no estaba condicionado por todas mis esperanzas y miedos, por mis condicionamientos ancestrales, por mi dura resistencia: todo lo que genera dolor «oscurecido» o el que llamamos normal. En vez de gritar «¡NO!» a lo que estaba sintiendo, susurré un «¡Sí!» indestructible. Me había «aliviado» del modo más inexplicable, y lo que antes había experimentado como dolor había desaparecido. La experiencia seguía estando allí, en toda su gama de intensidades, pero mi relación con ella se había transformado profundamente.

Años más tarde, leí esta afirmación de David Loy: «Muchas de las historias clásicas del zen tratan sobre discípulos que se han iluminado gracias a acciones [intensas]. Lo que sucede en tales casos es que el *shock* del ruido o dolor inesperado penetra hasta la propia esencia del ser del discípulo, es decir, donde la experiencia es nodual. Cuando Yün-men se rompió el tobillo, se iluminó porque se olvidó de sí mismo y de todo lo demás, cuando su universo se precipitaba hacia un dolor insoportable, pero vacío».[1] ¡Eso fue todo! La sensación que tuve aquella noche en mi sala de meditar fue sumamente plena; sin embargo, también inexplicablemente vacía.

Mientras yacía en el suelo, recordaba esta frase de Milarepa: «El gozo del sufrimiento es tan bueno que sentirme mal me sienta bien».* Experimenté la dicha yóguica sobre la que cantó Milarepa, un tipo de estado de felicidad que está al alcance de cualquier yogui o yoguini que esté dispuesto/a a aceptar la invitación a relacionarse con el dolor de esta manera tan horrible y obedecer (es decir, el acrónimo OBEY) la orden interior de abrirse.

Pasé el resto de la noche en este estado de «dicha», hasta que a la mañana siguiente fui a ver a mi médico sin más demora. Me hizo una ecografía, enseguida localizó los cálculos, me dijo que no iba a ser necesaria la cirugía y que, como todas las cosas, esto también «pasaría». Me recetó Percocet** de 60 miligramos (!), que compré

---

* N. del A.: Traducción y selección de Jim Scott, *Songs of Realization: As Taught & Sung by Khenchen Tsultrim Gyamtso Rinpoche* [Cantos de realización: como los enseñó y cantó Khenchen Tsultrim Gyamtso Rinpoche], (Seattle, Nalandabodhi, 2013). Este es el libro que me llevaría a una «isla desierta». La colección de sabiduría más concentrada y profunda jamás recopilada en un solo volumen y presentada en forma de cantos.

** N. de la T.: Medicamento combinado que se usa para aliviar el dolor de moderado a intenso. Contiene opiáceos, por lo que es un medicamento de alto riesgo. En España se comercializa bajo los nombres Oxycontin u Oxynorm.

por sí acaso, pero no me tomé ninguno. Norman Cousins, autor del famoso libro de referencia *Anatomía de una enfermedad*, dice: «La mente humana es una gran boticaria»,[*] y de hecho, desde mi experiencia con los cálculos renales, me han hecho trabajos dentales sin anestesia y varias intervenciones menores en las que no ha sido necesaria analgesia posoperatoria y un montón de golpes y morados que he tratado solo con la farmacia de mi mente.

El fenómeno de transformar un obstáculo en una oportunidad no podía haber sido más dramático. Ese suceso sigue inspirándome a compartir estas meditaciones atípicas con los demás. No dejes que nadie te diga que la meditación o la espiritualidad no sirven de nada en el mundo real. Son el analgésico supremo.

A continuación tienes otro ejemplo bastante reciente. Después de un reconocimiento médico estándar y de las pruebas rutinarias, mi médico de medicina general vio algo en los resultados que le preocupó y me derivó al urólogo. El especialista me prescribió más pruebas. Me hicieron una resonancia magnética con contraste, para lo cual me pusieron una vía intravenosa (para inyectar el contraste) y realizaron otra serie de procedimientos bastante desagradables. (Voy a ahorrarte los detalles morbosos, ¡no sea cosa que te contraigas!). No puedo decir que estaba deseando que me hicieran eso, pero tampoco miré hacia otro lado. Con mi confianza en las meditaciones inversas, fui con la actitud de «muy bien, esta es una gran mañana para la práctica» y convertí la prueba médica en una oportunidad para trabajar con mi mente. Cuando me colocaron en la máquina (que hace un ruido insufrible, a pesar de

---

[*] N. del A.: La cita continúa: «El ochenta y cinco por ciento de las veces estamos perfectamente equipados para curarnos a nosotros mismos. Nunca subestimes el poder del cuerpo para sanarse a sí mismo» Norman Cousins, «Norman Cousins cree que la felicidad es la cura para los problemas del mundo», entrevista realizada por Don Adair, *Spokane Chronicle*, 15 de abril de 1983, news.google.com/newspapers?nid=1345&dat=19 830415&id=u88vAAAAIBJ&sjid=mvkDAAAAIBAJ&pg=4859,3563845.

los auriculares que te ponen) para un escaneo de cuarenta y cinco minutos, empecé mi práctica de meditación inversa con sonido (descrita más adelante). Antes de introducirme en el aparato para el examen, me estuvieron buscando la vena varias veces para colocarme la vía, lo cual supuso varios pinchazos, pero también apliqué la meditación inversa para el dolor. Una de las enfermeras me dijo: «Usted *no* es un paciente normal». Los resultados revelaron una lesión sospechosa, lo cual me llevó a otra serie de pruebas con más punciones y todavía más invasivas, para hacerme una biopsia, y que al final se tradujo en el diagnóstico poco halagüeño de cáncer de próstata.[*]

El diagnóstico no me hizo perder los papeles. Por supuesto, hubiera preferido no tener que someterme a una prostatectomía radical ni a todas las otras consecuencias que conlleva una intervención mayor, pero tampoco me angustiaba. Nunca me habían diagnosticado algo tan serio, así que tuve que examinar detenidamente mi respuesta ecuánime. ¿Estaba reprimiendo la mala noticia? ¿Había una negación subliminal de lo que estaba sucediendo? No pude identificar ninguna de estas cosas. Solo puedo compartir lo que sintió mi corazón: no tenía miedo. Sé que cuando el cirujano haga el corte, nada puede cortar lo que realmente soy. Durante todo este asunto (que está en curso mientras escribo estas líneas), las meditaciones inversas han sido fieles amigas que siempre han estado a mi lado, ayudándome a navegar por la experiencia sin ser arrastrado por ella.

---

[*] N. del A.: No soy una persona pública y siempre tengo dudas cuando he de compartir mi paisaje interior. Pero la coincidencia de fechas que rodeaba a este diagnóstico, la oleada de citas médicas con cirujanos, urólogos, oncólogos especialistas en radiación y especialistas en medicina interna, unas pocas semanas antes de la fecha de entrega de este libro sobre dolor y sufrimiento, sencillamente, era demasiado como para no tenerlo en cuenta. Me parecía un poco hipócrita no compartir lo que me estaba sucediendo y mi respuesta sincera a todo ello.

Por experiencia propia, y por la de otros que también han realizado estas prácticas, no hace falta mucha práctica formal para empezar a «actuar» espontáneamente, para que estas meditaciones den fruto en el escenario de la vida. Si trabajas con las meditaciones inversas, aunque sea brevemente, estas empezarán a trabajar contigo. Tal vez la intensidad de la práctica se descarga en tu cuerpo-mente con mayor rapidez que con otras meditaciones. Tal vez el enfoque requerido para hacer las meditaciones inversas facilita la incorporación rápida. Sea cual sea la razón, cuando tengo un calambre en una pierna o me corto con un papel, en vez de reaccionar como hacía antes —«¡Oh, mierda!»—, ahora respondo: «¡Oh, práctica!». En vez de contraerme, me abro. Ni siquiera se convierte en «dolor» hasta que dejo mi cuerpo y entro en mis conceptos. Puede que te hagas una idea de lo que puede ser esta experiencia cuando te das un golpe en un dedo del pie, sientes el impacto, pero por un momento no sientes ningún dolor. Se tarda un segundo para que la sensación sea transmitida y registrada como dolor.

Cuando tengo dolor de cabeza o de espalda o estoy en cualquier otra situación dolorosa, estoy dispuesto a buscar formas convencionales para calmar el dolor. Sigo tomando algún analgésico cuando lo necesito y recurro a los profesionales de la salud, como hace todo el mundo. Pero también aplico estas meditaciones anti-inflamatorias para el dolor, que me hacen estar en contacto con lo que está pasando en mi cuerpo realmente y me alejan de los procesos conceptuales incendiarios que transforman las inevitables chispas de la vida en infiernos.

Una de las imágenes más sobrecogedoras que he visto jamás es la fotografía del monje vietnamita Thich Quang Duc, autoinmolándose en una protesta contra la persecución religiosa durante la guerra. Un ser humano, sentado en postura meditativa, mientras todo su cuerpo se quemaba a lo bonzo. ¿Cómo puede un ser humano hacer esto? ¿Cómo puede alguien permanecer sentado sin inmutarse mientras su cuerpo se consume en las llamas? Es porque el fuego no puede quemar el espacio. Quién sabe lo que hizo este monje, pero tal vez mezcló su mente con el espacio y se abrió al fuego. Tal vez sabía que si se convertía en su dolor, no quedaría nadie a quien quemar.

SENTIR Y GESTIONAR LAS EMOCIONES

Las meditaciones inversas han instaurado gradualmente la cualidad de la indestructibilidad física y emocional en mi vida. Cuando vivía solo en la montaña y mi matrimonio se estaba disolviendo, tuve que afrontar un intenso dolor emocional. Sentía la tentación de distraerme con entretenimientos o diluir la angustia con el alcohol, pero elegí permanecer en el horno emocional y trabajar con mis sentimientos.

Siguiendo los pasos reflejados en el acrónimo OBEY, empecé **O**bserving ('observando') el dolor. En lugar de relacionarme *desde* mi aflicción, me relacioné *con* ella. El mero hecho de observarla empezó a transformarla. Después, me permití **B**e ('estar') con los sentimientos. Necesité valor para estar con el fuego, pero permanecer con mis sentimientos empezó a suavizarlos. Los sentí de otra manera, de un modo más íntimo, pero menos personal. Entonces, di el paso siguiente **E**xamine ('examinar') lo que estaba sintiendo: «¿Qué es exactamente este dolor emocional puro? ¿Dónde lo siento? ¿Qué es lo que hace que duela tanto? ¿Y quién lo siente?». Hacerme estas preguntas me puso en la dirección correcta: me sumió en la sensación en vez de alejarme de ella.

Me di cuenta de que cada vez que me contraía para huir de mi aflicción, lo que conseguía era intensificarla. Intentar escapar solo la empeoraba. Al estar con ella y explorar a fondo, empecé a transformar mi dolor. Al desprenderme de mis argumentos, de toda la historia con la que había manchado la experiencia, purifiqué el dolor emocional y regresé a la esencia del dolor: conciencia pura.

Al final, di el último paso y me disolví completamente (Yoke, 'fusión') en los sentimientos, deviniendo (ning)uno con ellos. Al devenir uno con ellos el «yo» se convirtió en «ninguno». Desaparecí en los sentimientos (o los sentimientos desaparecieron en mí); esto autoliberó la negatividad de los sentimientos y del sujeto sintiente. Como me sucedió con los cálculos renales, lo que quedó no era agradable, pero tampoco desagradable. Lo sentía real, pero no sólido. Lo sentía sincero e inefablemente completo.

Al adentrarme al cien por cien en el sentimiento, eliminé los parpadeos de referencia, las contracciones ultrarrápidas (la taquicardia del ego), que generan la ilusión de *yo* estoy sintiendo el dolor. Entonces el dolor se vuelve verdaderamente «anónimo»; por consiguiente, no duele tanto. Ha sido purificado de la mancha del yo. Ahora, cuando siento angustia emocional, intento que sea lo más plena y limpia posible. Me digo a mí mismo: «Voy a sentir esta soledad, esta ansiedad, este rechazo, esta preocupación, de la manera más integral». A veces, lo hago cuestionándome: «Me pregunto cómo sentiría esta tristeza si la viviera plenamente». Intento convertirme en una buena hoguera. El truco está en procurar no justificar el sentimiento, pues siempre puedo alegar que se debe a la aparición de los argumentos mentales. Siempre que aparecen argumentos, libero el comentario y regreso al sentimiento.

Puesto que hace tanto tiempo que practico las meditaciones inversas, a menudo voy directamente al paso cuatro y obedezco la orden de disolverme en el sentimiento. Si estoy sufriendo mucho, puede que lo haga con los ojos cerrados, acurrucado debajo de una manta. Pero no me autocompadezco. Tan solo es mi forma de permitirme ser totalmente humano. (Antes de que puedas convertirte en un buda has de ser totalmente humano. Entonces, tal vez descubras que ser totalmente humano *es* convertirte en un buda).

También he descubierto que si la energía emocional es breve, como una reacción desproporcionada a algo, la energía no puede resistir ninguno de los pasos de la meditación inversa; se disuelve al contacto. Si intento estar al cien por cien, el arrebato se disuelve y se autolibera. Hace unos pocos días un amigo me envió un correo electrónico que me pareció despiadado. Me criticaba. Sentí mi enfado y cómo se iba transformando en ira. Así que cerré los ojos, dejé a un lado los argumentos que estaba empezando a desarrollar y sentí ese estado de la manera más integral posible. Se esfumó. Pero entonces volví a leer el correo al cabo de una hora y volví a enfadarme. Esta vez, por pura curiosidad, dejé que creciera esa energía (escuchando mis argumentos). La indignación fue en aumento y se convirtió en un acoso emocional: cuanto más cedía a mis jugosas historias más fuerza cobraba y más sólida se volvía. Empezó a zarandearme. Al cabo de unos minutos, me di la vuelta para mirar a los ojos a la acosadora, haciéndole mostrar sus cartas (abandonando mis argumentos), y se marchitó como la malvada bruja del Oeste.

No pretendo darle un mazo a todas las emociones no deseadas que vayan apareciendo, como si estuviera jugando al Whac-A-Mole.* Dejo espacio a todo lo que surja y siento las cosas como todo el mundo. Pero lo hago como si estuviera mirando hacia abajo. No de una forma represiva, sino curiosa y analítica. Miro directamente al sentimiento no deseado y lo reduzco hacia *abajo* hasta

---

* N. de la T.: Juego de Arcade que consiste en un área de juego con cinco agujeros de los cuales van saliendo topos al azar a los que hay que golpear con un mazo virtual a medida que asoman la cabeza; cuanto más rápido mayor es la puntuación.

su esencia energética, en lugar de permitir que crezca hacia *arriba* y me acose emocionalmente. Es importante evitar tener expectativas cuando hago esto; lo que intento es enfrentarme directamente a la emoción, darle la bienvenida sin recrearme y ver qué sucede. La práctica de la meditación inversa no borra tu vida expresiva, dejándote emocionalmente estéril. Sigues teniendo sentimientos, pero ahora son emociones purificadas (decosificadas). Las sientes como nunca las habías sentido antes, las sientes como energía limpia que arde con pureza, sin dejar rastro.

De todas sus aplicaciones beneficiosas, donde más impacto ha tenido para mí la meditación inversa ha sido en mi vida emocional. Hasta que empecé con estas prácticas, sentía que como practicante espiritual tenía que estar más relajado. Cuando me dejaba llevar por una emoción, no me sentía un buen meditador. Las meditaciones inversas me han enseñado que no he de relajarme artificialmente. Solo he de saber cómo encender apropiadamente las llamas.

En mi práctica anterior, cuando solo hacía meditación mindfulness, cada vez que me distraía con una emoción y me alejaba de mi punto de referencia (cuerpo, respiración, vela o mantra), sentía que había fracasado. En la meditación referencial, sentir plenamente una emoción era inapropiado. Pero en el espíritu de «trasciende, pero incluye», las meditaciones inversas desarrollan mi habilidad para estar plenamente presente de una forma apropiada, no con mi respiración (u otro referente), sino con un sentimiento o estado mental incómodo.

Supongamos que inicio la meditación en un estado de ánimo desastroso y decido meditar sobre dicho estado mental. Elegiré practicar las meditaciones inversas, en vez de una práctica referencial, debido a ese estado de ánimo. En lugar de intentar estar con mi respiración, como haría si estuviera practicando la meditación referencial, estaré en ese estado mental desastroso lo más plenamente posible. Se convierte en la práctica de observar todas las interferencias, las formas en que el ego no quiere sentirse tan mal.

Suelo practicarla con la mano en el corazón, que me recuerda que está bien que sea tal como soy, por mucho que me haya equivocado. No solo está bien que sea así, sino que soy divino. Y la energía que recorre mi cuerpo es perfecta, si solo me centro en sentirla perfectamente. Si puedo estar totalmente presente con lo que estoy sintiendo ahora, incluso cuando me siento fatal, eso también es perfección. Es la aceptación total de mi condición humana.

🌼 LA INSTRUCCIÓN

Pruébalo tú mismo. Conecta con tus sentimientos en este momento. Sea lo que sea: conecta plenamente. No cambies nada. Si no sientes nada, siente esa nada. No intentes volver al silencio o la calma (o tu respiración, mantra o cualquier otra cosa), que te sugieren que, de algún modo, el silencio y la calma son superiores a tu estado mental actual. No intentes ser espiritual. Sé humano. Si estás plenamente presente con lo que estás experimentando, encontrarás el silencio y la calma en esa experiencia. Lo único que deseas silenciar es tu protesta contra la forma en que son las cosas. Si sientes que eres una mierda, siéntelo plenamente. Tu estado mental, en estos momentos, es completo y perfecto tal como es. No existe el momento inmaduro. No falta nada, si tú no te pierdes.

Notarás las interferencias cuando te acechen tus argumentaciones y el ego intente salir de ese estado. No juzgues eso. Deja que llegue y deja que se vaya. (Irónicamente, por experiencia propia, cuanto peor me siento o más intensa es la emoción, más fácil es esta práctica).

Esta práctica te permite quemar tu experiencia en el mismo momento en que la vives y digerir y metabolizar íntegramente tu vida para que no quede ningún rastro. En sánscrito esta asimilación de la energía emocional se denomina *haṭha-pāka* o 'digestión súbita'* Christopher Wallis escribe:

[...] cuando esta energía se activa, si podemos albergarla con amabilidad, siendo conscientes de que no es más que otra forma de la misma Conciencia divina que se manifiesta como todas las cosas, esa energía es «digerida» de golpe en lugar de volver a ser enterrada [...] Para digerir la energía, tendrás que desapegarte de los argumentos que asocias a ella [...] dejarlos ir para que puedas intimar con el [propio] sentimiento [...] Acceder a la energía subyacente, eso es lo que queremos digerir.[2]

La mayoría de las personas no pueden metabolizar la experiencia de este modo, y les provoca varios tipos de indigestión experiencial. A raíz de ello, reaccionarán de manera inapropiada a las situaciones que se les presentarán en el futuro, porque acaban

---

* N. del A.: En las enseñanzas del bardo del budismo tibetano, a consumir de este modo tan total la energía emocional lo llaman «conocer a la deidad». Los tibetanos dicen que después de tu muerte, cuando por fin cesen todas tus contracciones y proliferaciones conceptuales, conocerás a las cien deidades pacíficas e iracundas. Las deidades representan la pureza, es decir, la experiencia del encuentro con un estado mental que carece de punto de referencia, la experiencia sin experimentador. Las deidades son generadas cuando la luz blanca de Ein Sof (o *dharmata* en terminología budista) se refracta a través de un prisma en cinco luces de colores, un paladar primordial de energía del cual se componen todas las otras emociones de colores. Al regresar a estas cinco luces (las energías emocionales de la pasión, la agresividad, la indiferencia, los celos y el orgullo purificadas) cuando mueres, te conviertes en las cinco deidades principales de la meditación, que a su vez engendran a las cien deidades pacíficas e iracundas. Pero no es necesario que esperes a morirte para conocer a estas cinco deidades. Basta con que mueras para todas tus contracciones, que seas (ning)uno con esas emociones de tu vida, y entonces conocerás al que gobierna tus emociones. Te iluminarás como nunca te había sucedido antes. Entonces, la ira se quema con pureza y se convierte en la deidad Akshobhya, el orgullo prende en llamas y se transforma en Ratnasambhava, la pasión se desata y se convierte en Amitabha, la envidia se enciende y se transforma en Amoghasiddhi y la indiferencia se prende fuego y se convierte en Vairochana. En realidad no conoces a estas deidades: te conviertes en ellas.

reaccionando más a lo que todavía no han digerido que a lo que les está sucediendo realmente. La habilidad de responder de manera adecuada se esfuma por la ventana.

AJUSTAR EL VOLUMEN

Cuanto más trabajes con las distintas aplicaciones de las meditaciones inversas, más se apoyarán entre ellas. La práctica siguiente utiliza las meditaciones para trabajar con las contracciones creadas por el ruido o cualquier otra forma de caos y cacofonía.

🌼 LA INSTRUCCIÓN

Haz los preliminares como has hecho antes, unos minutos de mindfulness y de conciencia abierta. Cuando ya estés preparado, activa algún sistema de sonido, sintoniza algún ruido (quizás una interferencia radiofónica) y sube el volumen. Si vives en una ciudad grande, abre las ventanas. Se trata de crear o adentrarte en un entorno que tenga el suficiente ruido como para que te resulte desagradable, pero no tanto como para que te molesten los oídos. Observa cómo se contrae tu cuerpo cuando se siente agredido por el ruido. Ábrete a esa agresión. Un pensamiento que debes tener en cuenta es que «cuando la mente se expande, los problemas se vuelven pequeños; cuando la mente se reduce, los problemas se expanden». Después repite los pasos del uno al cuatro de la práctica de la meditación inversa, totalmente presente con el ruido: 1) obsérvalo durante unos minutos; 2) estate con el ruido sin hacer comentarios; 3) examínalo para profundizar en su esencia; 4) disuélvete y fúndete con él. Estás intentando OBEY ('obedecer') una nueva orden relacional con un estímulo no deseado. Al cabo de varios minutos, desconecta el sonido, aléjate del caos y descansa en silencio y quietud. Observa qué sientes. ¿Se relaja y abre tu cuerpo? ¿Está dando vueltas con comentarios tu mente conceptual? ¿Prefieres el silencio al ruido? Cuando hayas recuperado tu respiración, repite la agresión auditiva. ¿Puedes hallar silencio en el ruido? Si estás trabajando sobre una situación disonante, ¿puedes hallar la quietud en el movimiento? ¿Te molesta el ruido o tú molestas al ruido? Los padres con hijos escandalosos me dicen que esta meditación imita su vida real y, por consiguiente, les sirve para gestionar sus frenéticas vidas.

La práctica consiste en permanecer inmutable en el centro de este ciclón sónico. Observa la tendencia a quejarte. Quédate en tu sitio. Como sucede en toda meditación inversa, mantén tu actitud inquisitiva. David Loy escribe: «En la doctrina taoísta *wu-wei*, sobre las enseñanzas crípticas del "no-hacer", uno debe cultivar un centro silencioso inmutable, mientras la actividad constante tiene lugar a su alrededor. Chuang-tzu se refiere a él como "tranquilidad-en-perturbación"».[3] Más adelante, añade: «En el budismo, la iluminación se produce cuando cesa la normalmente automatizada reflexividad de la contracción, que se experimenta como dejar ir».[4]

Cuando oyes la sirena de una ambulancia, coche de policía o de bomberos, en vez de encogerte como autodefensa, tal vez te abras a la sirena. Si vas a Times Square, una estación de autobuses bulliciosa o cualquier otro lugar donde haya un ritmo frenético, en lugar de cerrarte a la agresión, relájate en ella. Lo que anteriormente interrumpía tu meditación ahora la facilita.

PIENSA MÁS

Aprendí las meditaciones inversas con este ejemplo final, que procede de los manuales de meditación clásicos. Supone un cambio radical respecto a la meditación estándar.

🌿 LA INSTRUCCIÓN

Empieza igual que antes, con unos minutos de mindfulness y de conciencia abierta. Cuando sientas que estás preparado, haz lo contrario a lo que harías normalmente en meditación: crea los máximos pensamientos posibles. Deja que tu mente se vuelva loca. Piensa el mayor número de pensamientos posibles, a la mayor rapidez posible. ¿Cuántos pensamientos, imágenes, reflexiones y fantasías puedes generar? ¡Por fin tienes una meditación que te permite hacer lo que siempre has deseado!

Para acelerar realmente las cosas, mueve los ojos rápidamente y haz respiraciones rápidas y breves. Creo que con permanecer en el paso uno, el de testigo, es suficiente para esta meditación inversa. (Pero puedes jugar con los otros pasos y ver si te funcionan). Para muchas personas es agotador generar tantos pensamientos. Observa cómo puedes crear esta vorágine y permanecer en silencio en el ojo del huracán.

Esta práctica también la puedes usar para tratar tu insomnio de una manera más sana.* Cuando te despiertas a media noche y la mente no para, en lugar de desesperarte por su locura, celébrala. En lugar del habitual: «¡Mierda! ¡Mañana estaré todo el día cansado!», di: «¡Guau! ¡Mira la velocidad de este torbellino! ¡Es increíble cuántos pensamientos puede crear mi mente!». Esta meditación inversa suele tener el efecto de serenar la mente. Presencia el despliegue, pero sin dejarte llevar por él. El insomnio empeora cuando intentas luchar contra él. Si abrazas tu mente, quizás consigas ver que tu berrinche se transforma en tranquilidad. Es la versión nocturna para aprender a amar tu mente.

---

* N. del A.: Como miembro de la Academia Americana de Medicina del Sueño, suelo aconsejar a los pacientes cómo gestionar este trastorno principal del sueño (hay más de cien trastornos del sueño). La terapia cognitivo-conductual para el insomnio, o TCCI, quizás sea la más utilizada y la que mejores resultados da. Del setenta a ochenta por ciento de los pacientes han dicho haber obtenido beneficios. Pero esta aplicación de las meditaciones inversas también es muy eficaz, aunque no hay estudios formales que respalden este hecho.

Una vez que eres consciente de todas las contracciones que hay en tu vida, te das cuenta de que las oportunidades de la meditación inversa son infinitas. Cada vez que sientas vergüenza o arrogancia, ira o agresividad, miedo o pánico, queja o crítica, reactividad u opinión, aferramiento o apego, estrés o tensión, podrás ver los regalos que encierran. Dentro de cada uno de ellos hay un hiperexpansor. «Las experiencias más mundanas de la vida pueden ser portales hacia las dimensiones más sublimes de la realidad —escribe Zvi Ish-Shalom—. Puesto que cada experiencia contiene el conjunto en su interior».[5]

En el instante en que te contraes, cosificas la experiencia y al experimentador. Cosificar es solidificar, hacer más real. Pero las meditaciones inversas alteran tu relación con el dolor y te enseñan que tu sufrimiento aumenta en proporción directa a tu grado de cosificación. Cuanto más te contraes, más pesada *haces* la situación y más te afecta. Las meditaciones inversas revelan tu papel y, por consiguiente, tu responsabilidad respecto a tu felicidad y a tu sufrimiento. ¿Estás dispuesto a aceptar esa responsabilidad?

CAPÍTULO 13

REFLEXIONES FINALES

Vacuidad, no-dualidad y las meditaciones inversas

Olvidarse de uno mismo y fundirse con algo supone realizar su vacuidad y «trascenderla» a un mismo tiempo.

David R. Loy

El verdadero valor de un ser humano se determina principalmente calibrando en qué medida y en qué sentido ha logrado liberarse de su yo.

Albert Einstein

Las meditaciones que has visto en este libro bastan para cambiar tu relación con el dolor, pero el material que encontrarás en este último capítulo es para ayudarte a sondear las profundidades de estas prácticas. Has visto cómo las meditaciones inversas revierten el vertiginoso proyecto de construcción gestionado por el ego como contractor general, que tanto sufrimiento innecesario nos ocasiona. Deconstruyen el dolor a su verdadera naturaleza, te devuelven a la nada (no-cosa) o vacuidad del dolor. Al fundirte con el dolor, no te queda nada a lo que agarrarte. Tu dolor se ha ido y tú también. Solo queda una percepción inmaculada de él, desprovista de cualquier grado de contracción, cosificación y, por consiguiente, de dualidad, lo cual te ayuda a hacerte a la idea de la vacuidad de tu propia naturaleza. Peter Kingsley, en su aclamado estudio de la conciencia esotérica en el mundo antiguo, escribe: «Los agujeros negros del universo no son nada en comparación con los agujeros negros de nuestro propio pasado. Esos agujeros son mucho más que huecos ordinarios. Tienen el poder de destruir nuestras ideas sobre nosotros mismos y enfrentarnos cara a cara con la nadeidad».[1]

Las prácticas de la conciencia abierta y de la meditación inversa te ayudarán a ver que tu locus de identidad, que para la mayoría se basa en el ego, es creado por un proceso inconsciente que se asemeja a la ecolocalización. En el mundo físico, la ecolocalización se produce cuando un animal, como un murciélago o una ballena, emite ondas de sonido que rebotan en un objeto y vuelven a su emisor, aportándole información sobre el tamaño y la forma del objeto y su ubicación. En los seres humanos, se produce un proceso psicológico similar, pero de un modo que invierte las señales: el ser humano envía constantemente su conciencia al exterior, para detectar fenómenos externos parecidos y aportar información sobre *su* tamaño, forma y ubicación. Esta señalización forma parte de la pulsación que tiene lugar cuando la conciencia se expande y se contrae. De un modo bidireccional y retorcido estás cosificando tu dolor «allí fuera» con la intención inconsciente de cosificar tu sentido del yo «aquí dentro».

Puede que alegues que el dolor no está «allí fuera», que es el fenómeno más cercano que podemos experimentar. Pero nuestros coloquialismos dicen lo contrario, como: «Estoy sintiendo dolor». Si estoy sintiendo «eso», no puedo ser eso. Si es «mi dolor», este no puede ser yo. Tu sensación de dolor puede que no sea tan distante como el árbol de la calle, pero hasta que llegas al paso cuatro de las meditaciones inversas, el sentimiento sigue estando sutilmente allí fuera u objetivizado, y por lo tanto, se puede usar en la «ecolocalización» psicológica. De hecho, cuanto más cerca está el dolor, más datos localizadores aporta. Debido al proceso bidireccional, la intensidad o solidez del dolor es directamente proporcional a la solidez del sintiente. Es decir, cuanto más solidificas tu dolor, más te solidificas a ti mismo.

Participamos en esta cámara de eco porque para muchas personas, *cualquier* cosa es mejor que nada. Con la experiencia no deseada, al menos tienes algo contra lo que luchar. Por tanto, cosificar nuestro dolor tiene una perversa función egoica. Bruce Tift escribe sobre las coincidencias entre el budismo y la psicoterapia, y hace una observación que está en la misma línea que la esencia de la meditación inversa: «Cuando recuperamos aquello que habíamos repudiado [dolor emocional que no queremos sufrir plenamente y reconocer como nuestro] y lo incorporamos en nuestra experiencia física inmediata [que en lo que respecta a la meditación inversa culmina en el paso cuatro, la fusión], empezamos a disolver nuestro sentido de tener un yo esencial. Descubrimos que, *a falta de una lucha central,* nuestra vida carece de centro».[2] Como el centro vacío de un remolino, el centro de tu ser es la apertura: la apertura inmensa.

Al resistirte y luchar contra tu dolor, solidificas la experiencia y al experimentador. Siempre te estás pellizcando para exaltar la experiencia de sentirte a ti mismo.

La revelación de tus tendencias cosificadoras tiene lugar cuando descubres lo que cuesta disolver por completo el sentimiento no deseado y convertirte en él. El ego no quiere que te fundas con el dolor, porque cuando eso sucede él desaparece. Al abrirte al cien por cien al sentimiento, estás eliminando el parpadeo de la referencia (las contracciones) que da lugar a la ilusión de que eres *tú* quien siente el dolor. La vertiginosamente rápida referencia (la «ecolocalización») es lo que crea la lucha y, por consiguiente, el yo. Podrás detectar todo esto mientras trabajas en el paso cuatro de las meditaciones inversas. Te abres al dolor e intentas unirte a él, pero, entonces, surge la contracción como acto reflejo (de defensa). En cada pulsación, generas el latido del ego y solidificas tu dolor.

Para el ego (nuestro locus de identidad) no es que solo cualquier cosa es mejor que nada, sino que incluso algo *malo* es mejor que la no-cosa (o vacío), porque no hay lugar para la identidad personal cuando las cosas logran esta apertura. Dado que su supervivencia se basa en tener algo a lo que presionar o contra lo que luchar, el ego está obsesivamente dedicado a proseguir con la lucha. En otras palabras, el ego se identifica exclusivamente con la forma, y cuanto más sólida sea esta, más sólido será él. Pero el ego se desmorona fácilmente a medida que las prácticas de la conciencia abierta y de la meditación inversa te conducen desde la forma totalmente cosificada (la solidez de tu dolor) hasta la no-forma totalmente decosificada (la vacuidad del dolor). Cuando deconstruyes y decosificas tu dolor, mediante la implicación inmediata, simultáneamente, estás deconstruyendo y decosificando tu propio sentido del yo. De modo que cuando te imaginas que te estás deshaciendo de tu dolor hay en juego un conflicto de intereses inconsciente: una parte de ti quiere desprenderse de él, pero otra no. (Esto suele ser más evidente en la coerción psicológica que con el dolor físico). Por consiguiente, si deseas culpabilizar a alguien de tu agonía o tu éxtasis, solo necesitas mirarte en el espejo.

Al ego le encanta hacerse el héroe y combatir las dificultades. Nos entretiene de tal manera que incluso pagamos por verlo. Cuando vamos al cine (o nos perdemos leyendo una novela fascinante), estamos pagando para dejarnos llevar por todo tipo de conflicto emocional. Los culebrones televisivos y los culebrones reales siguen vendiendo. Oirás comentarios en los que la gente se queja de que películas artísticas, como *Mi cena con André*, son aburridas. ¿Cuál es el problema? ¿Dónde está la Tormenta y el Ímpetu?* La industria del entretenimiento recauda miles de millones de dólares recreando los dramas y las tragedias con los que nos encanta castigarnos. Esta industria no es más que una expresión externa del diligente ego, al que le gustan más los dramas que las palomitas.

DOLOR NO-EGOICO

El dolor se vuelve verdaderamente «no-egoico» cuando logramos disolvernos por completo en él. La paradoja es que es entonces cuando mejoran el dolor y la angustia: cuando se vuelven «no-egoicos», cuando se han purificado de la mancha del yo. David Loy escribe que lo único que hemos de hacer con la angustia es «desarrollar la habilidad de estar con ella o mejor aún *ser* ella; entonces, la angustia, al no tener adonde ir, consume el sentido del yo».[3]

¿Significa eso que en realidad no existimos? Bueno, significa que no existimos de la forma en que creemos existir. En un plano relativo, no podemos negar la apariencia. De un modo no analítico, hay algo a lo que llamamos «dolor» y la entidad que lo siente. Pero en un examen más minucioso veremos que la apariencia no está en armonía con la realidad. En un plano absoluto, tú no existes ni tu dolor tampoco.

Nuestra falta de predisposición a tener las manos tan vacías es otra razón por la que la mayoría de la gente no quiere hacer estas prácticas y se contrae oponiéndose: muchas personas prefieren el

---

* N. de la T.: En referencia a *Sturm und Drang,* movimiento literario, musical y visual que tuvo lugar en Alemania en el siglo XVIII para contrarrestar el racionalismo de la Ilustración; fue precursor del romanticismo alemán. (Fuente: Wikipedia).

dolor a estar en la no-cosa (nada) y *ser* no-cosa (nada). ¿Y tú, estás comprometido con tu miseria, a pesar de su elevado coste? ¿Estás dispuesto a abandonar tu ego para liberarte del dolor y del sufrimiento?

A la mayoría de las personas, la incapacidad de estar con la apertura o el vacío en lo más profundo de nuestro ser nos genera una «distracción primordial»; es la estrategia fundamental de evitación, de la cual surgen todas las distracciones secundarias en forma de repeticiones. Nos contraemos para huir de este núcleo vacío y nos dirigimos hacia los niveles superficiales de nuestra identidad, consolidando nuestra conciencia en la superficie de nuestro ser. Entonces, nos pasamos la vida preocupándonos básicamente de si estamos bronceados.

La contracción (nuestra resistencia a la experiencia no deseada, a cualquier cosa que amenace nuestro sentido del yo) genera este alejamiento primario de la realidad, desde la noble y dura verdad de nuestra no-existencia. Para el ego totalmente desarrollado, la no-forma (vacuidad/apertura) es demasiado porque él es *demasiado poco* (allí no hay nada). Es como morir. Por consiguiente, el ego se dis-trae de su insoportable verdad, con una escisión primordial de la realidad, que se vuelve a producir cada vez que nos distraemos.[*]

Estamos comprometidos con la distracción y somos buenos en distraernos porque mantiene vivo a nuestro ego. Por el contrario,

---

[*] N. del A.: En las enseñanzas del budismo tibetano sobre el bardo, es nuestra incapacidad para estar con las «luces brillantes», la cegadora verdad del *bardo luminoso dharmata* ('eseidad', 'talidad', 'realidad'), lo que genera la distracción o escisión primordial, que nos separa de la vacuidad luminosa que se revela en la muerte. Esto nos impulsa hacia y a través del *bardo* kármico del devenir, y en última instancia, hacia el *bardo* de esta vida. Todo este proceso de nacimiento desde la no-forma absoluta hasta la forma totalmente cosificada es pues una sofisticada estrategia de evitación. El samsara es, por consiguiente, una distracción masiva, prolongada y encarnada (literalmente). No es de extrañar que siempre estemos distraídos.

estar en el presente sin distraernos, lo cual al final termina arrojándonos a ese núcleo vacío que es nuestra esencia, aniquila al ego. En otras palabras, el ego es la distracción encarnada, la distracción totalmente formada. La conciencia infinita sin forma se distrae dentro y se identifica erróneamente con la forma finita. Así que cuando pones fin a la distracción, acabas con el ego. Peter Kingsley escribe: «No tener adonde ir es lo que más aterra a la mente. Pero si puedes permanecer en este infierno, sin salida a la izquierda, a la derecha, al frente o atrás, descubres la paz de la quietud absoluta».[4]

La narrativa de la contracción (y su manifestación inmediata como distracción) nos ayuda a entender las dimensiones más sutiles de la iluminación y del camino que nos conduce a ella. En los niveles más profundos, no llegamos a alcanzar la iluminación; sencillamente, dejamos de contraernos.

Muchas veces, se describe la iluminación en términos de cese o negación (*no-dualidad, nirvana, nirodha, nirvikalpa,* etc.). Las tradiciones no-dualistas preguntan: ¿cómo puedes alcanzar algo que ya tienes? Lo único que puedes hacer es dejar de contraerte. Ábrete. Entonces entenderás que lo que habías estado buscando siempre ha estado delante de ti. El maestro hindú Tilopa describió el logro de este cese liberador a través de la no-yoidad o la no-egoidad de la meditación *Mahāmudrā*:

Cuando la mente carece de punto de referencia [contracción], esto es *Mahāmudrā*.
Llegar a este conocimiento profundo es alcanzar las cumbres de la iluminación.[5]

Mahāmudrā es la no-yoidad o no-egoidad absoluta, y se llega a ese conocimiento conociendo íntimamente tu dolor.

¿Cómo pueden el dolor y las dificultades facilitar este descubrimiento? El dolor y otras experiencias no deseadas amplifican el samsara, es decir, realzan tu tendencia samsárica a alejarte de lo que está sucediendo. Deja de distanciarte de las cosas y pondrás fin al procedimiento de divorcio de la realidad: dejarás de separarte del nirvana. El dolor amplía tus tendencias distractivas/contractivas y, por lo tanto, la oportunidad de examinar y transformar las contracciones. De hecho, los grandes meditadores aprenden a saborear las dificultades en vez de evitarlas, porque el dolor potencia la oportunidad de *acelerar* el camino espiritual. «¡Acércate a todo aquello que te repele!», proclamó Padampa Sangey. Cuanto más grande sea el samsara, más grande será la oportunidad de realizar el nirvana.

Cuando su santidad el decimosexto Karmapa se estaba muriendo de cáncer en un hospital de Illinois, los médicos y las enfermeras lo visitaban todos los días y le preguntaban si tenía mucho dolor. Él siempre respondía: «No hay dolor», y acto seguido se interesaba por cómo estaban los cuidadores. Sus respuestas desconcertaban al personal, que sabía lo doloroso que era su cáncer. Cuando estaba escribiendo mi libro *Preparing to Die* [Prepararse para morir], entrevisté a docenas de maestros de meditación, incluido renga Rinpoche. Cuando fui autorizado a entrar en sus aposentos en Nepal, me quedé sorprendido al ver su estado físico (murió algunos meses después de mi visita). Su cuerpo era una ruina. La diabetes había causado estragos en sus extremidades, estaba casi ciego, permanecía atado a una silla de ruedas y tenía que padecer dolor. Me sentí culpable de haber pedido entrevistarlo y pregunté a sus asistentes si era mejor que me marchara. Pero Tenga Rinpoche me saludó amablemente, con una sonrisa resplandeciente y con alegría. Su relación con su maltrecho cuerpo solo cobró sentido para mí cuando conocí las meditaciones inversas. Una parte de él no estaba nada afectada por su condición física. La desaparición de su bronceado no podía haberle importado menos.

COINCIDENCIAS CON LAS TRADICIONES HINDUISTAS NO-DUALISTAS

El Vedanta Advaita es la escuela no-dualista de la tradición Vedanta (uno de los caminos espirituales más antiguos del mundo). Esta disciplina enseña un proceso de deconstrucción que cuenta con útiles paralelismos con los cuatro pasos de la meditación inversa. Uno de los exponentes actuales del *advaita*, el maestro espiritual inglés Rupert Spira, ha explicado el proceso no-dualista de purificación de una emoción difícil (y regreso a la percepción pura) en un pódcast reciente:

> Veamos un sentimiento, como «estoy triste». En el Vedanta, exploraremos el «yo», el experimentador. No nos fijaremos en la tristeza, le daremos la espalda y nos preguntaremos: «¿Quién es el «yo» o el «ser» que está triste?». Nos apartamos del contenido y nos dirigimos a nosotros mismos. La otra visión, de espíritu más tántrico, es más inclusiva. En ella te diriges hacia el contenido, el sentimiento, y relegas al que siente, el «yo». En esta visión vamos de frente hacia la tristeza y la aceptamos. Le damos la bienvenida, la acercamos a nosotros. Y si la acercamos tanto que desaparece toda resistencia a ella, ¿qué quedará de la tristeza si ya no nos resistimos a ella? Ya no habrá sufrimiento. No existirá la tristeza como tal.[6]

¿Hay alguna forma de combinar estas dos visiones simultáneamente, como en los cuatro pasos de la meditación inversa? Spira enseña que sí existe. «¿Puedes alejarte del sentimiento y al mismo tiempo aproximarte a él para abrazarlo? El objetivo es olvidar el "yo" y la tristeza. ¿Qué es lo que te queda? Solo el sentimiento. No hay un yo que lo esté sintiendo, no siente la emoción, solo sentimiento puro». El sentido del yo y la emoción son deconstruidos y solo queda la percepción pura.

Alejarse del sentimiento es como el paso uno de la meditación inversa, mientras que acercarte a él es como los pasos del dos al cuatro. «En vez de decirte a ti mismo: "Estoy triste", elimina el sujeto y el objeto y solo experimenta el sentimiento. No experimentes el "yo", ni la tristeza, ni retrocedas, ni avances, solo siente el sentimiento».

Este colapso del sujeto y objeto el uno en el otro, la deconstrucción del yo y el otro, conduce a la no-dualidad. O como lo expuso Trungpa Rinpoche, la experiencia de dualidad absoluta *es* la experiencia de no-dualidad. El yo y el otro, la experiencia y el experimentador, avanzan el uno hacia el otro. *Coemergen*. Y si intentas separarlos, colapsan ambos en la no-dualidad. Spira explica: «Tanto el sujeto como el objeto de la experiencia, cada uno por separado, carecen de existencia independiente. La realidad es sentimiento puro». Es decir, sujeto y objeto no tienen existencia inherente, una vez han sido purificados del yo y del otro, del sujeto y del objeto. «Entonces, das un paso más y reduces el sentimiento puro a sapiencia, conciencia, percatación». Aquí el *advaita* se asemeja al último paso de la conciencia abierta, la conciencia de la conciencia: «Porque incluso sentirse a sí mismo es un color de la conciencia». Prosigue:

> En otras palabras, el sentimiento no siempre está presente, pero la materia de la que este se compone, sapiencia pura o la conciencia, siempre está presente y es la realidad. No importa cuál de esas tres partes elijas, tanto si es el «yo» como los contenidos de la experiencia o el propio sentimiento, siempre terminas en la conciencia pura.

La «conciencia pura» de Spira equivale a la conciencia sin forma. «Prescinde del sujeto y del objeto y dirígete a la visión, escucha o sentimiento puros; ve a la esencia de esa experiencia y llegarás a la sapiencia pura o conciencia. No importa cuál de estos tres caminos tomes, todos te conducirán a la realidad».

En el Advaita y en las meditaciones inversas, alcanzamos la comprensión de que la percepción pura está vacía de percepción, es decir, vacía de perceptor y de percibido. Cosificar es manchar; decosificar es purificar. La decosificación (vacuidad/no-dualidad) libera al sujeto que siente el dolor, al objeto que es el dolor y al propio sentimiento de dolor. Luego, ¿quién está sintiendo qué? Tú no experimentas el dolor; el dolor se experimenta a sí mismo. La conciencia es consciente de sí misma.

«En última instancia, no existimos –dice Trungpa Rinpoche, cuando enseña la tradición tibetana sobre el liberador (y fundamental) estado de la no-existencia–: empezamos a darnos cuenta de que ni siquiera hay alguien que experimente el dolor».

> Cuando hablamos de la vacuidad o de la no-existencia del ego, estamos hablando en términos de que no hay tierra firme donde asentarnos [...] Nadie está experimentando. La experiencia solo es ella misma, no tiene pertenencias. Tampoco te pertenece a ti o a nadie más. Solo es experiencia y tú eliges hacerla tuya y etiquetarla. Pero como no existe tal cosa como un tú, tú no experimentas nada. Esa es la cuestión.[7]

Rinpoche extiende estos principios no-dualistas a la propia experiencia de iluminación. Es decir, puedes usar tu nueva experiencia de dolor iluminado para adquirir una visión más profunda de la iluminación:

De hecho, no alcanzas la iluminación; cuando la alcanzas ya no queda yo alguno. Entonces, el «yo», como tal, no puede iluminarse. Primero tienes que desilusionarte, disolverte; entonces, se revela el logro de la iluminación. Me temo que es bastante desesperanzador. No puedes ser testigo de la muerte de tu propio ego. No puedes observar tu propio funeral.[8]

El remolino se ha de disolver para unirse a la corriente.

Otra tradición no-dualista del hinduismo es el shivaísmo de Cachemira, que también tiene paralelismos con los cuatro pasos de la meditación inversa. El rico linaje del shivaísmo hace hincapié en la importancia de *turīya*, que se traduce como 'el cuarto', pero cuyo significado trasciende las palabras. *Turīya* se entiende como aquello que está más allá de los tres estados habituales de vigilia, sueño y sueño profundo; es el territorio inefable de la conciencia absoluta, que está más allá de la causalidad, el espacio y el tiempo, más allá de cualquier identificación con el cuerpo o la forma.

Ante tales conceptos, las tradiciones de sabiduría se decantan de nuevo por hablar de lo que *no* es la realidad, antes que intentar describir lo que es, es decir, cualquier cosa que se te ocurra no es eso. Tenemos un ejemplo de ello en una de las enseñanzas principales del Vedanta (*Māṇḍūkya-Upaniṣhad*), pues dicho texto describe los distintos estados de conciencia e introduce al estado de *turīya* de este modo:

(*Turīya* es) no aquello que conoce lo interno (objetos), ni lo que conoce lo externo (objetos), ni lo que conoce a ambos, ni una masa de cognición, ni cognitivo, ni no-cognitivo. (Es) invisible, inefable, incomprensible, sin marcas distintivas, impensable, innombrable, la esencia del conocimiento del ser único, aquello dentro de lo cual se disuelve el mundo, pacífico, benigno.[9]

En cuanto a la negación, *turīya* no «es la experiencia subjetiva ni objetiva, ni el conocimiento de los sentidos, ni el conocimiento relativo, ni el derivado». En términos positivos, es «conciencia unificada pura, paz inefable».[10] En algunas tradiciones, *turīya* es el estado supremo, el testigo absoluto. Se considera el único estado que permanece inmaculado del turbio mundo de la manifestación.

Sin embargo, si uno no tiene cuidado, la doctrina que ensalza *turīya* puede fácilmente adoptar el carácter de *bypass* espiritual, con todos sus problemas de absolutismo. Cuando *turīya* es malinterpretado de esta manera escapista, en vez de que tu visión espiritual «trascienda e incluya» puede «trascender, pero excluir». Entonces, tu espiritualidad se vuelve elitista, excepcional y desencarnada. Debido a estas inclinaciones escapistas, otras tradiciones dicen que existe un estado más por encima de *turīya*.

El estado supremo —*turiyātīta* ('más allá del cuarto')— evita la trampa potencial del *bypass* espiritual haciendo un giro de ciento ochenta grados, llevando a la conciencia sin forma de nuevo al mundo de la forma. *Turiyātīta* invita al practicante a impregnarse de *turīya*, el testigo trascendente, en todos los estados: vigilia, sueño y sueño profundo.* Vas directo hacia las manifestaciones desordenadas y limitadas, pero ahora cuentas con la iluminadora luz de la conciencia no-dual. Zvi Ish-Shalom hace su aportación desde la tradición judía: «No hay forma de que podamos salir de la naturaleza infinita de la realidad, independientemente de lo contraídos y alienados que nos parezca que estamos de la fuente».[11]

---

* N. del A.: Un giro de ciento ochenta grados (en U) también supone un giro hacia el yo. Uno regresa para manifestar la sabiduría de *turīya* como la compasión de *turiyātīta*. Regresas a la tierra, a la realidad integrada, para ayudar a los demás. Regreso para ayudarte. Muchas experiencias cercanas a la muerte comparten este impulso. «Lo que experimenté fue una felicidad inefable, pero no era mi momento para marcharme. Hubo algo que me hizo volver a la vida». Véase Yongey Mingyur Rinpoche con Helen Tworkov, *Enamorado del mundo: el viaje de un monje a través de los bardos de la vida y de la muerte* (Barcelona, Rigden, 2019), capítulos 28-29, para una historia impactante.

Turiyātīta no es un quinto estado, sino una fusión del cuarto estado con el resto de los estados. Christopher Wallis describe *turiyātīta* como «trascendencia impregnada de lo mundano por el que ha trascendido».

Esto implica que es posible experimentar la suprema Luz de lo Divino realizando cualquier actividad, e incluso con cualquier estado de ánimo o estado mental. Para ser más exactos, en este estado no experimentamos la Luz *a pesar* de nuestro estado de ánimo, condición o actividad, sino como *la verdadera sustancia* de estos.[12]

«Más allá del cuarto» significa realmente «dentro de los otros tres»: encontrar lo espiritual en lo material. «La Realidad Última es inmanente y trascendente a la vez», según palabras de Wallis. En esta línea, cada mañana recito una liturgia que reza: «Concédeme tus bendiciones para que pueda realizar la inseparabilidad del samsara y del nirvana. Concédeme tus bendiciones para que pueda hallar la paz en medio del dolor». Las meditaciones inversas son una vía para encontrar esa paz.

CONCLUSIÓN

Hemos hecho un largo recorrido y superado un número extraordinario de obstáculos para llegar al principio: el inicio de una nueva forma de trabajar con las experiencias no deseadas. Hemos puesto a prueba puntos de vista sumamente arraigados sobre la naturaleza de la realidad: que no está degradada y es profana, sino divina y sagrada. Hemos trabajado para cambiar radicalmente toda una vida de condicionamientos: en vez de huir por defecto de la dificultad, se nos invita a zambullirnos de pleno en ella. Y hemos trabajado para superar el peor de todos los hábitos: sustituyendo la contracción por la apertura.

No es un viaje sencillo. Pero tampoco es sencilla una vida auténtica. Sé amable y comprensivo contigo mismo mientras exploras este material hereje. Tómate tu tiempo mientras te familiarizas con algo que te es tan ajeno. Y comprueba estas enseñanzas con tu propia experiencia. Comprueba si los cuatro pasos de las meditaciones inversas funcionan para ti. Es posible que, como me ha pasado a mí, después de algunos ensayos y errores, estas prácticas se conviertan en uno de los mejores regalos que te puedes hacer a ti mismo cuando las cosas empiezan a afectarte.

Ahora que tienes las herramientas, sal y úsalas. Recuerda sonreír. Sonríele a tu dolor, a tu miedo y a tu sufrimiento emocional, con la mirada de la confianza interior y la libertad que te aporta saber que puedes gestionar cualquier cosa que se te presente en la vida.

AGRADECIMIENTOS

Mi más profunda gratitud a Deborah Boyar, Candida Maurer y Michael Taft por sus perspicaces comentarios sobre el manuscrito. Mi entusiasta agradecimiento a Tami Simon por su inquebrantable confianza en mí y a Anastasia Pellouchoud por supervisar todo el proceso de este libro hasta su publicación. A Gretchen Gordon, con sus habilidades editoriales, que fue más allá de sus obligaciones en la elaboración final de este manuscrito. Y a Cindy Wilson, que fue el hilo invisible que lo mantuvo todo unido. Este libro no habría visto la luz sin su colaboración.

NOTAS

Introducción

1. A. H. Almaas, *Facets of Unity: The Enneagram of Holy Ideas* [Facetas de la unidad: el eneagrama de las ideas sagradas], Boston, Shambhala, 2000.

2. «Los dieciocho tipos de felicidad yóguica», Milarepa, traducido y adaptado por Jim Scott, en *Songs of Realization: As Taught & Sung by Khenchen Tsultrim Gyamtso Rinpoche* [Cantos de realización: como los enseñó y cantó Khenchen Tsultrim Gyamtso Rinpoche], Seattle, Nalandabodhi, 2013, 35.

3. Henry David Thoreau, *Walden and Civil Disobedience: Or, Life in the Woods* (New York: Signet Classics, 1999), 74. Traducida al castellano por varias editoriales con el título de *Walden o la vida en los bosques: del deber de la desobediencia civil*.

4. Ish-Shalom, *The Kedumah Experience: The Primordial Torah* [La experiencia kedumah: la Torá primordial], 39, 43.

5. Véase mi libro *Preparing to Die: Practical Advice and Spiritual Wisdom from the Tibetan Buddhist Tradition* [Prepararse para morir: consejos prácticos y sabiduría espiritual de la tradición budista tibetana], Boulder, Snow Lion, 2013, y mi primer libro, *The Power and the Pain: Transforming Spiritual Hardship into Joy* [El poder y el dolor: transformar las penurias espirituales en felicidad), Ithaca, Snow Lion Publications, 2009.

Capítulo 1

1. Jill Bolte Taylor, *My Stroke of Insight: A Brain Scientist's Personal Journey* (New York: Plume, 2009), 72-74. Publicada en castellano por la editorial Debate con el título *Un ataque de lucidez: una inspiradora exploración de la conciencia humana y sus posibilidades* (2009).

2. Carolyn Rose Gimian, ed., *The Collected Works of Chögyam Trungpa, Volume One* (Boston: Shambhala Publications, 2003), 462-63. Publicada en castellano por Ediciones La llave con el título *Enseñanzas esenciales de Chögyam Trungpa* (2003). Véase también *Pure Appearance* [Imagen pura] y *Primordial Purity* [Pureza primordial], de Dilgo Khyentse Rinpoche.

3. Jeremy Hayward y Karen Hayward, *Sacred World: The Shambhala Way to Gentleness, Bravery and Power* [Mundo sagrado: el camino de *Shambhala* hacia la gentileza, la bravura y el poder], Boston, Shambhala Publications, 1995, 5-7.

4. Christopher D. Wallis, *The Recognition Sutras: Illuminating a 1,000-Year-Old Spiritual Masterpiece* [Los sutras del reconocimiento: una obra maestra espiritual de mil años de antigüedad], Boulder, Mattamayūra Press, 2017, 269.

5. Fung Yu-lan, traductor, *Chuang-Tzu,* Nueva York, Gordon Press, 1975, 53.
6. Mark S. G. Dyczkowski, *The Doctrine of Vibration: An Analysis of the Doctrines and Practices of Kashmir Shaivism* [La doctrina de la vibración: análisis de las doctrinas y prácticas del shivaísmo de Cachemira], Albany, Imprenta de la Universidad Estatal de Nueva York, 1987, 194.
7. Elaine Pagels, *The Gnostic Gospels* (New York: Vintage Books, 1979), 128-129. Publicada en castellano por Editorial Crítica con el título *Los evangelios gnósticos* (2022).
8. *Ibid.*
9. Correspondencia personal, 21 de agosto de 2020.
10. A. H. Almaas, *Facets of Unity: The Enneagram of Holy Ideas* [Facetas de la unidad: el eneagrama de las ideas sagradas], Boston, Shambhala, 2000, 57-58.
11. A. H. Almaas, *Facets of Unity: The Enneagram of Holy Ideas,* 62-63.
12. Zvi Ish-Shalom, *The Kedumah Experience: The Primordial Torah* [La experiencia kedumah: la Torá primordial], Boulder, Albion-Andalus Books, 2017, 90.
13. Ish-Shalom, *The Kedumah Experience: The Primordial Torah*, 175.
14. Carolyn Rose Gimian, ed., *The Collected Works of Chögyam Trungpa, Volume One* (Boston: Shambhala Publications, 2003), 463. Publicada en castellano por Ediciones La llave con el título *Enseñanzas esenciales de Chögyam Trungpa* (2003).
15. Kitaro Nishida, *A Study of Good*, trans. V. H. Viglielmo (Japanese Government Printing Bureau, 1960), 48-49. Publicada en castellano por Editorial Gedisa con el título *Indagación del bien* (2009).
16. Jack Kornfield, *A Path with Heart: A Guide Through the Perils and Promises of Spiritual Life* (New York: Bantam Books, 1993), 202. Publicada en castellano por La Liebre de Marzo con el título *Camino con corazón: una guía a través de los peligros y promesas de la vida espiritual* (2013).
17. Carlo Rovelli, *Helgoland: Making Sense of the Quantum Revolution* (New York: Riverhead Books, 2021), 75, 77, 79. Publicada en castellano por Anagrama con el título *Helgoland* (2022)
18. Anthony Aguirre, *Cosmological Koans: A Journey to the Heart of Physical Reality* [*Koans* cosmológicos: un viaje al corazón de la realidad física], Nueva York, W. W. Norton, 2019, 317.
19. Peter Kingsley, *In the Dark Places of Wisdom* (Point Reyes: The Golden Sufi Center, 2019), 34-35, 67. Publicada en castellano por Atalanta con el título *En los oscuros lugares del saber* (2019).
20. Joseph Campbell con Bill Moyers, *The Power of Myth* (New York: Doubleday, 1998), 3. Publicada en castellano por Salamandra con el título *El poder del mito* (2016).

Capítulo 2

1. Daniel Maguire, *Ethics for a Small Planet* [Ética para un planeta pequeño], en *Ecodharma: Buddhist Teachings for the Ecological Crises*, de David R. Loy (Somerville: Wisdom Publications, 2018), 37. Publicada en Castellano por Ediciones La llave con el título *Ecodharma: enseñanzas budistas para la crisis ecológica* (2021).

2. Raymond B. Blakney, traducción y edición, *Meister Eckhart: A Modern Translation* [Maestro Eckhart: una traducción moderna], Kila, Montana, Kessinger, 2004, 127.

3. Carolyn Rose Gimian, ed., *The Collected Works of Chögyam Trungpa, Volume One* (Boston: Shambhala Publications, 2003), 461-2. Publicada en castellano por Ediciones La llave con el título *Enseñanzas esenciales de Chögyam Trungpa* (2003).

4. David R. Loy, *Ecodharma: Buddhist Teachings for the Ecological Crises* (Somerville: Wisdom Publications, 2018), 35. Publicada en castellano por Ediciones La llave con el título *Ecodharma: enseñanzas budistas para la crisis ecológica* (2021).

5. David R. Loy, *Awareness Bound and Unbound: Buddhist Essays* [La conciencia encadenada y libre: ensayos budistas], Albany, SUNY Press, 2009, 168-169.

6. Mircea Eliade, *The Sacred and the Profane: The Nature of Religion*, trans. Willard R. Trask (New York: Houghton Mifflin Harcourt, 1957), 12. Publicada en castellano por Paidós Ibérica con el título *Lo sagrado y lo profano* (2013).

7. *Ibid.*, 14.

8. *Ibid.*, 25.

9. David R. Loy. *Nonduality: In Buddhism and Beyond* [La no-dualidad: en el budismo y más allá], Somerville, Wisdom Publications, 1988, 320.

10. Mircea Eliade, *The Sacred and the Profane: The Nature of Religion*, 28. Publicada en castellano por Paidós Ibérica con el título *Lo sagrado y lo profano* (2013).

11. Vanessa Zuisei Goddard, «The Places We Go to Be Here» [Los lugares a los que vamos para estar aquí], *Tricycle Magazine*, verano 2020, tricycle.org/magazine/sacred-spaces/.

12. Chögyam Trungpa y Francesca Fremantle (traductora), *The Tibetan Book of the Dead* (Boston: Shambhala Publications, 1975), 3. Énfasis añadido. Publicada en castellano por Gaia con el título *El libro tibetano de los muertos* (2021).

Capítulo 3

1. Zvi Ish-Shalom, *The Path of Primordial Light: Ancient Wisdom for the Here and Now* [El camino hacia la luz primordial: sabiduría antigua para el aquí y ahora], Sioux Falls, Light Beacon Press, 2022, 112.

Capítulo 4

1. Andrew Holecek, «Bernardo Kastrup, parte 1: una extensa exploración del idealismo», *The Edge of Mind* [Al borde de la mente], pódcast, 11 de julio de 2022. edgeofmindpodcast.com/bernardo-kastrup-part-i-a-rich-exploration-of-idealism/.

2. Matthew Walker, *Why We Sleep: Unlocking the Power of Sleep and Dreams* (New York: Scribner, 2017), 57. Publicada en castellano por Capitán Swing con el título *Por qué dormimos* (2019). La conciencia causal está íntimamente conectada con la descripción hinduista del estado de *turīya*, que exploraremos en el capítulo trece.

3. Reginald A. Ray, *Somatic Descent: How to Unlock the Deepest Wisdom of the Body* [Descenso somático: cómo desbloquear la sabiduría más profunda de nuestro cuerpo], Boulder, Shambhala Publications, 2020, 121.

Capítulo 5

1. *Is Everything Made of Matter or Consciousness? Rupert Spira y Bernardo Kastrup in Conversation*, YouTube, consultado el 19 de abril de 2022, youtube.com/watch?v=MQuMzocvmTQ.
2. Reginald A. Ray, *The Awakening Body: Somatic Meditation for Discovering Our Deepest Life* [El despertar del cuerpo: meditación somática para descubrir nuestra vida más profunda], Boulder, Colorado, Shambhala Publications, 2016, 41.

Capítulo 6

1. Reginald A. Ray, *The Awakening Body: Somatic Meditation for Discovering Our Deepest Life* [El despertar del cuerpo: meditación somática para descubrir nuestra vida más profunda], Boulder, Colorado, Shambhala Publications, 2016, 41-42.
2. Ruben E. Laukkonen y Heleen A. Slagter, «From many to (n)one: Meditation and the plasticity of the predictive mind», *Neuroscience & Biobehavioral Reviews*, vol. 128, septiembre de 2021, 199-217.
3. Carlo Rovelli, *Helgoland: Making Sense of the Quantum Revolution* (New York: Riverhead Books, 2021), 193-95. Publicada en castellano por Anagrama con el título *Helgoland* (2022).
4. Hippolyte Taine, *De l'intelligence* [Sobre la inteligencia], en *Helgoland* de Rovelli, 195.
5. Deborah Eden Tull, *Luminous Darkness: An Engaged Buddhist Approach to Embracing the Unknown, A Path to Personal and Collective Awakening* [Oscuridad luminosa: un enfoque budista comprometido para abrazar lo desconocido, Un camino hacia el despertar personal y colectivo], Boulder, Shambhala, 2022, 73.
6. Kastrup, *Why Materialism is Baloney*, 182-83. Publicada en castellano por Atalanta con el título *¿Por qué el materialismo es un embuste?* (2021).
7. Evan Thompson, *Waking, Dreaming, Being: Self and Consciousness in Neuroscience, Meditation, and Philosophy* [Vigilia, sueño, existencia: el yo y la conciencia en la neurociencia, la meditación y la filosofía], Nueva York, Columbia University Press, 2015, 44.

Capítulo 7

1. Vanessa Zuisei Goddard, «The Places We Go to Be Here», *Tricycle Magazine*, verano de 2020, tricycle.org/magazine/sacred-spaces/.
2. Chögyam Trungpa Rinpoche, *The Dathun Letter*, consultado el 22 de abril de 2022, chronicleproject.com/the-dathun-letter/.

3. David R. Loy, *Awareness Bound and Unbound: Buddhist Essays* [Conciencia cautiva y libre: ensayos budistas], Albany, Universidad Estatal de Nueva York, 2009, 100.
4. Goddard, «The Places We Go to Be Here».
5. Goddard, «The Places We Go to Be Here». Énfasis añadido.

Capítulo 8
1. David R. Loy, *Awareness Bound and Unbound: Buddhist Essays* [La conciencia encadenada y libre: ensayos budistas], Albany, SUNY Press, 2009, 15.
2. B. Alan Wallace, *Dreaming Yourself Awake: Lucid Dreaming and Tibetan Dream Yoga for Insight and Transformation* (Boston: Shambhala Publications, 2012), 60-61. Publicada en castellano por Dharma con el título *Soñar que estás despierto: el sueño lúcido y el yoga tibetano de los sueños para la visión y la transformación* (2019).

Capítulo 9
1. David R. Loy, *Lack & Transcendence: The Problem of Death and Life in Psychotherapy, Existentialism, and Buddhism* [Carencia y trascendencia: el problema de la muerte y de la vida en la psicoterapia, el existencialismo y el budismo], Sommerville, Wisdom Publications, 2018, 169.
2. *Ibid.,* 171.
3. *Ibid.,* 173.
4. Daniel Goleman y Richard Davidson, *Altered Traits: Science Reveals How Meditation Changes Your Mind, Brain, and Body* (New York: Avery, 2017), 162-63. Publicada en castellano por Kairós con el título *Los beneficios de la meditación: la ciencia demuestra cómo la meditación cambia la mente, el cerebro y el cuerpo* (2017).
5. Rupert Spira, *The Nature of Consciousness: Essays on the Unity of Mind and Matter* (Oxford: Sahaja Publications, 2017), 183. Publicada en castellano por Ediciones La llave con el título *La naturaleza de la conciencia: ensayos sobre la unidad de la mente y la materia* (2019).
6. Bernardo Kastrup, *Science Ideated: The fall of matter and the contours of the next mainstream scientific world view* (Winchester, UK: Iff books, 2020), 46-47. Publicada en castellano por Atalanta con el título *Pensar la ciencia: los contornos de una nueva visión científica del mundo* (2023).
7. Transcripción de una charla de Khenpo Tsültrim Gyamtso Rinpoche, comentario sobre el texto *Essential Points of Creation and Completion*, de Jamgön Kongtrul Lodrö Thaye, en Karma Dzong, Boulder, Colorado, junio de 1996, charla 7, traducida por Sarah Harding, p. 61.
8. Jamgön Kongtrul, *Creation and Completion: Essential Points of Tantric Meditation* [Creación y compleción: puntos esenciales de la meditación tántrica], traducción Sarah Harding, Boston, Wisdom Publications, 2002, 130.

Capítulo 10
1. Ian Baker, *The Heart of the World: A Journey to Tibet's Lost Paradise* (London: Thames Hudson, 2020), 240. Publicada en castellano por La Liebre de Marzo con el título *El corazón del mundo* (2007).
2. Pema Chödrön, *Tonglen: The Path of Transformation* [Tonglen: el camino de la transformación], Halifax, Vajradhatu Publications, 2001.
3. Reginald R. Ray, *Somatic Descent: How to Unlock the Deepest Wisdom of the Body* [Descenso somático: cómo desbloquear la sabiduría más profunda de nuestro cuerpo], Boulder, Shambhala, 2020, 126.
4. Robert Augustus Masters, *Spiritual Bypassing: When Spirituality Disconnects Us from What Really Matters* (Berkeley: North Atlantic Books, 2010), 3. Publicada en castellano por Vesica Piscis con el título *La evasión espiritual: cuando la espiritualidad nos desconecta de lo que verdaderamente importa* (2011).
5. *Ibid.,* 3.
6. *Ibid.,* 5.
7. *Ibid.,* 13.
8. Scott Barry Kaufman, «The Science of Spiritual Narcissism», en *Scientific American*, 11 de enero de 2021, scientificamerican.com/article/the-science-of-spiritual-narcissism/.
9. Masters, *Spiritual Bypassing*. Énfasis añadido.
10. Bruce Tift, *Already Free: Buddhism Meets Psychotherapy on the Path of Liberation* [Por fin libre: el budismo coincide con la psicoterapia en el camino de la liberación], Boulder, Sounds True, 2015, 46.
11. Ibid., 46.
12. Chögyam Trungpa, *The Myth of Freedom; and the Way of Meditation, eds. John Baker and Marvin Casper* (Boston: Shambhala, 1988), 73-74. Publicada en castellano por Kairós con el título *El mito de la libertad y el camino de la meditación* (1998).
13. Masters, *Spiritual Bypassing*, 19.
14. Ibid., 19-20
15. Christopher D. Wallis, *Tantra Illuminated: The Philosophy, History, and Practice of a Timeless Tradition* (Boulder: Mattamayūra Press, 2013), 362-63. Publicada en castellano por Mattamayūra Press con el título *Tantra iluminado: la filosofía, historia y práctica de una tradición atempora* (2022).
16. Ibid., 362-63.
17. Christopher M. Bache, *LSD and the Mind of the Universe: Diamonds from Heaven* [LSD y la mente del universo: diamantes del cielo], Rochester, Park Street Press, 2019, 35-36.
18. Reginald A. Ray, *Touching Enlightenment: Finding Realization in the Body* [Tocar la iluminación: hallar la realización en el cuerpo], Boulder, Sounds True, 2008, 81.
19. Bache, *LSD and the Mind of the Universe: Diamonds from Heaven*, 37.
20. Ray, *Touching Enlightenment*, 8. Énfasis añadido.
21. *Ibid.,* 82.
22. *Ibid.,* 82.

23. Tift, *Already Free*, 131-167.
24. Shunryu Suzuki, *Zen Mind, Beginner's Mind: Informal Talks on Zen Meditation and Practice* (New York: Weatherhill, 1985), 63. Publicado en castellano por Gaia con el título *Mente zen, mente de principiante: charlas informales sobre meditación y la práctica del zen* (2012).
25. Wallis, *The Recognition Sutras*, 237.
26. Evan Thompson, «Conceptualizing Cognition in Buddhist Philosophy and Cognitive Science», discurso presidencial en el 95.º encuentro de la Pacific Division de la American Philosophical Association ('división del Pacífico de la asociación filosófica americana'), 9 de abril de 2021, 70.
27. J. A. Grant, «Meditative Analgesia: The Current Status of the Field», *Annals of the New York Academy of Sciences*, 1307 (2013), 55-63.

Capítulo 11

1. Yongey Mingyur Rinpoche con Helen Tworkov, *In Love with the World: A Monk's Journey Through the Bardos of Living and Dying* (New York: Random House, 2019), 37. Publicada en castellano por Rigden con el título *Enamorado del mundo: el viaje de un monje a través de los bardos de la vida y de la muerte* (2019).
2. Sam Harris, *Waking Up: A Guide to Spirituality Without Religion* (New York: Simon & Schuster, 2014), 137. Publicada en castellano por Kairós con el título *Despertar: una guía para una espiritualidad sin religión* (2015).
3. Ken Wilber, *No Boundary: Eastern and Western Approaches to Personal Growth* (Boston: Shambhala, 2001), 130-31. Publicada eb castellano por Kairós con el título *La conciencia sin fronteras* (2019).
4. Christopher Wallis, *The Recognition Sutras: Illuminating a 1,000-Year-Old Spiritual Masterpiece* [Los sutras del reconocimiento: una obra maestra espiritual de mil años de antigüedad], Boulder, Mattamayūra Press, 2017, 244.
5. Ibid., 249.
6. Venerable Khenpo Karthar Rinpoche, «A Commentary on The Ocean of True Meaning, Part 3», transcripción de las Enseñanzas de los Diez Días de 1994, traducido por Yeshe Gyamtso, KTD Dharma Goods, 1995, 43.
7. Zvi Ish-Shalom, *The Path of Primordial Light: Ancient Wisdom for the Here and Now* [El camino hacia la luz primordial: sabiduría antigua para el aquí y ahora], Sioux Falls, Light Beacon Press, 2022, 53-54.
8. Chögyam Trungpa y Francesca Fremantle (traductora), *The Tibetan Book of the Dead* (Boston: Shambhala Publications, 1975), 130-31. Publicada en castellano por Gaia con el título *El libro tibetano de los muertos* (2021).
9. «The Dazzling Dark», entrevista con John Wren-Lewis realizada por Caroline Jones, YouTube, consultado el 14 de septiembre de 2022, youtube.com/watch?v=TDHsi-HOiQU.
10. Ngawang Zangpo, *Sacred Ground: Jamgön Kongtrül on "Pilgrimage and Sacred Geography"* [Tierra sagrada: Jamgön Kongtrül sobre «Peregrinación y geografía sagrada»], Ithaca, Snow Lion Publications, 2001, 38.

11. Yongey Mingyur Rinpoche, *In Love with the World: A Monk's Journey Through the Bardos of Living and Dying* (New York: Random House, 2021), 13. Publicado en castellano por Rigden con el título *Enamorado del mundo: el viaje de un monje a través de los bardos de la vida y de la muerte* (2019).

12. Christopher D. Wallis, *Tantra Illuminated: The Philosophy, History, and Practice of a Timeless Tradition* (Boulder: Mattamayūra Press, 2013), 65. Publicada en castellano por Mattamayūra Press con el título *Tantra iluminado: la filosofía, historia y práctica de una tradición atemporal* (2022).

13. Bruce H. Lipton, *The Biology of Belief: Unleashing the Power of Consciousness, Matter & Miracles* (Carlsbad: Hay House, Inc., 2016), 119. Publicado en castellano por Gaia con el título *La biología de la creencia: la liberación del poder de la conciencia, la materia y los milagros* (2010).

Capítulo 12

1. David R. Loy, *Nonduality: In Buddhism and Beyond* (Somerville: Wisdom Publications, 1988), 218. Publicada en castellano por Kairós con el título *No-dualidad* (2000).

2. Christopher D. Wallis, *The Recognition Sutras: illuminating a 1,000-Year-Old Spiritual Masterpiece* [Los sutras del reconocimiento: Iluminar una obra maestra de 1000 años de antigüedad], Boulder, Mattamayūra Press, 2017, 247-248.

3. David R. Loy, *The Great Awakening: A Buddhist Social Theory* (Somerville: Wisdom Publications, 2003), 177. Publicado en castellano por Kairós con el título *El gran despertar: una teoría social budista* (2004).

4. Ibid., 184.

5. Zvi Ish-Shalom, *The Path of Primordial Light: Ancient Wisdom for the Here and Now* [El camino hacia la luz primordial: sabiduría antigua para el aquí y ahora], Sioux Falls, Light Beacon Press, 2022, 113.

Capítulo 13

1. Peter Kingsley, *In the Dark Places of Wisdom* (Point Reyes: The Golden Sufi Center, 2019), 55. Publicada en castellano por Atalanta con el título *En los oscuros lugares del saber* (2019).

2. Bruce Tift, *Already Free: Buddhism Meets Psychotherapy on the Path of Liberation* [Por fin libre: el budismo coincide con la psicoterapia en el camino de la liberación], Boulder, Sounds True, 2015, 139. Énfasis añadido.

3. David R. Loy, *Lack & Transcendence: The Problem of Death and Life in Psychotherapy, Existentialism, and Buddhism* [Carencia y trascendencia: el problema de la muerte y de la vida en la psicoterapia, el existencialismo y el budismo], Sommerville, Wisdom Publications, 2018, 92.

4. Kingsley, *En los oscuros lugares del saber*.

5. Khenpo Tsültrim Gyamtso Rinpoche (de un seminario que dio en el *Rocky Mountain Dharma Center*, verano de 1991), *Mahāmudrā, Shamatha, and Vipashyana*, traducido por Jim Scott Halifax, Vajravairochana Translation Committee ('comité de traducción Vajravairochana'), 1993, 46.

6. Robert Spira, Simon Mundie y Jamie Robson, «From Suffering to Freedom», *Robert Spira Podcast*, 28 de diciembre de 2021, youtube.com/watch?v=ajZHOptMo2I.

7. Chogyam Trungpa, *Cynicism and Magic: Intelligence and Intuition on the Buddhist Path*, ed. the Opening the Dharma Treasury Editors Group (Boulder: Shambhala, 2021), 15, 20. Publicada en castellano por Ediciones La llave con el título *Cinismo y magia: inteligencia e intuición en el camino budista* (2023).

8. *Ibid.,* 20

9. S. Radhakrishnan, *The Principal Upaniṣads* [Los principales Upanishad], Gran Bretaña, HarperCollins, 2009, 698.

10. *The Encyclopedia of Eastern Philosophy and Religion* [Enciclopedia de la filosofía y la religión orientales], Boston, Shambhala Publications, 1989, 388.

11. Zvi Ish-Shalom, *The Path of Primordial Light: Ancient Wisdom for the Here and Now* [El camino hacia la luz primordial: sabiduría antigua para el aquí y ahora], Sioux Falls, Light Beacon Press, 2022, 24.

12. Christopher D. Wallis, *Tantra Illuminated: The Philosophy, History, and Practice of a Timeless Tradition* (Boulder: Mattamayūra Press, 2013), 179-80. Publicada en castellano por Mattamayūra Press con el título *Tantra iluminado: la filosofía, historia y práctica de una tradición atemporal* (2022).

SOBRE EL AUTOR

Andrew Holecek es autor y orador, y realiza una gran labor humanitaria impartiendo por todo el mundo seminarios de meditación, sueño lúcido y el arte de morir. Ha escrito muchos libros, incluidos *The Power and the Pain: Transforming Spiritual Hardship into Joy* [El poder y el dolor: transformar las dificultades espirituales en felicidad], *Preparing to Die: Practical Advice and Spiritual Wisdom from the Tibetan Buddhist Tradition* [Prepararse para morir: consejos prácticos y sabiduría espiritual de la tradición budista tibetana] y *Dream yoga: como iluminar tu vida con el yoga de los sueños lúcidos* (Editorial Sirio, 2017).

El doctor Holecek es miembro de la Academia Americana de Medicina del Sueño y coautor de artículos científicos sobre el sueño lúcido. Sus trabajos han sido divulgados en *Psychology Today*, *Parabola*, *Lion's Roar*, *Tricycle*, *Utne Reader*, *Buddhadharma*, *Light of Consciousness* y muchas otras publicaciones. También es el conductor del pódcast «Edge of Mind» [Al límite de la mente] (edgeofmindpodcast.com), conversaciones con pensadores famosos en los campos de la ciencia, la filosofía, la espiritualidad, la psicología, los estudios integrales y las artes. Andrew es el fundador de la comunidad internacional Night Club (nightclub.andrewholecek.com), una plataforma de apoyo para meditaciones nocturnas, y es cofundador de Global Dental Relief [Alivio dental global] (globaldentalrelief. org), que proporciona tratamientos dentales gratuitos a niños de países en vías de desarrollo. Asimismo, está licenciado en Música y Biología, y doctorado en Cirugía Dental. Descubre más sobre él en andrewholecek.com.